应用经济学研究与教学方法论丛书

发展经济学模型与案例分析

主　编　姚成胜　李政通
副主编　钱双双　潘细牙　纪应心

江西省高等学校教学改革研究项目（项目编号：JXJG-15-1-19）资助

科学出版社
北　京

内 容 简 介

本书主要介绍发展经济学的相关模型，并分别选择案例进行分析。全书包括发展经济学学科属性与内容框架、发展经济学的主要模型与案例分析和发展经济学经济发展模型发展与展望三大部分，其中发展经济学的主要模型与案例分析是本书的主要部分。本书采取理论与实例结合的方式，系统地介绍发展经济学在资本形成、人力资本、科学技术创新、资源环境、金融、农业、工业化和城市化、对外贸易中的应用，并选取对应的案例进行分析。本书通过理论介绍、模型介绍与实例分析，可以使读者容易掌握相关发展经济学理论与模型，提高分析问题和解决问题的能力。

本书既可作为普通高等学校经济类专业高年级本科生、研究生的教学用书，也可作为从事经济管理工作人士的参考用书。

图书在版编目（CIP）数据

发展经济学模型与案例分析 / 姚成胜，李政通主编. —北京：科学出版社，2017
（应用经济学研究与教学方法论丛书）

ISBN 978-7-03-053373-9

Ⅰ. ①发… Ⅱ. ①姚… ②李… Ⅲ. ①发展经济学–研究 Ⅳ. ①F061.3

中国版本图书馆 CIP 数据核字（2017）第 133077 号

责任编辑：张 宁 张 凯 / 责任校对：何艳萍
责任印制：张 伟 / 封面设计：蓝正设计

科学出版社出版
北京东黄城根北街 16 号
邮政编码：100717
http://www.sciencep.com
北京京华虎彩印刷有限公司 印刷
科学出版社发行 各地新华书店经销
*
2017 年 6 月第 一 版 开本：787×1092 1/16
2017 年 6 月第一次印刷 印张：14 1/2
字数：344 000

定价：48.00 元

（如有印装质量问题，我社负责调换）

目　录

第一篇　发展经济学学科属性与内容框架

第二篇　发展经济学的主要模型与案例分析

第三篇 发展经济学经济发展模型发展与展望

第一篇

发展经济学学科属性与内容框架

第一章

发展经济学的学科属性

第一节　经济发展与发展经济学的概念与本质

一、经济发展的定义

自发展经济学诞生以来，经济发展（economic development）就成为该学科研究的主题和核心，人们对经济发展这一概念的认识也经历了一个渐进深化的过程。早在一百多年前就出现了发展一词，但在第二次世界大战前几乎没有被使用过。因此在古典经济学家的典籍里，凡是涉及资本主义的经济增长与发展问题，都用“物质进步”一词替代[①]。

“经济发展”一词率先出现在美国经济学家熊彼特（J. A. Schumpeter）于1911年出版的《经济发展理论》一书中，但他所说的经济发展理论核心是一种“创新”理论，侧重于从动态的视角阐述资本主义的产生与发展，与当今社会所说的经济发展大相径庭[②]。此后，特别是在20世纪60年代到90年代，约每十年出现一次对“发展”一词的扩展与丰富，相继提出的关键词有生活质量[③]、尊重与自由、人类发展[④]。由此可知，关于发展的内涵，从以物质财富的增长为中心的发展转到以人为本的全面发展，从强调经济生活的改善到强调经济、政治、社会和文化等各个层面的全面提高。

当今经济学界普遍认为，狭义的发展概念即经济发展，着眼于物质生产方面的问题，（如产出、就业、生产结构等）。广义的发展概念，即从经济和社会总体上所说的发展，着眼于人类社会各方面的变化。经济发展是指一个国家或者地区按人口平均的实际福利

① 阿恩特 H.W. 经济发展思想史[M]. 唐宇华，吴良健译. 北京：商务印书馆，1997.

② 熊彼特 J.A. 经济发展理论[M]. 孔伟艳，朱攀峰，娄季芳译. 北京：北京出版社，2008.

③ Morris M D. A physical quality of life index[J]. Urban Ecology，1978，3（3）：225-240.

④ 联合国开发计划署《1990年人类发展报告》。

增长过程，它不仅是财富和经济机体的量的增加和扩张，还意味着其质的方面的变化，即经济结构和社会结构的创新、社会生活质量和投入产出效益的提高。

二、经济发展的本质

（一）经济增长与经济发展

经济增长（economic growth）和经济发展，两者既密切相连又存在重大区别，经济增长是指社会财富和社会总产量的增加，而经济发展就是在经济增长的基础上，一个国家或地区经济结构和社会结构持续高级化的创新过程或变化过程。

第二次世界大战后的一段时间，发展经济学家常常将经济发展与经济增长混用。例如，埃尔斯沃思（Ellsworth）认为，“经济发展问题，实质上就是要通过增加人均产出来提高国民收入水平，使每个人都能消费得更多”[①]。Okun 和 Richardson 则提出，“经济发展可以定义为物质福利持续长期的改善，反映出商品和劳务流向的增加”[②]。随着时间的推移，人们逐渐认识到，经济发展不仅仅是一个增长的问题，更多的是社会经济一系列变化过程。因此，多数发展经济学家认为有必要对经济增长和经济发展两个概念加以区别。Zuvekas 曾说，“经济学家一般用的经济增长一词，是指一国在一时期内商品和劳务的实际产出的增长，或更恰当地说，人均实际产出的增长；而经济发展则是一个含义广泛的词，一些经济学家把它定义为增长伴随着变化——经济结构、社会结构以及政治结构的变化”[③]。赫立克（Herrick）和金德尔伯格（Kindleberger）也提出：“增长”和“发展”在经济论著中有时是作为同义词加以使用的，尽管偶尔这样做是可以接受的，却会引起混乱，这两个词可能具有不同的意义，这在一般情况下是隐含的，而在以下说明中就明显了，经济增长专指更多的产出，经济发展不仅指更多的产出，还指和以前相比产出的种类有所不同，以及产品的生产和分配所依赖的技术和体制安排上的变革。增长意味着以更多的投入和更高的效率去获得更多的产出，发展的含义则不止这些，它还意味着产出结构的变化以及生产过程中各种投入量分布的变化[④]。

综上所述，经济增长和经济发展并非同一概念，它们之间既紧密联系又存在区别[⑤]。

首先，经济增长内涵比较狭窄，而经济发展的内涵较为宽泛。经济增长指的是一国或一地区在一定时期内包括产品和劳务在内的产出的增长。经济发展则意味着随着产出的增长而出现的社会经济结构方面的变化，包括投入结构、产出结构、分配状况、消费模式、社会福利、资源环境、文教卫生、群众参与等在内的变化。

其次，经济增长是一个数量概念，而经济发展既是数量概念又是质量概念。经济增长，一般是用实际的国民生产总值（GNP）或国内生产总值（GDP）的增长率来表示，而经济发展由于是一个既包含数量又包含质量的概念，因而其度量指标与经济增长是不

---

① 埃尔斯沃思 P.T. 国际经济学[M]. 王兆基，等译. 北京：商务印书馆，1992.

② Okun B，Richardson R W. Studies in Economic Development[M]. New York：Holt，Rinehart and Winston，1961.

③ Zuvekas C. Economic Development：An Introduction[M]. London：Macmillan，1979.

④ Herrick B H，Kindleberger C P. Economic Development[M]. New York：McGraw-Hill，1983.

⑤ 关权. 发展经济学：中国经济发展[M]. 北京：清华大学出版社，2014.

同的。增长的度量指标是一个价值指标，用货币来表示，而发展的度量指标是一个综合指标，一般用加权的方法进行加总，而给予的权数往往带着较强的主观色彩。此外，增长的度量指标通常只有一个，即 GDP 的增长率，而发展的度量指标，则是由多种综合指标在一起组成的一个指标体系，而且一般来说缺乏公认的权威标准。

最后，经济增长是手段，而经济发展是目的。经济增长是经济发展的基础，一般来说，没有经济增长是不会有经济发展的，就此而言，经济增长是经济发展的必要条件。但有经济增长并不一定就有经济发展，如由于制度上的原因，政府过度追求经济增长，那么产出增长的结果是长期的两极分化，富者越富，贫者越贫。产出的快速增长，只是片面追求速度，不顾及人民福利是否改善和社会资源代价，这就会出现有增长而无发展或“无发展的增长”。然而，应当看到，经济增长是经济活动的手段，而不是目的，推动经济增长以提高人类的能力，满足人们多方面的需要，才是经济活动的目的。

关于上述提到的有经济增长并不一定就有经济发展，联合国开发计划署《1996 年人类发展报告》，讨论了增长与人类发展的关系，指出了五种有增长而无人类发展的情况。

（1）无工作的增长（jobless growth）。发展中国家一个共同的令人担忧的趋势是经济增长并没有创造出充分的就业，即便是在经济增长较快的情况下亦是如此。例如，巴基斯坦在 1975~1992 年，实际 GDP 每年增长 6.3%，而就业只增加 2.4%。印度 1975~1989 年，GDP 年均增长 5%，而就业增长只有 2%。更糟糕的是，加纳 1986~1991 年，GDP 每年增长 4.8%，而就业反而减少了 13%以上。发展中国家失业群体的加大，导致对其子女教育投资能力的下降，其后代也将面临巨大的失业压力，由此整个国家的经济陷入一个贫困恶性循环。

（2）无声的增长（voiceless growth）。民众参与和管理公共事务，自由地表达自己的意见和观点，是人类发展的一个重要方面。但是经济增长与民主和自由的扩大并非正相关，这在发展中国家很常见，其经济增长的同时，人的民主与自由权利并没有得到相应扩展。一个典型的现象是，对增长的追求已经出现异化：人们在危险的状态下从事艰辛的劳动，被要求长时间的加班，然而并没有独立的工会组织或代表去维护劳动者正当、合法的权益。

（3）无情的增长（ruthless growth）。许多发展中国家，经济增长较快，但收入分配的不公反而加剧，增长的利益大部分被富人占有，社会公共支出也偏向于富人的利益，在这种情况下，穷人的状况不但没有得到改善，甚至还恶化了，穷人的数量无论在相对数量上还是在绝对数量上都有所增加。1975~1985 年，全球收入增加了 40%，而穷人的数目却增加了 17%，1965~1980 年，收入下降的人数为 2 亿，而在 1980~1993 年，这个人数却超过了 10 亿。

（4）无根的增长（rootless growth）。具有包容性和参与性的增长模式能够培育和加强文化传统，从而为人们提供相对丰富的享受文化机会的方式。相反，一种具有排外性和歧视性的增长模式，必会毁灭文化的多样性，从而大大地降低人们的生活质量。据统计，世界上有近万种不同的文化，但其中的许多文化正日趋边缘化或正在消失，有些国家的领导人甚至认为，传统文化是现代化和发展的累赘和障碍。

（5）无未来的增长（futureless growth）。不顾自然资源的限制和人类居住环境的恶化而换来的增长，对发展中国家未来潜在发展是一种无形的危机，这种增长的持续，不仅损害了当代人的利益，而且对子孙后代的发展更将带来巨大的乃至毁灭性的灾难。目前经过工业化走向繁荣的发达国家，在经济增长过程中也存在破坏森林、污染河流、毁灭生物多样性和耗竭自然资源的现象。

前面提及，没有增长一般来说是不可能有发展的。但是，个别情况下会出现无增长却有发展的现象，此时一些发展经济学家通常以古巴为例进行说明。统计资料显示：1960~1975 年与 1970~1975 年两个时间段，古巴的 GDP 实际增长率分别为-0.6%和 1%；但 1959 年以后古巴收入的不均等程度正逐渐降低，教育普及率提高，特别是在医疗卫生条件上有普遍性的改善，人民的健康水平因此有了很大的提高。有人将其归结于社会体制改革，但我们必须明确改善不可能在负增长或低速增长的基础上维持下去。

毫无疑问，促进经济增长的某些手段也会促进人类发展。在教育水平上所花费的支出，在提高劳动生产率和技术进步（technological progress/technical progress）的同时，也起到了促进人的全面发展的作用。站在这个角度，目的和手段是一致的。但是必须指出目的和手段在任何时候都是不能含糊、不可颠倒的。事实上，有些促进人类发展的支出并没有促进经济增长。例如，专为残疾人创办的学校对促进生产率并没有起到多大的帮助，单纯考虑教育对经济增长的作用，显然，这些支出不值得进行，但这些对于促进人类发展来说却是必不可少的。现在，政府和学术界之所以重视教育，只是看到了它能提高人力资本（human capital）水平进而提高劳动生产率的社会效益，却很少从人类全面发展这个目的来认识这一问题。

既然经济增长不等于经济发展，而经济发展在短期内难以实现，所以必须进行政治、经济、社会和文化等方面的变革，来增强人民的物质福利，消除大多数人的贫困以及与之相连的文盲、疾病和夭折现象，改变收入分配与产业结构，加大广大人民群众参与社会经济活动力度和其他方面的决策，这样的发展内容才反映了广大发展中国家人民的普遍愿望。

（二）衡量经济发展的指标

了解经济发展的内涵，衡量经济发展还应有相应的指标体系和技术手段。经济增长通常以实际 GNP（或 GDP）的增长率来衡量，其定义为实际国民产品与服务的增量除以基期的实际 GNP（或 GDP）。实际 GNP（或 GDP）是用当期的 GNP（或 GDP）除以价格缩减指数获得的，计算得到的实际 GNP（或 GDP）的增长率就是通常所说的经济增长率指标。例如，某国 2015 年的名义 GDP 是 10 万亿元，而一般物价从 2014 年上涨了 5%，于是 2015 年的实际 GDP 就是 9.52（10/1.05）万亿元。如果 2014 年的 GDP 为 9 万亿元，则 2015 年的 GDP 增长率为 5.8%（0.52/9），即经济增长率为 5.8%。截止到目前为止，实际 GNP（或 GDP）在国际上被公认为是反映一国某一时期（通常以年为单位）GNP（或 GDP）的最佳综合性指标。但应当看到，这个衡量指标还是存在许多缺陷的，这在进行国际比较时就显得比较突出。下面将从估计值与实际值的偏离程度列举这一指标几个主要的缺陷。

第一，实际 GNP 被低估。这又体现在两个方面：一方面，我们的数据收集具有局限性，这是因为 GNP 的计算过程就表现为产品和服务的价格之和，这就决定了记入 GNP 的产品和服务必须是经过市场交换的，但任何一个国家总有一部分产品和服务是不经过这一程序的，而这些产品和服务同样是国民总产品的一部分，却被剔除在 GNP 之外，因此按市场价值加总的 GNP 数字无疑低估了一国的实际 GNP。例如，打扫卫生、洗衣做饭等服务，一般是由家庭成员自行提供的，虽然这些服务的性质与保姆和餐馆提供的是一样的，却因未经市场交换，没有用货币支付报酬而未被统计到 GNP 中。这一缺陷在发展中国家表现得尤为明显，发展中国家劳动分工与专业化程度低，市场交换不发达，因此没有进入市场交换的产品和服务的数量与发达国家相比要大得多，而这与不发达的国家的落后程度是成正比的。例如，在农村农民所消费的粮食、肉类和蔬菜等产品，基本上是自己生产出来的，未经市场交换就消费掉了。农民自己制造与维修生产工具，这些生产服务也没有经过市场交换，但这些自产自用的产品和服务也是国民产品的一部分，却有大部分没有包括在 GNP 中。由此可见，发展中国家 GNP 指标比发达国家更为严重地低估了实际 GNP。如果把发展中国家的 GNP 与发达国家的 GNP 进行比较，即使不考虑别的因素，仅此而言，它也是不可比的。

此外，就一国而言，当前的实际 GNP 与较长期以前（如 20 年前）的实际 GNP 从严格意义上说也是不能完全相比的。因为长期以前的许多产品，尤其是服务都是自产自用的，而现在却是经市场交换得到的。例如，20 年前，人们几乎都是在家做饭，现在越来越多的人却选择在餐馆用餐。前者是不计入 GNP 的，但后者却需要计入。可见，现在 GNP 的增加量中有一部分不是国民产品的实际增加，而是由于经济发展、收入水平提高，20 年前由家庭自己提供的产品和服务转变为由市场交换方式而取得。

另一方面，在任何一个国家都存在地下经济，这也导致实际 GNP 被低估。从事地下经济活动的目的是逃税，如走私等。但也有些地下经济是为了逃避国家有关法律的制裁，如贩卖毒品、生产盗版图书和音像制品等，由于地下经济的交易活动都是秘密进行的，交易收入无法统计在 GNP 中。据一些学者的估计，美国的地下经济所产生的收入占 GNP 的比重达 3%~20%，发展中国家一般来说则更为严重。印度的地下经济，据估计已达到合法 GNP 的 30%，缅甸更高，达到 50%之多[①]。可以看出，在存在地下经济的情况下，一国的 GNP 比实际的 GNP 要小得多。由于不同国家在不同时期其地下经济的规模不一样，这时当我们把 GNP 作为比较指标时，它将不能完全反映实际情况，所做的比较也就失去了意义。

第二，GNP 被高估。GNP 没有扣除自然资源（如水、土壤、森林、空气和不可再生资源等）的耗竭和环境污染所引起的人类福利的损失以及为防止污染而投入的成本，这些都导致了 GNP 被高估。为克服这一缺陷，联合国统计局和世界银行等国际机构已尝试性地设计了新的国民账户和国民收入核算体系，把自然资源耗竭和环境恶化等因素

① 郭熙保，周军. 发展经济学[M]. 北京：中国金融出版社，2007.

考虑进去，即从 GNP 中扣除环境保护支出、自然环境耗竭成本和环境恶化成本（以社会影子价格计算），作为真正的实际 GNP。很明显最后得出的实际 GNP 通常比计算的 GNP 要小，实际 GNP 增长率通常也比计算出来的要低。例如，对墨西哥的计算结果表明，1986~1990 年，经过环境调整的净国民生产值比通常计算出来的要低 13%。新账户还表明墨西哥的净投资变成了负数，而常规计算的净投资却是正数。此外，净储蓄接近零，而常规计算也是正数。

第三，国际比较缺陷。在以实际 GNP 为标准进行国际比较时，必须把不同的货币转化成一个共同的货币（通常用美元来表示），而用这种方法来比较各国实际 GNP 的高低是不准确的。首先，发展中国家的汇率大多因政府的过度干预通常不是由市场来决定的，这就导致官方汇率与市场汇率一般存在偏差，有时甚至相差甚远且变动幅度较大。采用官方汇率作为货币换算率当然不能反映甚至完全不能反映所比较的国家 GNP 的差别。其次，即使排除政府干预外汇市场的影响，各国相差较大的通货膨胀率，也使完全由市场供求关系决定的汇率难以达到均衡水平。这是因为通货膨胀由于种种原因并不一定完全在外汇市场上反映出来。此外，汇率还要受各国利率变化和其他复杂因素的影响。最后，即使汇率达到均衡水平，它也只适合作为可贸易商品和服务的货币换算率，而不适合作为一国 GNP 的货币换算率。这是由于国民总产品中大量产品和服务并不进入国际贸易。建筑、教育、医疗保健、政府管理、法律机构、国防以及其他许多服务行业都属于此类，因此被称为不可贸易品。与发达国家相比，发展中国家不可贸易品价格一般低于汇率。因此，按照汇率来计算发展中国家的实际 GNP 时，这些国家的人均 GNP 就被低估了。

综上所述，用汇率把各国的 GNP 换算成统一货币不能真正反映它们之间的实际水平，为解决这个问题，国际上有些机构和学者试图运用购买力平价（purchasing power parity，PPP）作为货币换算因子，以此来估计和比较各国的 GNP 的实际水平。PPP 是指通过一定的折算方法使不同的货币具有相同的购买力。也就是说，一个既定数量的某种货币在以 PPP 换算成其他国家货币时可在这些国家购买到与国内同种数量的商品和服务。

从以上分析可知，用实际 GNP（或 GDP）的增长率作为经济增长率的指标存在上述缺陷，但在进行一国长期或国际比较时，我们不应忽略这些缺陷。当然，到目前为止，还没有找到比 GNP（或 GDP）更好的统计指标作为衡量一国 GNP（或 GDP）的综合指标，因此这个指标仍被广泛地使用，不过在使用这个指标时，在可能的情况下，应该对这一指标进行一些调整，或者用其他一些指标作为补充。

既然经济增长不能等同于经济发展，GNP 指标就不能如实反映经济发展，因此，需要一套由一系列指标组成的指标体系来综合地衡量经济发展。目前关于衡量经济发展指标的体系仍然在探讨之中，一些学者和科学研究机构进行了卓有成效的探索，下面列举两个世界通用指标。

1. 物质生活质量指数

物质生活质量指数（physical quality of life index，PQLI）是用于衡量一个国家或地区人民的营养、卫生保健和国民教育水平的综合指标，等于识字率指数、婴儿死亡率指数和 1 岁平均寿命指数之和除以 3。PQLI 的评价标准：PQLI 大于 80 为高素质人口，PQLI 小于 60 为低素质人口。该项指标是引起人们很大兴趣的成果之一，由美国经济学家莫里斯（M. D. Mirrlees）于 1977 年提出。莫里斯用人们在 1 岁时的预期寿命、婴儿死亡率和识字率三项指标组成一套简便的综合指数。每项指数都用 100 分制来表示各个国家的成绩，“1”表示最差，“100”则表示最佳，预期寿命的上限 100 分定为 77 岁，下限 1 分定为 28 岁，各国的预期寿命就在上下限之间，从 1 到 100 评分。例如，预期寿命上下限的中点为 52 岁，就将 52 岁定为 50 分。与此类似，婴儿死亡率的上限为 9‰，下限为 279‰。识字率因是采用百分比来衡量的，可以直接用百分制划分等级。一旦给出一个国家的预期寿命、婴儿死亡率和识字率评分，用加权平均就可以计算出这个国家的综合指数 PQLI。

通过这项研究发现，人均 GNP 低的国家 PQLI 值也低，但是二者之间的相关关系并不十分密切。一些国家人均 GNP 高，但 PQLI 值却很低，而另一些国家人均 GNP 很低，但 PQLI 值却比中上收入水平国家的平均值还高。一个国家只有当人口的大多数在预期寿命、婴儿死亡率和识字率这些领域中都取得进步时，PQLI 值才能提高。PQLI 值的三个方面也是发展的重要组成部分，而且 PQLI 值可以进行国际比较，指标体系所需要的资料容易找到，计算也简便易行，这是 PQLI 方法的优点。但是也有人批评 PQLI 所衡量的生活质量的范围过于狭窄，没有考虑到社会和心理上的许多因素，如安全感、公众、人权等。更重要的缺陷是 PQLI 的三项指标的加权数相同，而且同时收进了预期寿命和婴儿死亡率这两项反映类似现象的指标，这些问题并没有从理论上进行相关解释，因此 PQLI 还存在着一些问题。尽管如此，它弥补了用 GNP 来衡量经济发展的不足，为探讨衡量经济发展的方法开辟了一个方向。

2. 人类发展指数

人类发展指数（human development index，HDI）是由联合国开发计划署在《1990 年人类发展报告》中提出的，用以衡量联合国各成员国经济社会发展水平的指标。人类发展指数的建立基础是莫里斯等的 PQLI，其衡量指标在预期寿命、识字率和婴儿死亡率的基础上，添加了“污染程度”和“人的自由程度”等新数据来反映当前世界所关注的重大问题，同时也反映出人类发展指数是包含价值评判的，不容易取得一致的标准。根据联合国开发计划署《1990 年人类发展报告》首次公布的 130 个国家的人类发展指数，日本列为最发达的国家，美国因其识字率较低排在第 19 位，中国处于第 65 位，正好位于中点。根据近数十年的数据，挪威和澳大利亚一直稳居人类发展指数最高的两个位置（20 世纪 90 年代中期以前澳大利亚长期领先，此后挪威长期领先），第三位及以下的排名经常变化，但北欧国家、美国、加拿大、新西兰、德国、瑞士、荷兰、韩国及日本都是近年来排名大致长期属于前列的国家。

三、发展经济学的本质

（一）发展经济学的含义

世界经济发展经历 200 年之久，有的国家经济迅速发展成为发达国家，有的却仍然十分落后。近几十年世界经济社会发生了翻天覆地的变化，第二次世界大战结束后，世界政治经济格局发生了重大变革，殖民体系开始土崩瓦解，亚非拉广大地区的原殖民地或半殖民地国家纷纷脱离殖民统治，成为政治独立的民族国家或经济体，并开始进入现代经济发展的行列。然而，目前只有少数国家或地区取得了令人满意的发展，极少数经济体跨入发达者之列，仍有许多国家和地区发展十分缓慢。因此，经济发展需要回答两个基本问题：一是经济落后国家为什么长期贫困落后；二是应该采用怎样的发展战略和政策以促进一个国家或地区尽快实现工业化和现代化。

部分研究者建议凡是有关一个国家或地区的经济发展问题都是发展经济学的研究范围。广义的发展经济学，是在没有任何先例的条件下研究农业国家如何成为工业国家，或经济落后的国家如何成为经济发达的国家。然而，我们更为关注，在为数极少但经济实力极强的发达的工业化国家存在的环境下，当代那些大多数经济落后的发展中国家，采用怎样的发展战略，可以尽快实现工业化和现代化，后者就是我们狭义的发展经济学[①]。它源于第二次世界大战结束之前，兴起于20世纪50~60年代，其主要研究对象是经济落后的发展中国家。发展经济学立足于经济落后的发展中国家，从发展中国家的角度来探讨与经济起飞有关的各种问题，因此有人也将发展经济学称为发展中国家经济学（economics of developing countries）。

因此，发展经济学是一门研究经济落后国家或地区如何实现工业化、现代化，实现经济起飞和经济发展的学科。

（二）发展经济学的性质

发展经济学以发展中国家的经济发展作为研究对象，对工业化和市场化问题的研究是发展经济学的重要主题。正因如此，发展经济学在研究问题时，有着自己显著的特色[②]。

发展经济学虽然研究的是发展中国家的经济问题，但最初却是由发达国家的经济学家为研究发达国家的经济问题而创立起来的。这些经济学家受西方正统经济学的熏陶，常常把经济学的基本原理和方法运用于分析发展中国家的经济发展问题。因此有人认为，发展经济学不是一门独立的学科，而只是西方经济学或经济学分支（如宏观经济学、微观经济学、国际经济学等）的基本原理在发展中国家的具体应用，但这却在解决发展中国家的实际问题时产生了理论与实践相背离的状况。传统的西方经济学分为两个部分，即微观理论和宏观理论。微观理论主要关注的是，在市场机制作用下，如何使用稀缺的生产资源以最佳的方式生产各种商品，以及如何把商品分配给社会各成员消费的问题。宏观理论则考察在市场调节条件下，所产生的经济增长、通货膨胀、失业以及政府如何作用等问题。在对这些问题的讨论中，文化价值、社会政治、历史背景和其他管理制度都是作为既定的分析前提，并被假定其不会阻碍经济的增长。

与之相反，不发达经济问题的性质，就决定了发展经济学家却不能把这些“非经济因素”视为既定的前提，而必须把它们作为一项有待研究的重要内容加以考察。因为在

---

① 张培刚. 发展经济学往何处去——建立新型发展经济学刍议[J]. 经济研究，1989，(6)：14-27.

② 郭熙保，周军. 发展经济学[M]. 北京：中国金融出版社，2007.

市场缺乏或高度分割的发展中国家，人们的经济活动不一定按经济原则行事，用于指导资源合理配置的市场机制也不能发挥其有效的作用，因此，只有把经济变量与社会文化制度的现实情况结合起来，才能实现市场机制优化配置资源，或政府宏观政策合理利用资源，可见发展经济学的视野超越了西方传统经济学，特别注重考虑社会经济发展所必不可少的社会结构、文化价值、政治体制、历史背景以及各种相关社会制度的变革。同时它还注重政府和经济计划在消除贫困失业和不公平等问题上的作用。应当看到，发展经济学在吸收了西方正统经济学一些基本原理的基础上，仍作为一门独立的学科，有自己独特的研究对象和研究方法，形成自己的理论体系。

（三）发展经济学的特点

发展经济学与其他学科在性质、研究对象、研究方法上的差异，也决定着它具有自己的特点①：

（1）更注重长期的动态经济发展过程。一般而言，研究发达国家的经济问题是在较成熟的市场经济条件下，关注市场配置机能、充分就业、通货膨胀和经济周期之类的中、短期问题。而发展经济学所研究的是处于由传统经济向现代经济转型的发展中国家，因而其研究必然要涉及长期经济问题的分析，如经济行为方式的转变、投入要素的开发与积累、经济结构的转变、制度的变迁等。

（2）更注重国际经济的比较研究。这是由于在世界经济的近现代历史上，无论是先前跨入工业化、现代化行列的西欧、北美诸国，还是后来奋起直追、取得巨大经济成就的日本和东亚国家（地区），它们在工业化战略、市场发展、政府作用以及对外经济贸易策略选择等方面，积累了相当丰富的历史经验和教训。因此，一方面要从国际经济的视野分析发达国家的经济发展战略；另一方面，由于发展中国家与发达国家之间存在着极其密切而又复杂的关系，所以，在开放经济条件下探讨发展中国家的经济问题，就必须从国际经济的角度去分析。

（3）更注重研究发展中国家经济的一般规律和具体国家的特殊性。发展中国家的经济发展有共同的本质，又有各自的特点。如果仅仅强调发展中国家的共性而忽略各个国家的具体情况，那么发展经济学的理论分析和政策主张就难以获得理想的效果。20 世纪 50~60 年代，发展经济学家曾热衷于构建宏大的理论体系，试图制定出对所有发展中国家都适用的一般发展战略，然而由于发展中国家的情况千差万别，构建一般理论体系和发展真理的努力并没有获得成功。因此，到 20 世纪 70~80 年代，发展经济学家转而越来越多地关注发展中国家的异质性，力图对不同国家不同的发展绩效进行解释和说明。

（四）发展经济学的研究方法

发展经济学的研究方法应以唯物论和辩证法为指导，综合吸收各学派和各领域的特长，做到理论分析、历史分析和经验的或统计的分析相结合①。

第一，一国经济发展是一个长期演变动态过程，在这一过程中经济系统的各要素和

① 李忠民. 发展经济学[M]. 北京：高等教育出版社，2011.

结构总在不断组合和协调之中，发展经济学应侧重于动态和非均衡的分析。

第二，发展经济学应侧重于结构分析，其中包括产业结构、经济区位结构、人口结构、现代与传统并存的二元结构等问题。

第三，发展经济学应侧重于历史和制度的分析方法，这些属于“非经济因素”，在此不做过多说明。

第四，发展经济学还应较多地运用经验、比较和模型分析方法。主要包括：①经验分析法。选择若干发展中国家，获取有关发展的详细实际资料，通过案例研究具体分析这些国家的社会经济条件，对其发展进程进行实证性分析，总结发展的经验并提出有关的政策建议。②比较分析法。在获得详尽统计资料和实证分析的基础上，进行比较研究，既包括经济发展状况的比较，又包括经济发展因素的比较。通过比较，总结经验教训，找出经济发展的规律。具体包括三种不同的比较：一是同期的不同发展中国家的社会经济条件和社会发展状况的比较；二是发展中国家和发达国家的相同发展历史阶段的比较；三是同一发展中国家不同历史时期的比较。通过比较可以揭示经济发展的共同性趋势，也有利于探索不同国家在不同条件下所采取的不同发展道路和发展战略。③模型分析法。通过对经济发展各因素之间的联系和各变量间的关系以及总体变化趋势的研究，建立起描述这些关系和趋势的相应模型，以便揭示经济发展的规律和机制。例如，钱纳里（Chenery）就曾运用宏观经济模型，构造了一个两缺口模型，论证了发展中国家利用外资与国内经济平衡及经济发展之间的数量关系。这些模型包括总量模型、结构模型和单项模型，有些模型是适合于众多发展中国家的一般模型，而有些模型则只适合于特定国家的具体模型。

第五，发展经济学应重视发展战略和政策研究。由于发展经济学是一门应用性很强的经济学科，其研究目的是指导发展中国家的发展实践，因此，根据各国的发展战略和相应的政策，才能检验不同国家的不同发展的实效性。

第二节 发展中国家与发展经济学的形成和演变

一、发展中国家的现状和特点

发展中国家是一个约定俗成的概念，从来就没有一个国际组织明确提出发展中国家的概念，并在法律上予以确定。世界银行和联合国贸易与发展会议没有给发展中国家下过明确的定义，世界贸易组织的法律文本中同样也找不到发展中国家的明确概念。

如果从广义的角度来考察，可以把发达国家与发展中国家作为一对相互对应的概念来理解。也就是说，在当今这个世界上，只要不是发达国家就是属于发展中国家的范畴。这个定义具有最广泛的包容性，它尤其适应“后冷战”时代世界经济、政治的新格局。如果从狭义的角度来考察，所谓发展中国家是指第二次世界大战以后，摆脱了帝国主义和殖民主义统治，取得了民族独立和国家主权，在经济上各自选择不同道路和方式谋求发展，而经济发展水平又处于较低发展阶段的新兴民主国家。它们主要集中在亚洲、非洲、拉丁美洲地区，也包括部分东南欧国家。

世界上有各种各样的发展中国家，但它们中的绝大多数都在不同程度上面临着共同的问题，具有共同的社会经济特征[①]。

（1）人口增速快，失业问题凸显。除了美国和日本，世界上人口过亿的人口大国都是发展中国家。发展中国家人口占世界人口的 2/3 以上，出生率在 3.5%~4%，而发达国家则在 1.5%以下。这就是说，在世界上出生的 100 个儿童中，约有 6 个出生在发达国家，94 个出生在发展中国家。在许多发展中国家，15 岁以下的儿童几乎占到人口总量的 40%，发达国家的这一比例不到 21%；与之相反的是，65 岁以上老年人口占全部人口的比重在发达国家超过 10%[②]，而在发展中国家则要低一半；但赡养负担者（15~64 岁的人）在发展中国家大约占总人口的 45%，而在发达国家仅占总人口的 1/3[③]。人口增长过快和赡养负担过重带来了一系列的经济和社会问题，如失业增加、公共设备匮乏、交通拥挤、住房不足、环境恶化、卫生条件差等阻碍经济发展，深化国家贫困。

（2）收入水平低，收入差距大。贫困是发展中国家的核心特征。发展中国家不仅人均收入水平低，而且收入分配极不平等，两极分化严重。生活水平普遍低，不仅表现在数量上，而且表现在质量上，如住房短缺、健康不良、教育落后、婴儿死亡率高、预期寿命和工作年限短等。托达罗（Todaro）根据大量的统计资料，对发展中国家的这种状态做了归纳：人均收入水平低下，而且在许多国家中增长缓慢；大多数人处于绝对贫困的境地（在 20 世纪 90 年代初，约有 12.5 亿人）；人口健康状况欠佳，营养不良问题严重，婴儿死亡率为发达国家的十多倍；识字率低、辍学率高、教育设备和课程设置不完善[④]。由于物质、人力、资本投资不足，管理能力和技术水平较差等原因，与发达国家存在很大差距。《世界银行国家收入分类》（2015 年）显示，2014 年低收入国家的人均国民收入低于 1 045 美元，中低收入国家为 1 046~4 125 美元，中高收入国家为 4 126~12 735 美元，而高收入国家和地区超过 12 735 美元。

（3）生产率水平低下，经济增长缓慢。劳动生产率低下是发展中国家区别于发达国家的又一主要标志。由于物质资本积累（capital accumulation）和人力资本投入不足、技术知识落后、缺乏管理人才、社会经济体制和管理制度不健全、劳动者缺乏进取心和创新精神、饮食摄入不足、生活条件和卫生条件恶劣等因素与低下的生产力之间相互作用、不断加强，发展中国家经济增长缓慢。尽管在发展中出现了诸如“亚洲四小龙”[⑤]以及中国内地经济腾飞的经济增长个案，但与发达国家相比较，整个经济增长速度明显缓慢：1990~1999 年，低收入国家的 GDP 平均增长率为 2.2%，而中等收入国家为 3.5%[⑤]。如果考虑到发展中国家的人口数量，其增长速度更低。

---

① 李忠民. 发展经济学[M]. 北京：高等教育出版社，2011.

② 林乐芬. 发展经济学[M]. 南京：南京大学出版社，2007.

③ 资料来源：《世界发展报告》（2004 年）。

④ 托达罗 M，朱惠祥. 发展经济学提出的十六个问题[J]. 国外社会科学文摘，1982，（10）：12-24.

⑤ “亚洲四小龙”是指中国香港、中国台湾、新加坡和韩国.

（4）城乡发展不均衡，二元结构明显。在发展中国家，生活在城市的总人口占全国人口的比例为30%~40%，而发达国家的这一比例通常在60%以上，如美国高达74%[①]；农业劳动力的就业比重在发展中国家多在50%~70%，失业长期普遍存在，剩余劳动力相当普遍，就业不足或隐蔽性失业现象日益剧增，城市地区公开失业水平高。据估计，发展中国家城市劳动力中，公开失业率为10%~15%，其中15~24岁青少年高达30%左右。城市由于以工业为主，实现现代化的大规模生产，采用较为先进的生产技术和管理手段，劳动生产率较高，居民的收入较高，生活条件较好。而农村以农业为主，采取传统的小农经济生产方式，生产规模小，劳动生产率低下，居民的收入水平较低，因而城乡经济严重分化，呈现经济、社会、文化、制度安排的二元状态。

（5）产业结构低度化，对农业和初级产品依赖严重。发展中国家农业部门规模巨大、生产效率低下，在国民经济中第一产业所占比重大，而第二、第三产业所占比重小。在第二产业中，以初级产品加工业为主。由于初级产品的收入弹性小于制成品，因此发展中国家的贸易条件不断恶化，在世界贸易额中所占比重持续下降。劳动密集型产业占主导地位，而资本密集型和技术密集型产业很少。在第三产业中，以传统服务业为主，现代服务业很少。近年来，尽管发展中国家产业结构发生了很大变化，但与发达国家相比，仍有较大的差距。

（6）市场体系不健全，在国际关系中处于受支配、依附和脆弱的地位。许多发展中国家与市场相关的法律制度的基础不是根本不存在，就是极其薄弱。在国际关系中，发达国家控制着国际分工、贸易、金融和生产要素流动体系的支配权，决定着国际关系的规则和形式。在经济全球化的进程中，由于资本和技术不足，一些发展中国家被边缘化，而能够参与经济全球化进程的发展中国家，也不可避免地遭到诸如主权让渡、市场冲击、依附加剧、财富流失等问题而处于国际分工体系的底层。有些发展中国家的经济因此而畸形发展，不能形成完整的国民经济体系。因此，大多数发展中国家在国际贸易中处于不利地位，成为国际经济关系中的弱势群体，在经济上受发达国家的支配，依附于发达国家。

二、发展经济学的形成和演变

工业化和城镇化带来的经济增长和经济发展是一个世界性的现象，在人类历史上欧美国家率先走上市场化和工业化道路并实现了经济增长和经济发展，而早期的经济发展理论在对欧美国家的经济增长和经济发展问题研究过程中应运而生。在古典经济学中，就有着丰富的经济发展思想。例如，亚当·斯密（Adam Smith）探究了国民财富增长的原因，李嘉图（Ricardo）转而论证经济的停滞问题。他们的学说中，都含有可贵的经济发展思想。德国历史学派的理论观点和政策主张，则体现了处于较低发展阶段的国家的要求和呼声。18世纪末19世纪初以后的经济学家诸如西斯蒙第（Sismondi）、萨伊（Say）、马尔萨斯（Malthus）、西尼尔（Senior）等的著述中，关于促进经济发展的条件，解释阻

① 张培刚，张建华. 发展经济学[M]. 北京：北京大学出版社，2009.

碍经济发展的因素的分析和论证也屡见不鲜。然而，19世纪中叶以后，西方经济学家的研究兴趣逐渐离开了增长和发展，转而探讨短期的静态资源优化配置和均衡问题。从时间维度考虑，发展经济学可分为以下四个阶段①。

1. *发展经济学的起源——20世纪30年代末40年代初*

发展经济学的思想观点可追溯到第二次世界大战结束以前的20世纪30年代末40年代初。第二次世界大战结束以后，摆脱了殖民主义统治的发展中国家为了尽快地发展经济，巩固政治独立，发达国家考虑到经济、政治上的需要，重新定位与发展中国家之间的关系，使一些经济学家感到有必要对发展中国家的经济发展问题进行研究。

除了非殖民化这个大的环境外，发展经济学的兴起，与其他一些条件也是密不可分的。首先，第二次世界大战后，许多国家变成社会主义国家，世界被分成了两个阵营——以苏联为首的社会主义阵营和以美国为首的资本主义阵营。这两个集团在军事上和经济上展开竞争，形成冷战后，冷战态势达半个世纪之久。20世纪50年代，欧美资本主义国家认为，共产主义国家产生的根源是贫困落后，为了遏制共产主义在全世界的蔓延，必须对穷国提供经济和军事援助，帮助这些国家发展经济。这一时期相继建立了各种援助计划和援助组织，如1949年美国的第四点计划、1950年英国的科龙波计划（Clombo Plan），还有1960年成立的经济合作与发展组织（Organization for Economic Co-operation and Development，OECD）援助委员会，世界多边援助机构如世界银行以及联合国支持下的各种多边技术与金融援助计划等。这次援助机构迫切需要对发展中国家的经济状况进行研究，以便使援助项目达到理想的效果。其次，第二次世界大战后不久成立的联合国和世界银行等国际机构组织，收集和编纂了世界上许多国家尤其是发展中国家的统计资料，定期或不定期地发表统计公报和统计年鉴以及发展中国家的经济问题的调查研究报告。这些统计资料和研究文献为经济学家研究发展中国家的经济状况问题提供了较为全面的数据和信息。最后，第二次世界大战后西方国家经济增长较快，国际贸易和国际投资也发展较快，发达国家与发展中国家之间的经济联系越来越紧密，发展中国家经济状况的好坏直接影响到发达国家的经济和贸易。出于本国的发展需要，一些西方经济学家也意识到有必要对发展中国家的经济发展问题进行研究。

于是各种的发展模式和理论观点相继被提出，发展经济学也就作为现代经济学的一个新分支出现。较为著名的发展经济学的著作有赫尔希曼（Hirschman）的《经济发展的战略》②、科林·克拉克（Colin G. Clark）的《经济进步的条件》③、罗森斯坦·罗丹（Rosenstein-Rodan）的《东欧与东南欧国家工业化的若干问题》④和《后向经济发展》⑤、

---

① 李忠民. 发展经济学[M]. 北京：高等教育出版社，2011.

② Hirschman A O. The Strategy of Economic Development[M]. New Haven：Yale University Press，1958.

③ Clark C G. The conditions economic progress[J]. Population，1960，15（2）：374-375.

④ Rosenstein-Rodan P N. The problems of industrialization of Eastern and South-Eastern Europe[J]. Economic Journal，1943，53：202-211.

⑤ Rosenstein-Rodan P N. The international development of economically backward areas[J]. International Affairs（Royal Institute of International Affairs 1944—），1944，20（2）：157-165.

曼德尔鲍姆（Mandelbaum）的《落后地区的工业化》[①]、张培刚的博士论文《农业与工业化》[②]等。有些学者认为，20 世纪 40 年代提出的哈罗德-多马（Harrod-Domar）增长模型更适合发展中国家。该模型的建立被认为是发展经济学兴起的一个标志。

2. *发展经济学的兴起——20 世纪 50~60 年代*

20 世纪的 50 年代和 60 年代是发展经济学繁荣与大发展时期。早期发展经济学家发现，市场不发达和结构刚性，使经济发展出现“回波效应”，即经济发展加剧结构差异和不均衡，甚至导致贫富差距扩大和利益冲突。古典经济学和凯恩斯经济学不适用于发展中国家，因此应该采用结构分析法，注重（物质）资本积累、工业化、国家计划，强调内向型发展战略，主张采用进口替代工业化、实行贸易保护政策，建立对所有发展中国家都适用的宏大的理论体系。在这一阶段产生过重要影响的发展理论主要有：1950 年普雷维什（Prebisch）和辛格（Singer）提出的普雷维什-辛格假说，1954 年刘易斯（Lewis）提出的二元结构模型，1957 年罗森斯坦-罗丹提出的大推进理论，20 世纪 50 年代赫尔希曼提出不平衡增长理论。除此之外，还有长期探讨增长问题的哈罗德-多马增长模型，钱纳里有关发展中国家增长受储蓄和外汇约束的两缺口理论，库兹涅茨（Kuznets）关于增长过程中国民经济结构变动的分析以及发展过程中收入不均等趋势分析的倒 U 曲线理论，缪尔达尔（Myrdal）用循环积累因果关系理论对不平等问题的探讨，纳尔逊（Nelson）的“低水平均衡陷阱理论”，等等。

3. *发展经济学的危机*

20 世纪 50 年代，接受结构主义政策建议的发展中国家的经济增长迅速，在 70 年代初普遍面临重重困难：大规模失业，经济停滞。20 世纪 60 年代注重市场条件采取外向型经济的国家和地区（如“亚洲四小龙”），其增长速度普遍高于实行内向型经济的国家和地区，并且经济持续高速增长。于是 20 世纪 60 年代末期的发展经济学家，对早期的发展理论做出重大修改，到 70 年代末 80 年代初新古典经济学的理论成为发展经济学的基本特征。

新古典主义认为，价格是经济发展的核心问题，针对发展中国家的价格扭曲现象，应该调整政府政策体系，提出强调保护个人利益，反对国家干预，主张实施自由竞争、经济自由化、贸易自由化和金融自由化等。正如经济学家约翰·威廉姆森（John Williamson）概括的“华盛顿共识”——只有市场经济才能发展经济[③]。但由于新古典主义忽略了时间变量、历史因素，将政治、法律、文化等因素视为经济运行的既定因素或外生变量，在既定的制度结构和制度安排的基础上，新古典主义的“矫正价格”和“矫正政策”不可能自动在落后贫困、市场机制不健全、各种结构二元问题长期存在的发展中国家产生。在市场化进程中，这些国家存在许多不确定因素和困惑。例如，如何在制度改革中促进市场化？如何建立健全市场制度？如何在开放条件下保证经济金融稳定安全？等等。金融体制不发育，各种结构二元问题的长期存在，新古典主义的发展政策，

---

① Mandelbaum K. The industrialization of backward areas[M]. Oxford：Blackwell，1945.

② 张培刚. 农业与工业化[M]. 武汉：华中工学院出版社，1984.

③ 黄平，崔之元. 中国与全球化：华盛顿共识还是北京共识[M]. 北京：社会科学文献出版社，2005.

甚至在一些曾经取得相当成功的国家或地区也遭到了失败①。

4. 发展经济学的重建

20 世纪 80 年代中期以来，各种学派交融综合发展，把新古典政治经济学的研究引入发展经济学形成了新古典发展经济学。代表性的学说有制度分析、交易成本分析、公共选择分析、寻租分析和新古典分析相结合，新制度经济学和新经济史学、诱导性技术革新——适度模型、现代福利经济学分析、新发展观与新古典发展经济学等②。

在新型发展经济学理论的探索中，非经济因素的分析受到重视，特别是关于制度因素、人的因素、经济的可持续发展问题逐渐成为发展研究领域的关注热点。20 世纪 90 年代，新制度经济学家把制度作为经济活动中的一个重要内生变量，运用新古典主义供求分析法探讨发展中国家在经济发展过程中所面临的制度障碍，逐渐形成发展经济学的新制度主义理论。这一时期，苏联和东欧社会主义国家以及中国正从计划经济走向市场经济，这也大大刺激了经济学家对经济发展中的制度因素的研究。以罗默（Romer）和卢卡斯（Lucas）为代表的新增长理论体现了新古典增长理论和经济发展理论相结合的观点，强调经济增长不是由于体系外部的力量，而是由于体系内部因素作用的结果，体系内的因素包括人力资本、劳动分工和专业化等。阿马蒂亚·森（Amartya Sen）认为，发展就是扩展人们享受其真实自由的一个过程，发展的核心问题就是以人为本的发展，发展的进程应该为人们创造一种有益的环境，使他们能够独立和集体地发挥全部潜力，不断扩大自己的选择范围；发展还应重视人口、资源环境和经济发展的相互协调问题；信息经济学博弈论也被运用于发展研究。

三、发展经济学的基本理论

（一）新古典增长理论

古典经济学家亚当·斯密、李嘉图和马克思（Marx）都致力于阐明经济增长的原因和作用，并试图解释经济增长的过程和机制。斯密认为经济增长与劳动、资本和土地有关，同时指出技术进步在经济增长中的作用。斯密推断，只有人口增长率和资本积累率为 0 时，经济增长才处于静态最低点；而当经济表现为规模报酬递增时，增长会自我加强，但这种增长不会一直持续下去。李嘉图通过分析土地的回报递减特征对斯密增长机理做出修正，他悲观地认为，只有控制人口的速度才能保持经济的增长。马克思在斯密和李嘉图的理论基础上对增长机制进行了更为深入的分析，所提出的简单和扩大再生产理论不仅为增长模型提供了严谨的公式，同时在多产业框架下为稳态均衡增长概念提供了关键的构成要素③。

以上是古典增长理论的重要思想，而新古典增长理论起源于对古典经济学中要素贡

① 张建华. 论发展经济学的革命与再革命[J]. 理论月刊，2008，（7）：5-10.

② 李忠民. 发展经济学[M]. 北京：高等教育出版社，2011.

③ 许晶华. 新古典增长理论 50 年：起源、发展和问题[J]. 华南师范大学学报（社会科学版），2008，（6）：3-11.

献的思想和对凯恩斯（Keynes）宏观经济学“刀锋”条件[①]下增长路径的批判，揭示技术进步是经济增长的根本动力。

美国经济学家罗伯特·索洛（Robert Solow）于1956年在《对经济增长理论的一个贡献》中，详细阐述的他在总结前人成果上的新观点，被称为新古典增长理论[②]。该理论引入资本与劳动两个关键变量，并对其在增长中的作用与相互关系进行了论述，基于两个基本前提：①规模收益不变，但资本或劳动的边际生产力递减；②全部产品由资本和劳动生产出来，技术这一变量暂不考虑。这便有了新古典理论的核心公式——国民经济增长率公式：

$$G=\frac{\Delta Y}{Y}=\alpha\frac{\Delta Y}{K}+(1-\alpha)\frac{\Delta L}{L}$$

其中，G、Y、K与L分别代表国民经济增长率、国民收入、资本与劳动；α、$(1-\alpha)$分别代表资本、劳动的产量份额。接着，索洛放松限制条件，将技术进步考虑进来，得到了全面的经济增长率公式：

$$G=\alpha\frac{\Delta K}{K}+(1-\alpha)\frac{\Delta L}{L}+\frac{\Delta A}{A}$$

其中，$\frac{\Delta A}{A}$为技术进步率。索洛通过使资本/产出比率内生于经济解决了H-D模型中的“刀锋”条件的问题；揭示了长期经济增长的动力来源于技术进步，因为在均衡增长路径中，资本的报酬递减，经济增长最终会停止。在技术进步的作用下，克服了资本边际产出的下降，使经济能够持续地与技术进步同步增长。

（二）贫困陷阱理论的发展

国家间收入差距的持续扩大与传统增长理论背离，穷国人民的生活与富国人民形成鲜明的反差。从外国援助到直接投资，从发展教育到控制人口，从提供贷款到减免贷款，这些经济学家一直在探索的脱贫致富方法并没有取得理想预期的效果。依照传统的新古典经济理论，资本和技术的自由流动性注定了政策和市场的效率性，用这种思维，贫困国家也就不复存在。因为穷国总是可以通过采用富国先进技术，引进富国资本的方式获得发展。然而并非如此，穷国并没有完全采用富国先进技术，资本也没有大规模从富国流向穷国。最近几年，经济学家试图用贫困陷阱理论来解释贫困的根源以及跳出贫困陷阱的方法。

贫困陷阱有别于新古典模型的最显著的特征就是多重均衡的存在。例如，如果一个国家因为贫穷而没有足够的资金投资采用先进技术，新技术的不可获得使该国继续陷入贫困，继而更缺乏资金，如此周而复始陷入低水平均衡；反之，如果一国因较富裕而大

① “刀锋”条件是指生产只有在要素比例不变的情况下才能发生。索洛提出在市场调节的作用下资本与劳动可相互转换的观点，通过调整资本与劳动的比例，达到$\frac{\Delta K}{K}=\frac{\Delta Y}{Y}$即可实现经济均衡增长，解决了实现经济稳定增长途径像刀锋一样狭窄的问题。

② 陆静超. 经济增长理论的沿革与创新——评新古典增长理论与新增长理论[J]. 哈尔滨工业大学学报（社会科学版），2004，6（5）：94-98.

力发展研究并采用新技术，生产效率大幅提高从而收入也相应增加，使该国更加富裕，继而不断向高水平均衡过渡。我们把一国经济陷入低水平均衡状态称为贫困陷阱，一旦进入贫困陷阱，就会形成一种恶性循环，不能自拔。只有通过强大的力量推动，才会跳出均衡陷阱，进入持续增长的路径，向高水平均衡前进。并且，值得注意的是，导致一国经济陷入低水平均衡，还是向高水平均衡过渡的往往是相同的因素，只是作用的方向相反而已。

（三）大推进理论与不平衡发展理论

大推进理论又称平衡发展理论，是关于发展中国家各工业部门必须同时均衡发展的一个理论[①]。该理论率先由英籍美国经济学家罗森斯坦-罗丹于 1913 年在《东欧与东南欧国家工业化的若干问题》中提出。罗森斯坦-罗丹认为，工业化是发展中国家摆脱贫困，实现经济发展的途径。因此，必须对各工业部门全面大规模投入资本，工业化才得以实现，经济才得以发展。发展工业化有两方面的原因：一是只有扩大投资规模，创建各种企业才能实现规模经济的效益，发挥外部经济效益。二是几个经济中的三种不可分性。第一，资本供给的不可分性，特别是社会分摊资本供给的不可分性。尤其在基础设施建设中，需有一个最低限度的投资量才能建成，而单项投资是无法产生预期的投资效益的，只有对各部门同时投资，才能形成生产能力。第二，储蓄的不可分性。发展经济离不开大量投资，投资需要储蓄，储蓄受制于收入，收入水平低，消费所占比重大，储蓄水平自然低，只有收入水平达到一定限度后，储蓄才能大幅提高，而收入水平的提高也有赖于大规模投资。第三，需求的不可分性。投资成功与否同市场需求密切相关，为形成广大市场，必须大规模地在各部门透视投资，才能形成彼此联系的广大国内市场。

大推进理论在被一部分经济学家认可的同时，也受到了部分经济学家的质疑。与此理论针锋相对的是赫尔希曼提出的不均衡发展理论，他反对全面投资，各部门均衡增长战略，认为大量项目难以同时建成，即便建成也缺乏效率。主张集中力量优先发展一部分工业，以此为动力逐渐扩大对基地工业的投资、带动整个国民经济的发展。他认为，发展中国家经济部门“联系效应”较弱，初级产品没有后向联系，农业、矿业等前向联系小，应首先发展具有较强“联系效应”的部门，集中力量投资诸如进口或出口替代的部门，还应实行专业化，依靠市场机制进行调节，通过“联系效应”带动其他部门迅速发展[①]。

大推进理论与不平衡发展理论从不同侧面制定了发展中国家经济增长的战略，两种思想各有所长，也有所短。前者可在短时间内实现经济跃进，却面临投资耗费巨大与资源配置效率低下的问题；后者虽能率先带动一部分优势企业发展，也会导致产业侧重过度倾斜，不利于薄弱产业的发展。实际上，把两个理论综合起来应用，对经济发展更有指导意义。郭熙保和习明明[②]通过探讨部门间的全要素生产率差异性与中间产品投入的

---

① 王慧，夏学英. 基于大推进理论的辽宁沿海经济带旅游业发展的路径选择——基于大推进理论的思考[J]. 发展研究，2012，（2）：45-48.

② 郭熙保，习明明. 大推进、中间产品与弱联系效应[J]. 经济评论，2009，（6）：110-120.

互补性，把平衡增长理论与不平衡增长理论统一在同一理论分析框架，研究发现不发达国家或地区应该对所有部门进行投资，即实施大推进策略，但这并不意味着所有部门都要按同一比例进行投资，不发达国家或地区应优先发展那些生产率高的部门，但同时也要对生产率最低的部门进行投资。

（四）循环积累因果关系理论

20 世纪 50 年代以来，发达国家以追求经济高速增长为目标，将大量资源和要素集中投入经济发展条件较好的区域。经济高速发展所造成的倾斜，不仅没有得到缓解反而加剧了发达区域与欠发达区域之间的两极分化。纵观区域经济的发展，经历了一个“不平衡—平衡—新的不平衡—新的平衡”的循环往复的过程，区域经济不平衡增长的循环积累因果理论应运而生。

循环积累因果理论最先由瑞典经济学家缪尔达尔于 1957 年用循环积累因果关系论说明地理上的二元经济产生的原因及如何消除问题。利用扩散效应和回流效应概念，说明了经济发达地区优先发展对其他落后地区的促进作用和不利影响，提出了如何充分发挥发达地区的带头作用与采取适当对策来刺激落后地区的发展，以缩小区域间发展水平的差异。

循环积累因果理论认为，一个动态的社会经济过程是各种社会经济因素相互关联、相互影响、互为因果的累积结果[①]。在区域经济发展中，由于规模经济和聚集经济的存在，人均收入、工资和利润水平等要素收益的差异会吸引资本、劳动、技术、资源等要素由落后地区向发达地区流动，产生回流效应，从而使落后地区越来越落后；而发达地区发展到一定程度后，会因人口过多、交通拥挤、环境污染、资源短缺等原因引起生产成本上升，竞争加剧，外部经济效益下降等导致资本、劳动、技术等要素倒向落后地区流动，即产生扩散效应，从而促进和带动落后地区的发展。回流效应的结果使经济发达地区越来越发达，经济落后地区越来越落后。而且由于市场机制的作用，回流效应总是先于和大于扩散效应，如果一个区域的发展速度一旦超过了平均发展速度，这一地区就获得了连续积累的竞争优势，市场力量通常倾向于增加而不是减少区域经济差异。在市场机制作用下，发达地区在发展过程中不断积累自己的不利因素。因此，循环积累因果的作用使经济在空间上出现了“地理二元经济”结构，即经济发达地区与不发达地区同时存在。对于如何克服恶性循环积累，缪尔达尔认为政府必须加以干预，才能限制地区差异的扩大。

循环积累因果理论有其合理成分和科学因素，但也存在一定的局限性，缪尔达尔未考虑时间变化、空间距离、社会行为和社会经济结构的意义；没有解释均衡与非均衡发展的效率性问题；也没有给出两种效应在何种条件下可能达到平衡。因此，美国经济学家劳艾德·罗德温（Lloyd Rodwin）提出一种区域经济综合发展理论——集中地非中心化理论，旨在综合平衡发展和循环累积不平衡发展理论，扬长避短。此外，Richardson

① 施薇薇，欠发达地区如何走出贫困的循环积累——兼评缪尔达尔“循环积累因果理论”[J]. 乡镇经济，2008，24（2）：19-22.

提出增长极的回流效应和扩散效应的增加及影响在时间序列动态变化的理论[①]。

第三节　发展经济学在中国的最新发展

一、人口政策调整与人力资本投资

目前，我国已经发展到了一个新阶段，在这个阶段人力资本投资对我国未来起着决定性作用，但人口数量对经济发展的限制作用也开始逐渐体现。我国人口数量和人力资本变化对经济发展的影响主要体现在以下两个方面：一是对人的数量变化的政策调整；二是对人力资本投入不足的重新审视。

1949~1961 年我国推行鼓励人口增长的生育政策，年平均人口自然增长率从 1840~1949 年的 2.6‰猛增到 1952 年的 20‰，1949 年以后的 6 年时间也是有增无减。经历社会主义初级探索阶段后，人口与粮食的矛盾日益尖锐，为缓解人口对经济、社会的多方面压力，1962~1969 年提出了限制人口增殖生育政策并开始在人口众多的市、村试行，这一政策在 1970~1980 年全面推开，并在 1981~2012 年进一步抽紧。然而，在国家加紧计划生育的进程中，发现 2012 年我国劳动年龄人口开始减少，比 2011 年减少 345 万人；2013 年以后，年均减少约 800 万人。劳动年龄人口减少，人口老龄化速度加快。为防范人口递减带来的隐性危机，2013 年 12 月 28 日，人大第六次会议通过了关于调整完善生育政策的“单独二孩”政策。但现状仍不容乐观，根据国家卫生和计划生育委员会（简称国家卫计委）2015 年 7 月公布的数据，2014 年中国 0~14 岁低龄人口占总人口比例为 16.5%，低于世界平均 26%的水平。60 岁及以上老年人口不断上升，从 2010 年的 13.3%提高到 2014 年的 15.5%。同时，劳动年龄人口从 2011 年开始连续三年出现净减少。为调整老龄化加速和少子化加剧并存的人口结构问题，2015 年 10 月 29 日，中国共产党第十八届中央委员会第五次全体会议通过了全面放开二孩政策[②]。

生育政策旨在改变人口的量，而改变人口的质则需从“人力资本”着手。所谓“人力资本”是指包含在人体内的一种生产能力，它是表现在劳动者身上的、以劳动者的数量和质量表示的资源，并对经济起着生产性作用。我国是世界人口大国，人力资源也有别于其他国家，《2015 年人力资源强国评价报告》指出我国人力资源有以下特点：

（1）人力资源数量与质量具有相对优势。研究表明，2012 年我国人口规模和劳动力比例综合指数为 0.835，排名长期处于第一，虽然劳动力人口开始缓慢下降，但一定时期内人口和人力资源优势仍然存在。

（2）人力资源开发质量和开发能力持续提升。在质量开发方面，科学家与工程师规模增长高达 102%，每 10 万人口中科学家与工程师的人数上升了 87.82%。中国政府高度

---

① 施薇薇，欠发达地区如何走出贫困的循环积累——兼评缪尔达尔“循环积累因果理论”[J]. 乡镇经济，2008，24（2）：19-22.

② 资料来源：中华人民共和国国家卫生和计划生育委员会网站，http：//www.nhfpc.gov.cn/.

重视教育、卫生投资，2012 年，财政性教育经费占 GDP 的比重首次超过 4%，达到 4.28%；财政性卫生经费占 GDP 的比重为 2.21%。

（3）中国人力资源开发进入“二元现象”。所谓“二元现象”，是指人力资源在数量结构上存在优势的同时，开发能力提升速度却前进缓慢。第六次全国人口普查数据显示中国人力资源变化的新趋势如下：一是大学受教育程度人口大幅增长，大学文化程度年平均增长率为 10.46%，在国际上创造了人力资本增长最高的纪录。二是人才聚集现象凸显，世界级人才城市逐步形成。国家统计局抽样调查数据显示，上海、北京等迅速成为世界级人才城市，其中北京大专程度人口从 2004 年的 328.9 万增加到 2014 年的 642.0 万，上海大专程度人口则从 2004 年的 300.1 万增加到 2014 年的 515.6 万。上海、北京的大学文化程度人口不仅居全国各城市前列，也居世界各大城市第一位与第二位[①]。诚然，中国作为世界第二大经济体，自改革开放以来在人力资本方面取得了重大进步：在教育年限上的统计数据表明，1985~2012 年，全国劳动力人口的平均受教育年限从 6 年增加到 9.9 年，其中农村人口受教育年限从 5.3 年增至 8.6 年，城市人口受教育年限从 8.1 年增至 11 年；全国高中以上人口占比从 13%上升到 34%，其中农村人口受教育年限从 8%上升到 14%，城市人口受教育年限从 27%上升到 50%[②]。但与世界在这一方面的投入却存在较大差距。最新数据显示，中国从小学到大学的学生人均教育投入是 1 593 美元，不仅低于所有 OECD 国家，也低于俄罗斯、巴西、印度、南非其他“金砖”国家。目前世界的教育投入大约占 GDP 的 4%，而中国只有不到 3%。为实现邓小平提出的尽快达到世界教育投入水平，中国加大对教育的投入力度，特别是在高等教育中，对每位学生的补贴由 8 000 元增加到 12 000 元。

二、“大众创业，万众创新”

党的十二届全国人大三次会议上李克强总理提出“大众创业，万众创新”这一新的经济发展引擎概念，这不仅可以扩大就业、增加居民收入，还可以促进社会的公平正义。“大众创业，万众创新”的目的是推动经济的良性发展。一方面，只有通过大众创业，才能创造出更多的新技术、新产品和新市场，才得以实现中国经济提质增效升级。另一方面，只有通过大众创业，市场主体才能得以增加，市场的动力与竞争力得以加强，进而形成经济发展的内在原动力引擎。“大众创业”与“万众创新”是相互支撑和相互促进的关系[③]。“大众”勇敢创业激发和带动“万众”关注、思考和实践创新，同时，“大众”创业的市场主体创造出更多的创新欲望、投入和探索；此外，只有在万众创新的基础上，才可能有“大众”愿意创业、能够创业、创业成功。

本质上讲，“大众创业，万众创新”是一种经济行为，因而需要市场发挥主导力量，政府所做的就是支持、引导以及提供相关平台。国家为推动“大众创业，万众创新”营

① 胡鞍钢，才利民. 从“六普”看中国人力资源变化：从人口红利到人力资源红利[J]. 清华大学教育研究，2011，32（4）：1-8.

② 《中国人力资本报告》（2015 年）。

③ 王喜文. 大众创业、万众创新与共享经济[J]. 中国党政干部论坛，2015，（11）：12-15.

造有益的政策环境和制度环境。对于企业，继续完善对小微企业的税收优惠政策，改革企业所得税制，增加研发费用包含的项目，并实施加计扣除；对于农民，采取鼓励农村劳动力创业的政策措施，发展农民工返乡创业，支持农民网上创业；对于大学生，对持《就业失业登记证》（注明“自主创业税收政策”或附着《高校毕业生自主创业证》）毕业生从事个体经营（除建筑业、娱乐业以及销售不动产、转让土地使用权、广告业、房屋中介、桑拿、按摩、网吧、氧吧外）的，在 3 年内按每户每年 8 000 元为限额依次扣减其当年实际应缴纳的营业税、城市维护建设税、教育费附加和个人所得税。

据相关统计，近年来我国“大众创业，万众创新”项目取得了很大进步。大学毕业生自主创业比重不断上升，2008~2013 年，由 1%上升到 2.3%，2013 年比 2012 年提高 0.3 个百分点，比 2011 年提高 0.7 个百分点。留学归国人员不断增加，2008~2014 年由 5 万人上升到 36.48 万人，创历史新高，其中自主创业者达到 15%以上。在返乡农民工中，有创业意愿的占到 20%以上[①]。

三、资源尾效、资源诅咒与农村面源污染

（一）资源尾效

Romer 在经典索洛模型基础上，将土地资源和其他自然资源作为投入要素，构建了无资源约束和有资源约束的新古典增长模型，重点讨论了自然资源的有限性对长期经济增长的影响，并将两模型得到的稳态人均产出增长率之差界定为“growthdrag”，即“增长尾效”。在此基础上，Romer 测算出美国土地和其他自然资源的增长阻力为 0.002 4[②]，而“尾效”模型成为度量土地资源和其他自然资源对经济增长程度的度量模型。所谓资源尾效是指资源约束所导致的经济增长的速度低于不存在资源约束的经济增长速度，而这种降低的幅度就叫做经济增长的资源尾效。

国外学者研究表明经济增长速度会因资源约束存在减缓现象，国内众多学者则从资源对经济、城镇化组织影响两方面进行了深入探索，所涉及的对象多为土地资源、水资源、矿产资源和能源等，并全面分析了其对经济增长的制约效应。例如，刘耀彬和杨新梅依据内生增长理论，对江西省城镇化增长阻力进行探索，所得结果显示，1978~2008 年，土地、能源、水资源及二氧化硫对江西省城镇化增长阻力分别为 0.017 678 315、0.114 909 279、0.005 050 95、0.021 466 53，阻力和为 0.159 105 074[③]。由此看出，能源对城镇化进程的阻尼作用最为显著，是江西省城镇化发展面临的最大瓶颈。有部分学者，如张琳[④]等，跳出了对资源尾效值的探讨，转而研究资源尾效的空间分布，研究结果显示，我国 31 个省（自治区、直辖市，不包括港澳台地区）土地资源稀缺对城镇化进程的

① 张前荣. 加快推进“大众创业，万众创新”[J]. 宏观经济管理，2015，（6）：3-4.

② Nordhaus W D，Weitzman M L. Lethal model 2：the limits to growth revisited[J]. Brookings Papers on Economic Activity，1992，23（2）：1-59.

③ 刘耀彬，杨新梅. 基于内生经济增长理论的城市化进程中资源环境“尾效”分析[J]. 中国人口·资源与环境，2011，21（2）：24-30.

④ 张琳，许晶，王亚辉，等. 中国城镇化进程中土地资源尾效的空间分异研究[J]. 中国土地科学，2014，28（6）：30-36.

阻力具有较好的空间结构性、关联性和依赖性，呈现出“东高西低”的非均衡分布格局。这说明总体上我国东部地区土地资源尾效高于中部、西部地区。从局部空间分析来看，城镇化进程中土地资源尾效表现出的局部空间差异性和集聚性较为显著，即尾效高值集聚的地区相对来说经济较发达，而尾效低值集聚的地区相对来说经济较落后。

（二）资源诅咒

资源诅咒是指丰富的自然资源不仅没能带动本国家或本地区的经济增长，反而带来一系列负面效应抑制经济发展。经济学家将其归因为贸易条件的恶化、“荷兰病”（Dutch disease）或人力资本的投资不足等，资源诅咒主要是由对某种相对丰富的资源的过分依赖导致的。经济学家 Anty 率先提出这一概念，随后国内外学者通过实证研究进行了证实。

资源诅咒最典型的一个实例就是荷兰病，荷兰病是指丰富的自然资源反而拖累经济发展的一种经济现象。荷兰 20 世纪 50 年代因发现海岸线盛藏巨量天然气，而迅速成为以出口天然气为主的国家，其他工业逐步萎缩。资源带来的财富使荷兰国内创新的动力萎缩，国内其他部门失去国际竞争力。至 20 世纪 80 年代初期，荷兰经历一场前所未有的经济危机。这也进一步阐释了过分依赖某种相对丰富的资源的危险性。

资源诅咒的传导机制体现在以下四个方面：

第一，资源丰富地区容易因为单一的资源型产业结构患上荷兰病，而资源部门的扩张以及制造业的萎缩必将降低资源配置效率，这反过来又抑制经济的发展。

第二，资源丰富地区的资源型产业的扩张会导致人力资本积累不足，匮乏的人力资源将难以支撑持续高速的经济增长。

第三，产权制度的不清晰、法律制度的不完善以及市场规则的不健全，丰富的自然资源还会诱导资源使用的“机会主义”行为及寻租活动的产生，这会造成资源的大量浪费和掠夺性开发，使资源产业发展进入恶性循环，宏观经济难以正常运行。

第四，资源的掠夺性开发势必加大生态环境压力，使城市环境问题突显，污染治理水平变差，这不仅阻碍地区发挥潜在的优势，而且会阻碍经济长远发展。

（三）农村面源污染

农村面源污染是指在农业生产活动和集约化畜牧养殖中，氮素和磷素等营养物质、农药、化肥、农地膜以及其他有机或无机污染物质的使用对环境造成的污染。以上污染物通过地表径流和农田渗漏直接污染地下水和土壤，还通过向空气中扩散而污染大气等。一方面对人们身体健康直接产生危害；另一方面受污染的土壤生长出不健康的农产品，对人类产生间接和潜在性危害。

目前，农村面源污染已成为我国最受关注的环境问题之一。专家测算，目前我国水体氮、磷污染物中来自工业、生活污水和农业面源水污染的约各占 1/3，地下水有近 50%已被农村面源污染，湖泊等地表水中氮、磷的 50%以上来自农村面源污染[①]。农村面源污染的危害受众群体主要是土壤、水体、大气与生物。超负荷使用农药导致一些土壤的生产功能、调节功

① 牛瑞芹，何荣. 浅谈农村面源污染的现状及其治理措施[J]. 安徽农业科学，2007，35（33）：10814-10815.

能、自净功能和载体功能都受到严重损害；污染水体，加重水体富营养化；农药使用后，一部分药剂作用于靶标起到防治作用，一部分经蒸发作用或直接飘浮在空气中，对大气造成污染；重金属、农药残留进入水质经食物链的传导作用，严重危害生物健康。

解决农村面源污染是国际难题，许多研究也给出了理论基础，如可持续发展理论，强调经济、社会、生态三者的均衡可持续；生态补偿理论，从自然补偿与人为补偿两方面对农村面源污染进行治理；农业经济循环理论，杨林章等总结提炼出农村面源污染治理的“4R”理论，即源头减量（reduce）、过程阻断（retain）、养分再利用（reuse）和生态修复（restore）[①]；多中心治理理论，政府、企业、农户和公众作为农村面源污染治理的基本主导者和参与者，要分别发挥各自的功能和作用。

四、农业、农村、农民问题

农业、农村、农民问题，即“三农”问题，在当今社会不仅是经济问题，甚至被上升到政治问题。中共中央在 2003 年底正式将“三农”问题写入工作报告。研究表明，中国农业问题中土地问题最突出，主要体现在人地矛盾方面：一方面，农业生产规模小，虽然中央在全会中强调耕地数量不得低于 18 亿亩（1 亩≈666.67 平方米）的红线，但各地方城镇周边的农业用地被征作他用，致使我国耕地面积自 2003 年以来一直处于下滑的趋势；另一方面，农业生产利益低下，大部分农民进城务工，农村剩余劳动力锐减，导致耕地被闲置、浪费和破坏。为缓解人地矛盾，急需一种有效的制度体系来规范和调整现行的农村土地流转模式，我国农村土地流转实际上是土地承包经营权的流转，具体流转方式包括四种，即转包、出租、转让和互换。其要点是：在不改变家庭承包经营基本制度的基础上，把三权制引入土地制度建设，建立以土地所有权、承包权和经营权为主要内容的农村土地产权制度，把农民承包的土地从实物形态变为价值形态，让一部分农民获得股权后安心从事第二、第三产业；另一部分农民可以扩大土地经营规模，实现农业由传统向现代转型。公有制与市场的深度融合，促进农村集体经济的发展。

改革开放以来，随着城镇化和工业化的迅速发展，农村人口不断向城镇转移，建设用地“外扩内空”，农村空心化问题凸显。刘彦随等指出农村空心化本质上是在城乡转型进程中，由农村人口非农化、宅基地“建新不拆旧”等引起的“人走屋空”、村庄用地“外扩内空”的不良演化过程[②]。农村空心化是复杂的社会经济过程在村庄物质形态中的表现，包括农村土地空心化、人口空心化、农村产业空心化和基础设施空心化，其形成的根本原因是城乡分割的二元体制，进一步造成了土地资源的浪费和环境破坏。农村空心化和城镇化是社会经济发展到一定阶段的“双向”过程。因此，不应试图阻止农村空心化，而应在适当时机予以整治。王国刚等学者提出从创新宏观政策机制、创新调控模式、制度改革、区域综合利用四个方面进行治理[③]。中央政府也出台并实施了户籍制改革、

① 林章，施卫明，薛利红，等. 农村面源污染治理的“4R”理论与工程实践——总体思路与“4R”治理技术[J]. 农业环境科学学报，2013，(1)：1-8.

② 刘彦随，刘玉，翟荣新. 中国农村空心化的地理学研究与整治实践[J]. 地理学报，2009，64（10）：1193-1202.

③ 王国刚，刘彦随，王介勇. 中国农村空心化演进机理与调控策略[J]. 农业现代化研究，2015，(1)：34-40.

新型城镇化等相应政策，加大对农村的投入与整治力度。

农民一直是“三农”问题的核心，而农民问题与农村建设紧密相连。我国农民问题可以概括为“多、穷、苦、散、弱”[①]，其中穷是指收入低；散是指职业多样化，受教育程度低；弱是指农民因户籍限制普遍缺少必要的社会保障，不能享受与城市公民同等的公共卫生、教育等福利。为改善此种局面，党的十七届三中全会做出户籍制度改革的决定，使农民恢复应有的国民待遇，进城务工享受到与市民同等的权利，并进一步加大农村基础设施建设与教育投入，提高公共服务质量。因此，我国农村人均纯收入迅速攀升，由 1978 年的 133.6 元增加到 2014 年的 9 892.0 元，增长了约 74 倍。

五、工业化、信息化、城镇化、农业现代化和绿色化“五化协同”

所谓“五化协同”是指工业化、信息化、城镇化、农业现代化和绿色化在各自发展过程中，要在规模、速度、质量、效益上相互协调与同步，在相互作用中彼此促进、共同发展，旨在实现“五化”整体高水平地发展。在中国，工业化、信息化、城镇化、农业现代化与绿色化依次被提出，新的“五化”要求工业化突出节能环保，城镇化以人生活质量的提高为核心，信息化突出智慧城市，农业现代化追求食品更安全，然后再由绿色化引领城镇化、工业化、信息化和农业现代化，最终实现“五化协同”的服务目标[②]。

党的十八大报告提出：“协同推进新型工业化、信息化、城镇化、农业现代化和绿色化。”工业化与信息化的融合旨在推进新型工业发展。工业化实现了产业形态由劳动密集型向资本密集型的转变，而信息化进一步走向知识密集型高新技术产业。不难看出，信息化是工业化的高级形态，是技术边改进而优化产业结构，提高生产效率的动态过程。推进二者的深度融合，方能推进工业化向高级阶段的发展，推进产业结构转型。工业化和城镇化良性互动，旨在实现二者的匹配发展。城镇化带来的要素流入为工业化提供配套服务，反过来工业化的结构与繁荣实现城镇化的规模聚集。城镇化和农业现代化相互协调，旨在推进城乡一体化发展。城镇化的迅速发展，在人口向城镇转移的同时，城镇要素也向农村流动，为城乡统筹提供了新的发展条件。而农业现代化一方面扩大了生产规模，推进机械化和集约化经营，为工业化提供原始资本积累，为城镇化提供保障；另一方面解决了工业化与城镇化过程中造成的收入分配差距扩大、社会保障不公，从而加快农村融入城市的步伐；2015 年中央政治局会议首次提出将绿色化纳入“五化”，并将其定性为“政治任务”，国家从全局和战略高度对生态文明建设做出的重大决策与部署，旨在缓解经济社会发展与资源环境承载力的尖锐矛盾，突破制约我国经济可持续发展的瓶颈。

“五化”是一个整体系统，工业化创造供给，城镇化提供需求，工业化和城镇化可以带动和装备农业现代化，农业现代化则为工业化、城镇化提供支撑和保障，信息化能有力地推进工业化、城镇化、农业现代化，绿色化是“五化建设的核心价值观”[③]。

---

① 闫光明. 我国“三农”问题分析及其对策思考[D]. 西北农林科技大学硕士学位论文，2014.

② 刘凯，任建兰，张存鹏. 中国“五化”协同发展水平演变研究[J]. 经济问题探索，2016，(4)：27-34.

③ 冯献，崔凯. 中国工业化、信息化、城镇化和农业现代化的内涵与同步发展的现实选择和作用机理[J]. 农业现代化研究，2013，(3)：269-273.

六、生态文明

“生态”一词在古希腊中是家或我们的环境之意，指一切生物的生存状态，以及它们之间和它与环境之间环环相扣的关系。“文明”是指人类所创造的财富的总和，特指精神财富。生态文明有三方面的基本内涵：一是人与自然的和谐关系。二是生态文明与现代文明的关系。生态文明是现代人类文明的重要组成部分，是其他文明的载体。三是生态文明建设与时代发展的关系。生态文明与时代发展紧密相连，从 2005 年提出至今一直被赋予新的内涵，也被提升到社会主义建设的战略高度[①]。

我国生态文明建设的实践始于生态环境建设，但不仅仅局限于生态环境建设[②]。生态环境建设是生态文明建设的主阵地和根本措施。生态文明建设是本着为当代人和后代人均衡负责的宗旨，转变生产方式、生活方式和消费模式，节约和合理利用自然资源，保护和改善自然环境，修复和建设生态系统，为国家和民族的永续生存和发展保留和创造坚实的自然物质基础[①]。根据建设主体、建设领域、建设内容和建设手段，生态文明建设可进行如下分类：

（1）基于建设主体。生态文明建设需要全民广泛参与，分为政府、企业、家庭、非政府组织、混合主体等各种主体。

（2）基于建设领域。生态文明建设领域分为多个层次，包括全球尺度、国家尺度、地区尺度和社区尺度。

（3）基于建设内容。生态文明建设内容涉及生态系统各类型，分为水生态文明建设、森林生态文明建设、农田生态文明建设、荒漠生态文明建设和城镇生态文明建设，各生态系统都应贯穿生态文明建设的发展意识，形成健康有序的运行机制和发展机制。

（4）基于建设手段。生态文明建设手段分为意识手段、规划手段、制度手段、科技手段和资金手段。生态文明建设方式多种多样，但我们必须清醒地认识到大量生态建设投入没有从根本上扭转我国生态环境“局部好转、整体恶化”的态势。可见我国生态环境管理体制本身存在弊端，生态文明建设还应朝着全方位、多元化的推进模式迈进。

---

① 谷树忠，胡咏君，周洪. 生态文明建设的科学内涵与基本路径[J]. 资源科学，2013，35（1）：2-13.

② 黄勤，曾元，江琴. 中国推进生态文明建设的研究进展[J]. 中国人口·资源与环境，2015，25（2）：111-120.

第二章

发展经济学的主要研究内容

第一节　资本形成与经济发展

一、资本的含义

早期发展经济学家注重资本形成在发展中国家经济发展中的关键作用，甚至将其看成唯一重要因素。20 世纪 60 年代以后，一些经济学家对物质资本的重要性提出质疑。他们认为经济发展主要依赖于技术进步和人力资本存量的大小，而物质资本的作用是比较小的。但 20 世纪 80 年代以后，物质资本的重要性重新被强调。人们开始认识到，脱离资本形成的技术进步难以产生并发挥作用。

资本一词含义颇为广泛，《辞海》中有五种不同意义的解释，关于经济学领域的资本又可以从广义和狭义的角度来理解：广义资本，是指在长期能够产生收入的一切东西[①]。它不仅包括那些投资于工厂的耐用品，而且包括传统上被认为是用于消费（如教育）的东西。经济学中，资本可分为五种类型：①资本品，即传统上所说的机器、设备、厂房等耐用品。②人力资本，附着于单个人的身体中，不管对其投资来自于个人还是政府，人力资本的使用为个人控制。③社会基础资本，亦称集体资本，如公共基础设施。它的特点是免费为个人提供生产和消费服务，其支出由税收弥补。④智力资本，其特点是一旦被创造出来就成为免费品，且一个人对它的使用并不减少其他人对它的可得性。⑤社会资本，这是社会学中的一个概念，最近几年逐渐运用到发展经济学中，是指人际关系，这种关系需要投资，而且还有回报，它包括社会网络、社会规范和社会心理等范畴，被认为对减少交易成本、促进经济发展具有十分重要的作用。它的特点是发生在与人的交往中，如果不交往，这种资本就不会存在。目前，通常把资本划分为两类，即物质资本和人力资本。以上所说

---

① 迈耶 G M. 发展经济学的先驱理论[M]. 谭崇台，等译. 北京：经济科学出版社，1988.

的资本品和社会基础资本可以归于物质支持的资本的范畴，而智力资本已归于人力资本之中，社会资本可以归于广义的制度分析。本节主要论述的是一种狭义的资本及物质资本的形成问题。

物质资本在实物形态上有很大的异质性，其计量单位各不相同，因而，不能对它们直接相加。要想把它们加总和计算资本收益率，必须用价值和货币来表示。这样，资本往往表现为一定的货币价值。一般所说投资多少资本，常指投资了多少货币额，且这些投资大多来自于银行和其他金融机构。这样易造成资本与货币资金这两个概念的混淆，似乎货币资金越多，资本就越多。实际上，从一个国家宏观的角度来看，资本与货币之间是不同的，在国民产品一定的情况下，资本投资的增加意味着消费的减少，因而资本的增加是有限度的，而货币资金如果不考虑通货膨胀的话可以无限增加。如果说银行的贷款就等于资本，那么，只要开动印钞机，就没有一个国家缺乏资本。当然，这并非说金融机构对资本积累没有影响。实际上，金融当局作为金融中介把分散的储蓄集中起来供投资者所用，作为宏观调节的一种手段通过利率调整是可以影响资本积累的。但在一定时期内，它影响的只是国民产品在消费和投资之间的配置，而决不会在不牺牲消费品的情况下可以增加资本。

从索洛的经济增长模型 $Y=A\times f(K, L)$来看，K 为资本存量，用以代表资本对经济增长的作用。但现实中资本存量的度量是一个复杂的过程，国内学者通常采用永续盘存法进行计算[①]。相关研究表明，GDP 和物质资本存量虽均为非平稳时间序列，但二者间线性组合平稳，向量误差修正模型表明，短期内，物质资本存量是经济增长的原因，而经济增长却不是物质资本存量增长的原因[②]。一般而言，国家发展前期，物质资本是经济增长的主要贡献因素，随着经济的发展，人力资本、技术进步、社会制度等逐渐被重视，部分经济学家甚至将其作为经济增长的最主要因素，但物质资本在经济增长中的作用还是不容忽视的。

二、资本形成的来源

资本形成（capital formation）是指一个经济落后的国家或地区如何筹集足够的、实现经济起飞和现代化的初始资本。

发展经济学中资本形成理论的早期开拓者之一纳克斯（Nurkse）曾经给资本形成下过一个全面的定义。他说，“资本形成的意义，是指社会不把它的全部现行生产活动，用之于满足当前消费的需要和愿望，而是以其一部分用之于生产资本品：工具和仪器、机器和交通设施、工厂和设备等各式各样可以用来大大增加生产效能的真实资本（real capital）。资本形成一词有时被用于包括‘物质资本’（material capital），也包括‘人力资本’（human capital），即在技能、教育及健康等方面的投资——这是一种非常重要的投资形式”。他还补充指出：“资本形成过程的实质，是

① 陈昌兵. 可变折旧率估计及资本存量测算[J]. 经济研究，2014，（12）：72-85.

② 蔡湃，吴映雪. 物质资本存量与经济增长的计量分析[J]. 改革与开放，2009，（8）：83.

将社会现有的部分资源抽调出来增加资本品存量，以便使将来可消费产品的扩张成为可能。”

从上述纳克斯的定义可以看出，发展经济学中所谓的资本形成，从广义上讲，包括“物质资本”（physical capital）和“人力资本”两方面。但习惯上一般将二者分开论述，通常所说的“资本形成”只狭义地指“物质资本”，关于“人力资本”在本章第二节会讲到。狭义的资本形成即物质资本形成，是指实物形态的机器、工具、设备、厂房、建筑物、交通工具与设施等长期耐用的生产资料，包括固定资产和生产所必需的存货。它表明现有的生产能力和未来的生产潜力。物质资本形成是投资过程的结果，它来源于生产量超过当前消费量的“剩余”即储蓄，这种生产“剩余”或储蓄，通过投资和生产，便转化为耐用资本。

一般来说，资本形成要经过三个步骤[①]：①实际储蓄量的增加，以便从国民产品中释放出更多的资源用于投资；②储蓄渠道通过金融和信贷机构，以便能够从各种不同的分散储蓄中集中资金为投资者所用；③投资行为本身，通过这个行为资源被用来增加资本存量。这三个步骤中，若要有更高的投资率而又不产生通货膨胀，实际储蓄量的增加是最为重要的条件。

储蓄本身并不等于资本。如果储蓄采取较长的形式，或用于购买金银珠宝，那么，这种储蓄并不形成资本，对生产将不会有任何贡献。在一些落后国家常常可以看到一种矛盾现象，即一方面人们因贫穷而缺乏储蓄能力，另一方面却不能把储蓄用于生产性投资。据巫宝三统计，1933 年中国国民收入中，地租、利息、利润等收入占 51%，其中地租占 7/10，地主富农的收入约有 30 亿元。全国地主富农的家庭人口共 3 000 万，平均每人收入 100 元，每年消费约 60 元，积余 40 元，那么 3 000 万人应有积余 12 亿元。刘大中估计的数字更多一些，可能有积余 26 亿~73 亿元，占当年国民收入的 13%~15%[②]，根据罗斯托的理论，经济起飞的资金条件是生产性投资占国民收入的 10%。因而，一些发展经济学家认为，落后国家之所以贫困并不一定是由于它们缺乏资金，而可能是由于它们不善于利用资金，也就是说缺乏吸收资金的能力。

一般来说，在短期低收入国家的储蓄率一般较低，中等收入和高收入国家储蓄率相对较高，从长期来看，低收入国家的储蓄率上升而中等收入和高收入国家的储蓄率下降。从储蓄率与投资率的关系来看，低收入与中等收入国家一般是负数，即储蓄率低于投资率，而高收入国家一般是正数即储蓄率高于投资率，这种情况说明发达国家一般是资本净输入国而发展中国家一般是资本净输出国。

1. *原始资本与资本形成*

通过暴力使直接生产者与生产资料相分离，由此使货币财富迅速集中于少数人手中的历史过程发生在资本及与之相适应的生产方式形成前的历史阶段，所以称为“原始积累”，它是资本主义生产方式的前提和起点，对农民土地的剥夺，形成整个原始积

① 郭熙保，周军. 发展经济学[M]. 北京：中国金融出版社，2007.

② 谭崇台. 发展经济学[M]. 上海：上海人民出版社，1989.

累的基础。

马克思指出，资本主义生产方式的确立必须具备两个基本条件：①出现了大批有人身自由但没有生产资料的劳动者，他们必须依靠出卖劳动力为生；②积累起大量货币财富。在封建社会内部，通过自然经济的瓦解和小商品生产者的分化，已经逐渐形成了这两个条件，产生了资本主义生产关系的萌芽。但是，如果单靠这样来发展资本主义，那将是一个十分缓慢的过程，不能适应 15 世纪以来地理大发现所造成的市场需求。新兴资产阶级和新的土地所有者便使用掠夺的手段，加速了这两个条件的形成。

货币财富转化为资本，要有原始资本。关于资本的原始形成，早期人们似乎认为是资本积累了生活资料、劳动工具和原料。但是，积累了与土地分离且将人类劳动吸收在内的劳动的客观条件，并不是资本创造出劳动的客观条件。相反，资本的原始形成发生于货币作为财富存在的价值，购买劳动的客观条件促使货币能够转化为资本。就货币在历史上也起促进作用来说，只有当货币本身作为最有力的分离手段加入这个过程的时候，而且只有当货币促使被剥夺光的、丧失生存的客观条件的自由工人形成的时候，货币才起促进作用。但是这不是因为货币为工人创造他们生存的客观条件，而是由于货币加速这些工人同客观条件的分离。货币既没有发明也没有制造纺车和织机。但是，同土地相分离的纺工和织工连同织机和纺车一起陷入货币财富的统治之下。资本就是把劳动和工具结合并聚集起来。可见，资本原始形成并不是资本累积并创造了生产的客观条件——生活资料、原料、工具。相反，货币财富部分地助长了具有劳动能力的个人劳动力被剥夺掉这些条件；这种分离过程部分地又是在没有货币财富参与下进行的。当资本的原始形成已经达到一定程度时，货币财富便有可能作为媒介出现在这种自由的客观生活条件与自由的生活劳动之间，且能够借助于一方去购买另一方，这就是原始资本形成的过程。

2. *储蓄与资本形成*

资本形成有国内和国外两个基本来源。国内来源通常由三个部分构成[①]：一是自愿储蓄，即自愿削减当前的消费；二是非自愿储蓄，即通过增加税收和强制性政府借款或通货膨胀而强迫减少消费；三是闲置资源的生产性利用。国外来源包括外国援助、外国资本投资、消费品进口的限制或贸易条件的改善。关于国外资本的来源将在后面讨论，这里我们仅考察资本形成的国内来源。

对于大多数发展中国家尤其是发展中大国来说，国内储蓄被认为是资本形成的主要来源，国内储蓄可以分为政府储蓄或公共储蓄（非自愿储蓄）和私人储蓄（自愿储蓄）。世界银行提供的 1995 年世界发展报告——《东亚奇迹：经济增长与公共政策》，给出了一些发展中国家的公共储蓄和私人储蓄占 GDP 的比例情况。从中可以看出，大多数国家私人储蓄要大于公共储蓄。过去曾有一种观点认为，发展中国家由于收入水平低，私人储蓄能力有限，国内储蓄主要依靠公共储蓄，这种看法看来并不确切。实际上，发展中国家的公共储蓄与私人储蓄都是很重要的。

---

① 郭熙保，周军. 发展经济学[M]. 北京：中国金融出版社，2007.

1）政府储蓄

政府储蓄（又称公共储蓄）是指政府可支配收入扣除政府消费性支出的余额，是政府部门的财政收入中扣除用于国防、教育、行政、社会救济等经常项目支出后的剩余部分。政府储蓄一般来说主要来自于税收和通货膨胀两个部分。

政府储蓄的重要来源是税收，税收的强制性与固定性为政府资金的来源提供了可靠性。通货膨胀之所以能够成为政府支出的重要来源是因为，通货膨胀会导致货币贬值，从而使公众的实际购买力水平、实际资产持有量降低，这就使公众的一部分收入无形地转入政府手中。这实际上是政府向人民征收的一笔隐蔽税，也就是通常所说的"通货膨胀税"。

2）私人储蓄

私人储蓄又称个人储蓄，是指个人将属于其所有的人民币或外币存入商业银行，商业银行开具存折或存单作为凭证，个人凭存折或者存单支取本金和利息，商业银行依照规定还本付息的活动。

发展中国家国民收入水平较低，民众之所以缩减当前消费进行储蓄有四个方面的动机：①预防动机，即为应对生活中的不确定性，进行储蓄以备不时之需。②养老动机，即将工作阶段的收入留存部分供退休阶段的消费。③遗赠动机，即为照顾子女未来生活所进行的储蓄。④投资动机，即为获得投资回报所进行的储蓄。

三、资本积累在发展经济学中的作用

早期发展文献中，物质资本被认为是经济发展的主要推动力，发展经济学家认为，发展中国家劳动力资源丰富而资本匮乏，必须尽可能扩大资本积累才能实现经济快速增长，不同的经济学流派也给出了以下不同的解释①。

从马克思主义政治经济学视角来看，资本积累是剩余价值转化为资本，即剩余价值的资本化。资本家把从雇佣劳动那里剥削来的剩余价值的一部分用于个人消费，另一部分转化为资本，用于购买扩大生产规模所需追加的生产资料和劳动力。因此，剩余价值是资本积累的源泉，资本积累则是资本主义扩大再生产的前提条件。

纳夫齐格（Nafziger）总结了20世纪50年代中期到70年代初西方学者有关经济增长因素分析的12项实证研究。其中9项对西方国家的研究结果是，资本形成对经济增长的贡献在5%~33%，相应地，技术进步对经济增长的贡献在67%~95%。这些研究结果表明，在发达国家的经济增长中，资本形成远没有技术进步重要。但3项对非西方国家的研究却呈现出相反的情况：资本形成的增长解释了50%~90%的经济增长，而技术进步只解释了10%~50%，这些研究结果表明，在发展中国家的经济增长中，资本形成比技术进步更为重要，至少与技术进步同等重要。到20世纪80年代，一些学者对资本的作用重新进行了分析和评估，这些研究恢复了资本极为重要这一结论。一些实证分析表明，在发展中国家，资本积累与经济增长之间呈现出正相关性，即资本积

① 郭熙保，周军. 发展经济学[M]. 北京：中国金融出版社，2007.

累率较高的国家，其人均 GDP 增长率也比较高；资本积累率较低的国家，其增长率也比较低。

有的学者从资本形成凝结着技术进步这一事实反驳了资本形成对经济增长不起重要作用的观点。例如，美国著名经济学家希克斯（Hicks）指出，对西方国家增长来源的计量研究低估了资本形成对经济增长的贡献。因为知识的很多重要进步是凝结在新资本之中的，把资本形成与技术进步断然分开可能会导致对资本形成贡献的低估。他指出，认为发展中国家的资本积累不重要的看法是非常错误的。丹尼斯·安德森（D. Anderson）也提出了类似的看法。他指出，没有投资，发展中国家是无法实现技术进步的。可见，其他资本无论是人力资本还是社会资本，都是依托于物质资本实现积累，进而促进经济发展的。

以上分析表明，关于资本形成对经济增长的贡献大小问题还存在着争论。不过，现在一般认为，与发达国家相比，资本对人均产出的贡献在发展中国家比在发达国家更大，甚至要大得多。这是由于与发达国家相比，发展中国家劳动分工和专业化程度较低，产业结构不平衡，劳动-资本比较低。由于这一特点，资本积累能促进发展中国家更高级的专业化和精细化的劳动分工，促进资源从生产率较低的部门（如农业部门）向生产率较高的部门（如工业部门）转移，以及促进每个劳动者的资本装备水平的提高，从而资本对增长的贡献就比发达国家要大。

第二节 人口与经济发展

一、人口增长与经济发展

人口增长与经济发展的关系是一个古老而又永恒的问题，在两个世纪以前，英国经济学家和人口学家马尔萨斯（Malthus）就曾对此做出开创性的研究，他的研究对当代人口经济学和发展经济学都产生了巨大的影响。人口增长要与经济发展相适应，相对于经济发展而言，过快或过慢的人口增长对经济发展都不利。当前，发展中国家人口增长显然超过了经济发展，成为经济发展的一个重要制约因素。因此，控制人口增长对于经济发展是必要的。

（一）人口变动规律

人口增长是人类社会经济生活中极为重要的一个现象，人口增长率是每千人的出生率与每千人死亡率之差，“人口变动”最早由美国人口学家沃伦·汤姆逊（Warren Thompson）提出，后经兰德里（Landry）和诺特斯坦（Notestein）等完善，按照出生率与死亡率的变动关系，把发达国家近现代的人口增长划分为四个阶段[①]。

第一阶段：高出生率和高死亡率，因而人口增长非常缓慢。这个阶段基本上反映

① 关权. 发展经济学：中国经济发展[M]. 北京：清华大学出版社，2014.

了19世纪以前工业化国家的人口变动情况。这个时期的人口没有受到人为的控制，出生率接近生物学上的最大值，但因饥荒、瘟疫和战争的影响这一时期的死亡率也很高。

第二阶段：死亡率迅速下降而出生率仍然保持在高水平上，因而人口增长迅速。这个阶段发生在19世纪末20世纪初。在这一时期，随着经济的迅速发展和医学的巨大进步，人们的健康和营养状况得到显著的改善，因而人口死亡率大大降低，与此同时，预计寿命也延长了1/3。但是这一时期的出生率并没有伴随着死亡率而下降，这是由于传统的生育观念和制度落后于时代的发展。结果，高出生率与下降的死亡率之间的差距在扩大，人口增长率急剧上升。

第三阶段：死亡率急剧下降，但出生率下降得更快，从而人口增长率开始下降。这个阶段大致反映了20世纪初到50年代这一时期的人口增长状况。这一时期死亡率仍在下降，但下降的速度放慢。由于城镇化、工业化的迅速发展，妇女文化水平和社会经济活动参与率的提高，避孕技术的进步，出生率开始呈下降之势并且下降幅度要大于死亡率下降的幅度，因此这一阶段的人口增长率逐渐降低。

第四阶段：20世纪50年代以后，出生率下降步伐明显趋缓，死亡率因趋于极限而下降很少，这样，低出生率伴随着低死亡率，人口变动曲线逐渐趋于稳定，且增长率趋向于零。1933年，工业化国家的平均出生率是13.2‰，死亡率是10‰，因此人口增长率只有3.2‰，其中有些工业化国家如德国和日本出生率与死亡率已经基本相等，人口出现了零增长甚至负增长[①]。

以上所说的是发达国家人口增长的总体态势和趋向，应当说这种情况大体上符合近代人口增长的一般规律，发展中国家的人口增长，基本上也呈这四个阶段发展之势。当然，与发达国家相比，当代发展中国家的人口增长也有自己的特点。例如，在第一阶段，发展中国家的出生率和死亡率比前工业化时代的欧洲要高一些。在第二阶段，西方发达国家的死亡率下降速度远比当今的发展中国家要缓慢得多。例如，丹麦的人口死亡率从27‰下降到11‰和法国从26‰下降到12‰花了130年时间（1830~1960年），而斯里兰卡死亡率从30‰下降到6‰和印度从47‰下降到12‰只花了71年时间(1915~1986年)。这是由于现代医学技术向发展中国家迅速扩散。正因如此，发展中国家的人口增长的第二个阶段的人口增长率远比发达国家要高。与西方工业化国家相比，当今发展中国家在第三阶段持续的时间要短一些。

西方经济学家把上述人口变动的四个阶段叫做人口转变。当今发达国家已接近完成了这种转变，即开始进入人口转变的最后阶段。但发展中国家目前还处在人口转变的第二个阶段，也就是说，还处在高出生率和低死亡率的阶段，所以人口增长异常迅速。不过，近20年发展中国家正经历出生率呈下降趋势的阶段，人口增长率开始下降。发展中国家正向第三个阶段中期迈进，而作为世界上人口最多的中国，正在朝着第四个阶段后期迈进。

---

① 世界银行. 2007年世界发展指标[M]. 北京：中国财政经济出版社，2008.

（二）人口增长与经济发展的关系

人口增长与经济增长之间存在着密切联系。究竟应该怎样看待这种关系，是一个存在着争论的问题。这种争论，从古典经济学时期一直持续到当代。早在 18 世纪，斯密就把人口增长看做推动经济增长的两个主要因素之一。在他看来，人口增长使劳动力数量增加，而劳动力数量增加使劳动分工变得越来越细，从而导致劳动生产率不断提高。而在 19 世纪初，英国人口学家和经济学家马尔萨斯提出了与此不同的看法。他认为，由于边际报酬递减规律的作用，人口增长将会导致人均生产量下降，粮食短缺将会变得越来越严重，经济增长不得不停滞下来。

这种争论在当代仍然存在。一种观点认为，人口的高速增长率对于整个世界尤其是发展中国家造成了问题。在这种观点看来，人口的高增长率降低了人的福利，因为它降低了储蓄，减少了人均资本量，而资本是生产率和生活水平提高的基础。人口增长吸走了资源，破坏了环境，导致人口过分拥挤和对粮食供给造成压力。人口经济学的现代悲观派代表恩克（Enke）提出："人口迅速增长的经济危险在于，一个国家缺乏迅速增加其资本存量和改善技术状况的后劲，无力充分使其人均收入不低于本应达到的水平。如果较快的人口增长不能推动和提高技术创新的速度，那么它就可能导致人均收入的实际减少。人口的迅速增长抑制人均资本占有量的增加，在与很高的总出生率相联系时尤为如此，因为它导致年轻的年龄结构。"与此相反，另一种观点认为，人口增长与人均产出增长之间存在着正相关关系。这在很大程度上是由于在一个就业和产出增长率较高的社会里能够更快地学习，从而提高其技术进步率。克里默（Kremer）便构建了一个高度抽象化的模型，在这个模型中，每个人有所发明的机会不仅依赖于人口的多寡，而且是相等的，导致技术的增长率与总人口增长率保持一定的比率[①]。罗宾逊（Robinson）和施里尼瓦森（Srinivasan）更是明确提出："有大量的人口就会有大量的天才，而且社会对天才的回报在日益剧增[②]。"

实际上，人口增长对发展过程起着冲突性的作用。它可以促进也可以阻碍经济的增长和发展。人口增长是有利于还是有害于经济增长，要视具体情况和环境而定。20 世纪 50 年代以前，人口增长对经济并没有造成很大的压力，因为那时世界各国人口密度并不大，未开垦的土地资源还比较丰富，因此，在几十年以前，人口增长并没有被看做经济增长的一个障碍，也没有哪一个国家去推行人口控制政策，人为地限制人口的增长。相反，倒是有不少国家采取鼓励人口生育政策。20 世纪 50 年代以来，由于世界处在相对和平的环境中，加上医疗卫生事业的巨大进步，死亡率大大下降而出生率并没有相应下降，因而人口急剧增加，人均占有耕地面积和自然资源迅速减少。在这种形势下，人口增长对经济造成的压力越来越明显，越来越严重，成为社会各界和各国领导人高度关注的一个问题。可见，人口的迅速增长对经济发展不是在任何时期都是不利的，只是到了现在，世界人口密度越来越大，地球不可再生资源变得越来越少，人类居住环境越来越

---

① Kremer M. Population growth and technological change：one million BC to 1990[J]. The Quarterly Journal of Economics，1993，108（3）：681-716.

② Rosenzwei M R，Stark O. Handbook of Population and Family Economics[M]. Amsterdam：Elsevier，1997.

恶劣，这时，人口增长才成为一个大问题。当然这里所说的人口问题主要是就发展中国家而言的，因为当今世界人口激增，主要是发展中国家人口增长过快引起的，而发达国家的人口增长率却很低，有的发达国家的人口甚至出现零增长或负增长。当然发达国家也有人口问题，但那是人口老龄化问题[①]。

这里应当指出的是，即使是在发展中国家，人口的迅速增长也不是经济贫困落后的根本原因。一些国家和地区在过去几十年中人口增长是相当快的，但它们的经济增长却非常迅速，“亚洲四小龙”就是突出的例子。韩国和中国台湾在过去几十年中，人口增长年均高达 2.5%，但其经济增长非常迅速，仅用 40 年时间就实现了工业化。当然，随着经济发展水平的提高，这些国家和地区的人口增长已趋于下降，现在已经下降至 1%以下[②]。

二、人力资本与经济发展

（一）人力资本的含义

人力资本是指劳动者受到教育、培训、实践经验、迁移、保健等方面的投资而获得的知识和技能的积累，亦称“非物质资本”。由于这种知识与技能可以为其所有者带来工资等收益，因而形成了一种特定的资本——人力资本。这一定义来自舒尔茨创立的人力资本理论。

近年来，对人力资本概念的论述很多且不尽一致。例如，部分学者认为人力资本是指通过智力为企业创造出资本的人员；部分学者认为是对教育、培训、发展投资所形成的就业能力，是人们花费在教育、健康、培训和获取信息等方面的投资所形成的资本；此外，还有的定义为“就业者的素质与能力”“由人的智力因素给企业带来的资本附加值回报”“对人力进行投资所形成的资本，体现在人身上的健康、知识、经验、技能和智力的总和”“人们以某种代价获得的能在劳动力市场上具有一定价值的能力和技能”等。综观诸多论述，尽管提法不尽相同，但其核心内涵是基本一致的[③]。

综上所述，所谓人力资本是指特定行为主体为实现未来的增值，通过有意识的投资获得的依附于人身上的健康、知识、技能、精神等价值存量的总和。这一定义强调了四个方面的含义：①人力资本的人力特征，即人身依附性；②人力资本的资本特征，即价值性和增值性；③人力资本构成内容的四大要素，即健康、知识、技能和精神；④人力资本是由特定行为主体有意识投资形成的，特定行为主体一般有国家、企业或其他组织、家庭、个人等。

（二）人力资本的形成

最早的人力资本思想可以追溯到古希腊思想家柏拉图的著作。他在著名的《理想

---

① 郭熙保. 经济发展：理论与政策[M]. 北京：中国社会科学出版社，2000.

② 郭熙保. 试论人口、资源、环境与经济发展的关系[J]. 当代财经，2002，(11)：3-8.

③ 李忠民. 发展经济学[M]. 北京：高等教育出版社，2011.

国》中论述了教育和训练的经济价值。亚里士多德也认识到教育的经济作用以及一个国家维持教育以确保公共福利的重要性。但在他们眼中教育仍是消费品，其经济作用也是间接的。

第一个将人力视为资本的经济学家是斯密，他在肯定劳动创造价值以及劳动在各种资源中的特殊地位的基础上，明确提出了劳动技巧的熟练程度和判断能力的强弱必然要制约人的劳动能力与水平，而劳动技巧的熟练水平要经过教育培训才能提高，教育培训则是需要花费时间和付出学费的。这可被认为是人力资本投资的萌芽思想。

李嘉图继承并发展了斯密的劳动价值学说，坚持了商品价值量决定于劳动时间的原理。他还把人的劳动分为直接劳动和间接劳动，并明确指出机器和自然物不能创造价值，只有人的劳动才是价值的唯一源泉。穆勒（Mill）继承了斯密的一些思想，他认为技能与知识都是对劳动生产率产生重要影响的因素，应当与机器、工具一样被视为国民财富的一部分。穆勒富有创造性的论点是：从传统经济增长与资源配置的生产性取向出发，指出教育支出将会带来更大的国民财富。法国经济学家萨伊的某些观点尽管曾经受到马克思的严厉批评，但他也是提出人力资本思想萌芽的经济学家之一。萨伊认为，花费在教育与培训方面的费用总和称为“积累资本”，受过教育培训的人的工作报酬，不仅包括劳动的一般工资，而且还应包括培训时所付出的资本的利息，因为教育培训支出是资本。特别是他提出的科学知识是生产力的一部分的思想，无疑是非常重要的划时代的理论贡献。

1979 年度诺贝尔经济学奖得主舒尔茨在 1960 年美国经济学年会上的演说中系统阐述了人力资本理论。舒尔茨发现单纯从自然资源、实物资本和劳动力的角度，不能解释生产力提高的全部原因，因此转而在经济增长领域里构建人力资本理论。比较美国 1957 年和 1929 年国民收入增长情况发现，增加的 1 520 亿美元中，资本和劳动力数量的解释力度不足 1/2。对于经济增长的源泉究竟来自何方，舒尔茨将遗漏的部分归因于人力资本。他认为，所谓人力资本，是相对于物力资本而存在的一种资本形态，表现为人所拥有的知识、技能、经验和健康等，其显著标志是它属于人的一部分，因为它表现在人身上；它又是资本，因为它是满足未来，或未来收入，或兼为二者的源泉。舒尔茨核心思想体现在四个方面：一是否认劳动同质观，认为劳动、人力资本具有异质性。二是将人力资本分为质与量两方面，量是指人力资本的多少，质则反映从事生产性工作的能力。三是将人力资本视为投资产物。四是把人力资本积累看做经济增长源泉①。舒尔茨还进一步研究了人力资本形成方式与途径，并对教育投资的收益率以及教育对经济增长的贡献做了定量研究。因此，舒尔茨被称为“人力资本之父”。

（三）教育与人力资本

（1）人力资本的形成主要依赖于教育，舒尔茨、贝克尔、明塞尔以及大量的研究者的研究结果已经证实了这一点。然而教育可以划分为很多种类型，每一种类型的教育所形成的人力资本又具有不同的状态。教育有广义和狭义之分，广义的教育包括三种形式：

① 江涛. 舒尔茨人力资本理论的核心思想及其启示[J]. 扬州大学学报（人文社会科学版），2008，12（6）：84-87.

一是学校正规教育。参加者一般是未开始从事工作的青少年，他们在学校正规教育机构中接受系统的教育。二是非学校正规教育。参加者往往是青年人，他们在非学校的正规教育机构接受短期的、专门技术的训练。三是非正规教育。这是指在任何教育机构之外的一种学习方式。人们常常在家里、工作岗位上和社会中学习不少知识和技术，这种学习就属于非正规教育范围，它通常也被称为边干边学。狭义的教育只包括学校正规教育，这是发展中国家开发人的智力和技能的典型形式。我们这里所说的教育，主要是就学校正规教育而言的。

教育可以说是增加人力资本的最直接、最重要的途径，因为教育能直接促进人的知识的增加和技能的开发。教育具有双重功能：一方面，作为一种消费品，它可以为受教育者提供终身的文化上、精神上的满足；另一方面，它又是一项投资，可以提高劳动者或未来劳动者赚取收益的能力。对于一个社会来说也是如此，教育能提高全民的文化素质和文明程度，使社会变得更加和谐和文明；同时，它也增进了全体劳动者的技能，从而能提高整个社会的生产率。

（2）教育的成本–收益分析。

教育给个人和社会带来直接收益和间接收益。最明显的直接收益是受过教育的工人比缺乏教育的工人获得较高的收入。于是，教育的个人直接收益是一生较高的收入，教育的社会直接收益是，受过教育的工人具有较高的生产率和整个工作期间对国民收入做出的额外贡献。如果我们承认工人的相对收入反映了他们的生产率差异，因而附加收入是受过教育的工人具有较高产出的一个替代性测量指标。那么，受教育工人一生较高的收入就可以用来测量教育的直接收益。教育也产生一系列个人不能直接得到的间接收益（如我们知道的外部性），而对这种间接收益进行实证性测量是非常困难的，因此不作考虑。

就个人收益而言，不存在建立教育与生产率之间联系的假定。如果受过教育的工人比没有受过教育的工人赚较多的钱，那么，一生较高的收入就表示个人的一种直接收益。就社会收益而言，受教育的人获得较高收入反映其较高的生产率就是比较严格的假定。然而，我们常常撇开教育与生产率之间联系问题来思考如何用收入数据构建年龄–收入曲线，作为对受教育人力一生附加收入的测量。

构建个人一生收入模式的数据有两种方法。一是在一定时期内追踪调查样本中工人，观察其收入如何随年龄变化，这属于纵向研究。二是采用在大多数成本–收益分析中使用的反方法——获取调查样本中不同年龄工人在某一时间点上的收入数据，它提供的信息可用来评价年龄或经历对收入的影响，因而可用来构建年龄–收入曲线。此法的另一个优点就是，避免了由通货膨胀引起的货币价值随时间变化而变化的问题。教育对收入影响的分析，首先需要获取工人收入的数据，并按年龄和教育水平分类。除美国外大多数国家都是通过样本调查来获取有关工人收入、年龄和教育水平或文凭的数据，据此可绘制出每个教育水平的年龄–收入曲线，如图 2-1 所示，它被用来计算不同教育水平的人力一生的平均收入。

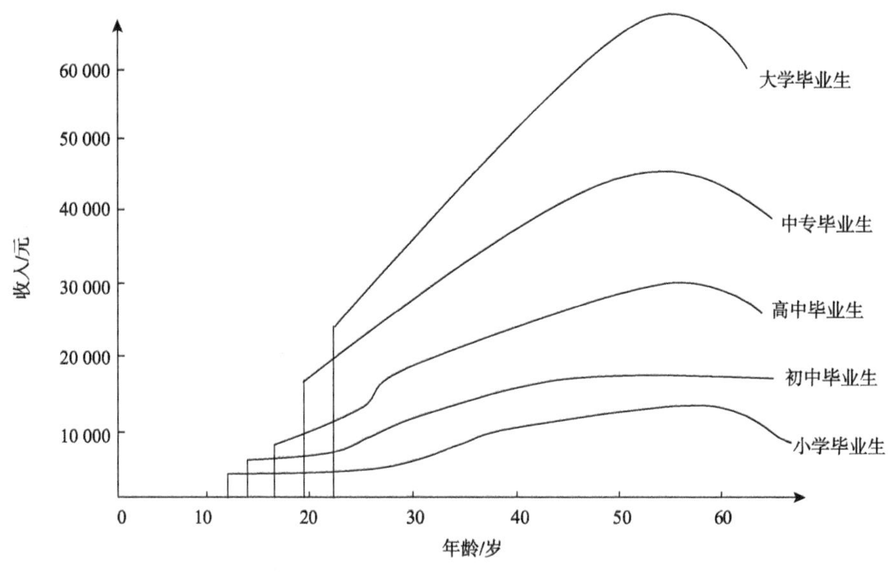

图 2-1　不同教育程度的年龄-收入曲线

年龄-收入曲线符合 50 多个国家的情况，每条曲线都说明了教育与收入之间的联系，年龄-收入曲线有以下几个主要特点①：①收入同受教育程度正相关；在每个年龄上高学历者比低学历者获得的收入高，年龄-收入曲线不交叉。②收入随年龄增大而上升到一个顶峰，然后在退休前缓慢下降。③高学历者年龄-收入曲线的起步点比低学历者高。④学历水平越高，收入达到顶峰的年龄就越晚。

年龄-收入曲线可用于分析大学毕业生收入和中学毕业生收入之间的差距，那就是大学毕业生一生比中学毕业生一生多获得的收入。如果把大学毕业生多获得的收入完全归结为他们的教育，那么，就可以用大学毕业生一生多获得的收入作为大学教育经济收益的测量指标，其收益总量就可以通过累计大学毕业生一生各个年龄上高于中学毕业生一生收入的差距来计算出来。于是，在图 2-2 中，用加号表示的多获得的收入或收益的正号区，就一定可以与用减号表示的放弃的收入和其他教育成本的负号区之间进行比较，那么，收益率就可以作为这样一种利率计算出来，那就是使图 2-2 中教育收益区的当前价值与教育成本区的当前价值相等的利率。

但是，决定收入的因素不仅有工人的教育水平，而且有年龄。另外，收入反映人力资本投资的其他形式（如在职培训）和工人的先天能力、个性特征［如态度、动机、社会等级、家庭背景、性别、种族、工作地点（即农村或城市）］以及影响收入能力的其他可变因素。事实上，平均收入随年龄增加而增加表明工作经历提高了工人的生产率。明瑟（Mincer）认为，在美国，收入同工作年限的相关性比年龄更高。萨缪尔森的研究表明，在突尼斯，制鞋业中工作经历对工人收入的影响比认知能力和小学教育年限要大些。然而，除了年龄和经历之外，其他因素也会影响收入，在用收入差距衡量教育收益之前，必须考虑到这些因素的影响。

① 郭熙保，周军. 发展经济学[M]. 北京：中国金融出版社，2007.

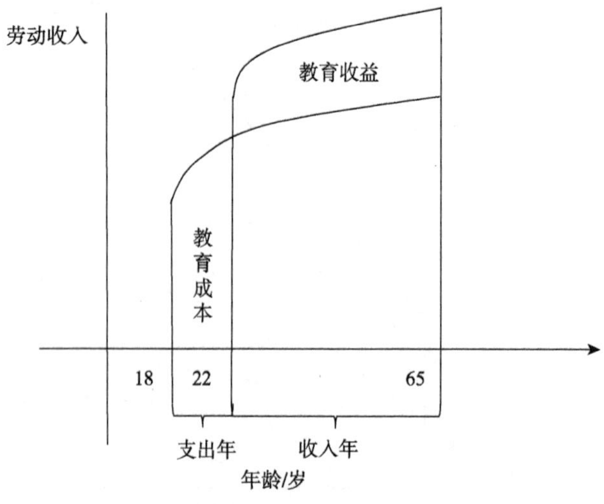

图 2-2 大学教育的收入估计

现在已在 50 多个国家进行了教育投资收益率的测量，其首要目的是开展教育投资收益率的国际比较，已在 32 个国家进行了教育的私人和社会收益率的比较。这些计算许多是以丰富的资料为基础的，有些只进行了私人收益率的测量。不过，这种比较为分析教育成本与收益之间的关系奠定了基础，并呈现出以下特征：①社会收益率都低于私人收益率。②初等教育的社会和私人收益率高于中等教育和高等教育的社会和私人收益率。③发展中国家教育的社会和私人收益率高于发达国家教育的社会和私人收益率。④发展中国家教育投资的收益率高于物质资本投资的平均收益率，但发达国家未必如此。

这些特征是讨论和争论的主题，但在某些情况下，它们是以 20 世纪 50 年代的收入数据为基础的，这意味着它们不足以为评价 20 世纪 70 年代和 80 年代教育投资的收益提供充足的依据。所以世界银行对收益率的早期比较进行更新，以此作为 1980 年《世界发展报告》准备工作的一部分。这种新的比较以 54 个国家的收益率评估为基础，给早期国际比较结论的以下方面以强有力的支持：①初等教育的收益率（无论私人的还是社会的）是所有教育中最高的。②私人收益率超出了社会收益率，特别是大学教育。③所有教育投资的收益率都在 10%以上，而 10%是发展中国家用来表示资本机会成本的共同标准。④发展中国家教育的收益率相应地高于较发达国家教育的收益率。

这些结论对于发展中国家投资决策具有重要的政策意义。第一，现在有足够的证据证明教育是一种有所收益的社会和私人投资。发展中国家初等教育的收益率高于中等教育和高等教育的事实表明，初等教育作为人力资源投资的一种形式，应该把它放在头等优先的地位。有证据显示，中等教育和高等教育也是有所收益的投资，在平衡人力资源发展的过程中应该同初等教育一样加以推进。

第二，高等教育投资的私人收益率与社会收益率之间的巨大差异同财政政策有某种关系。有关收益率的证据表明，把成本负担的一部分从国家转移到个人及其家庭，不大可能成为高等教育投资的障碍，假定教育投资仍然维持很高的私人边际收益。

发达国家收益率较低的事实说明，随着一国的发展和教育水平的提高，教育投资的收益率会下降。然而，收益的急剧下降也是不可能的，因为有证据表明，在一些国家，教育扩张明显地发生了，其收益率下降了，但没有发生急剧下降。

第三节　技术进步与经济发展

对发展中国家来说，技术进步对经济增长的推动作用日益增大，然而，在经济发展中，仍存在许多制约技术进步的因素。因此，弄清技术进步的含义以及技术进步对经济增长的贡献，对发展中国家的社会经济发展有着举足轻重的作用。

一、技术进步的定义

技术进步：狭义上的技术进步主要是指生产工艺、中间投入品及制造技能等方面的革新和改进。具体表现为对旧设备的改造和采用新设备改进旧工艺，采用新工艺、使用新的原材料和能源，对原有产品进行改进，研究开发新产品，提高工人的劳动技能等。从广义上讲，技术进步是指技术所涵盖的各种形式知识的积累与改进。

在经济学中，技术进步意味着一定量的投入能生产更多的产出；或者说，一定量的产出只需要更少的投入。从图形上看，技术进步可以表示为等产量线的内移，如图 2-3 所示。

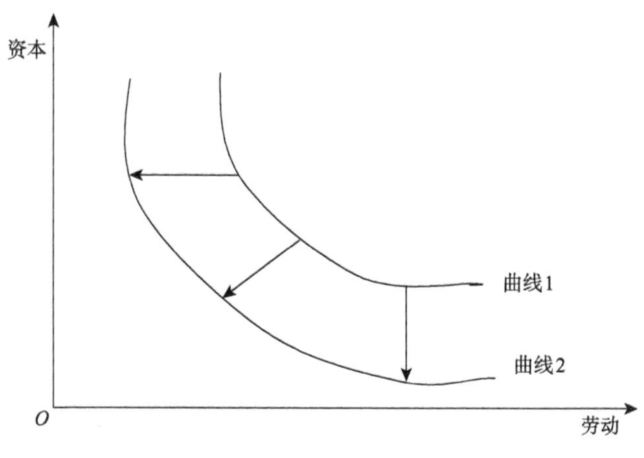

图 2-3　技术进步的含义

图 2-3 中，横轴代表劳动投入量，纵轴代表资本投入量。曲线 1 表示，在一定技术水平下一定的产量所需资本与劳动的各种组合。技术进步后，减少的投入却产出相等的产量，结果等产量线从曲线 1 移到曲线 2，曲线 1 和曲线 2 代表的产量相同，只是位置改变。需要指出的是，技术进步的出现有一个时间段，因此两条等产量线代表的时间是

不同的。比如说，曲线 1 代表的是 5 年前的技术，而曲线 2 代表的是本年的技术。

二、技术进步与经济增长

早期发展经济学家认为要素投入的增长，特别是资本积累的增长是经济发展最为主要的源泉，因而，他们把资本积累看做经济增长的决定因素。然而，20 世纪 50~60 年代以后，这种情况开始发生变化。索洛、丹尼森（Denison）等的研究表明，技术进步对经济增长所做的贡献远比要素投入的增长要大。在这种情况下，人们逐渐认识到技术进步对经济增长的巨大推动作用。

为考察技术进步对经济增长的贡献，必须对影响经济增长的诸多要素进行分解，在这里做了大量研究的研究者有丹尼森、索洛、肯德里克（Kendrick）等。研究者们首先将不能由要素投入的增长来解释的产出增长，归结为全要素生产率的增长。全要素生产率是对单要素生产率（如劳动生产率、资本生产率、土地生产率等）概念的拓展，它是指包括劳动、资本的全部生产要素的每单位投入的产量，或者总产量与将全部生产要素结合在一起的投入量之比。丹尼森还把全要素分解为以下几个因素：劳动者年龄与性别构成的变化、教育的进步、资源配置的改善、规模经济及知识的增长，这些因素从广义上看都可归结为技术进步。因此，全要素生产率的提高，也就意味着技术的进步。

技术贡献率的测算是建立在增长核算方程基础之上的。例如，1960~1973 年，将非洲 27 个国家作为一个整体，其实际 GDP 年均增长率为 4%，资本投入平均增长率为 6.3%，劳动投入的平均增长率为 2.1%，资本与劳动的产出弹性分别为 0.38 和 0.32，根据公式①可计算，非洲在这一时期的技术进步率为 0.7%。

用技术进步率除以经济增长率，可以得到技术进步对经济增长的贡献，为 17.5%。从以上论述可见，劳动、资本等常规要素的增加未能解释产出的增长，这就是所谓的增长率余值，因此全要素生产率的增长实际上是一种增长率余值，它能表明扣除单纯的资本和劳动投入量的增加后，一国的经济是否还有一个额外的增长率：如果没有，则该国的经济增长中就没有包含技术进步；如果有，则包含了技术进步因素；如果这一因素很大，则说明技术进步对经济增长的贡献很大。

20 世纪 50 年代，丹尼森、肯德里克等运用增长核算方程对发达国家经济增长因素的差异进行了详尽的比较研究，随后麦迪逊、纳迪里等发展经济学家用类似方法考察了发展中国家各种要素对经济增长的贡献。由于计算方法和数据选取上的差异，各个学者的研究结果常常有很大的不同。但总的来说，研究结果显示，技术进步对发达国家经济增长的贡献要大于发展中国家。

世界银行在《世界发展报告》（1991 年）中，在更大范围内对经济增长中各要素的贡献进行了实证分析。该报告考察了 1960~1987 年 68 个发展中国家资本流动和技术进步的增长情况及其对经济增长的贡献，其中撒哈拉以南非洲 27 个，东亚 9 个，拉丁美洲 15 个，欧洲、中东和北非 8 个，南亚 4 个，工业化国家 5 个。世界银行的估计结果

---

① $\dot{A}=\dot{Y}-\alpha\times\dot{K}-\beta\times\dot{L}$。

见表 2-1。

表 2-1　1960~1987 年 68 个国家 GDP、资本、劳动力和全要素生产率的增长（单位：%）

地区	GDP			资本			劳动力			全要素生产率		
	1996~1973 年	1973~1987 年	1960~1987 年	1996~1973 年	1973~1987 年	1960~1987 年	1996~1973 年	1973~1987 年	1960~1987 年	1996~1973 年	1973~1987 年	1960~1987 年
撒哈拉以南非洲	4	2.6	3.3	6.3	6.3	6.3	2.1	2.3	2.2	0.7	−0.7	0
东亚	7.5	6.5	6.8	9.8	10.7	10.2	2.8	2.6	2.6	2.6	1.3	1.9
欧洲、中东和北非	5.8	4.2	5	7.7	7.5	7.6	1.4	1.9	1.7	2.2	0.6	1.4
拉丁美洲	5.1	2.3	3.6	7.4	5.6	6.3	2.5	2.8	2.6	1.3	−1.1	0
南亚	3.1	5	4.4	8	7.2	7.7	1.8	2.3	2.1	0	1.2	0.6
68 个发展中国家	5.1	3.5	4.2	7.4	7.1	7.2	2.2	2.4	2.3	1.3	−0.2	0.6

资料来源：世界银行. 1991 年世界发展报告. 北京：中国财政经济出版社，1991

三、技术进步的途径

在开放的经济环境下，技术进步的途径主要体现在三个方面，即技术创新、技术扩散（technological diffusion）、技术转移与引进。

（一）技术创新

熊彼特率先提出创新理论，却未对技术创新下过严格定义。那么，何为技术创新？技术创新指的是关于技术的新构想，经研究与开发或技术组合，到获得实际应用并产生经济、社会效益的商业化全过程活动①。本质上而言，技术创新是一种以技术为工具，以期实现经济、社会效益的经济活动。这是因为技术创新对技术进步有很大程度的依赖性，其关键体现在商业化上，是否实现商业价值是检验技术创新成功的标准。

苏塞克斯大学的科学政策研究所（Science Policy Research Unit，SPRU）根据创新的重要性将其划分为以下四类：①渐进性创新（incremental innovation），即渐进性的、连续的小创新。②根本性创新（radical innovation），即开拓全新领域、有重大技术突破的创新。③技术系统的变革（change of technology system），这类创新将产生具有深远意义的变革，通常出现技术上有关联的创新群。④技术–经济范式的变更（change in techno-economic paradigm），这类创新既包含很多根本性的创新群，又包含很多技术系统变更。

（二）技术扩散

技术扩散是一项技术从首次得到商业化应用，经过大力推广、普遍采用阶段，直至最后因落后而被淘汰的过程。它不仅指对生产技术的简单获取，而重在强调构建技术引

---

① 傅家骥. 技术创新学[M]. 北京：清华大学出版社，1998.

进方的技术活动能力。技术扩散必然发生在技术进步和技术创新之后，并且与技术创新在市场上的推广传播紧密相关。

从人类历史的发展来看，在技术进步过程中，技术扩散起着举足轻重的作用。一项技术的创新，如果得不到广泛的应用和推广，它将不能以任何物质形式影响经济，如舒尔茨所说："没有扩散，创新不可能有经济影响。"一般而言，技术扩散能推动创新在更大范围内产生经济与社会效益，优化一个国家的产业结构，促进国民经济发展。

技术扩散的原理体现在其溢出效应上。所谓技术扩散的溢出效应，即技术扩散的外部性，包括以下三点：①技术领先企业的示范效应，技术落后企业的模仿效应。②人力资本流动，这里的流动包含了人力资本的有形转移与无形转移。前者主要是指通过人员的流动而产生的技术溢出，后者则主要是指并无须通过人员的流动，只需借助于信息的非自愿流动而产生的技术溢出。③联系效应，它是指企业之间不通过纯粹的市场交易而发生的技术扩散。

（三）技术转移与引进

技术转移是指技术从一个地方，以某种形式转移到另一个地方。它包括国家之间的技术转移、技术生成部门（研究机构）与使用部门（企业和商业经营部门）之间的转移，以及使用部门之间的转移。技术转移的内容包括技术成果、信息、能力的转让、移植、吸收、交流和推广普及。

根据不同的分类方法，技术转移可分为以下几种模式：

（1）从技术内容完整性的角度，可分为"移植型"和"嫁接型"两种模式。"移植型"技术转移，是指转移技术的全部内容。该模式的优点体现在，因对技术吸纳主体原有技术系统依赖性极小，而成功率较高，但其缺点为转移的支付成本较高。"嫁接型"技术转移，是指转移技术的部分内容，因其以技术需求方原有技术体系为母本，与外部先进技术嫁接融合，故原有技术系统功能和效率得到更新。然而，该模式对技术受体原有技术水平有较强依赖性，其要求匹配的条件较为苛刻。

（2）从技术载体差异性的角度，可分为"实物型"、"智能型"和"人力型"三种模式。顾名思义，"实物型"技术转移是指由实物流转而引起的技术转移，也称为"硬技术"转移。而所谓的"智能型"技术转移，是指由一定的专门科学理论、技能、经验和方法等精神范畴的知识传播和流动所引发的技术转移。因其不依赖实物的转移，通常也被称为"软技术"转移。"人力型"技术转移，是人类社会较为古老的一种技术转移模式，人的流动是其根源。

（3）从技术功能的角度，可分为"工艺技术转移"和"产品技术转移"两种基本模式。一般而言，在产业技术系统内部，工艺技术形态和产品技术形态两大系统联系性极强，不易区分。当技术侧重于影响生产流程，具有提高效率和扩张产量的作用时，把这种技术的转移称为工艺技术转移；而当技术侧重于影响生产过程的结果，有助于提升产品的技术含量及功能拓展时，把这种技术的转移称为产品技术转移。

第四节　自然资源环境与经济发展

一、　自然资源与环境的概念

（一）自然资源的定义和分类

1972 年联合国环境规划署（United Nations Environments Programme，UNEP）将自然资源（natural resources）定义为："在一定时空条件下，能够产生经济价值，以提高人类当前和未来福利的那部分自然环境因素和条件。"①联合国在 1970 年出版的有关文献认为，人在自然环境中发现的各种成分，只要能以任何方式为人类提供福利的都属于自然资源。关于自然环境的概念，一般将其定义为自然发生的对人类有用的自然物质、要素和系统。根据所包含的范围，自然资源又有狭义与广义之分。所谓狭义的自然资源，它只包括实物性资源，即在一定社会经济技术条件下，通过产生生态或经济价值来提高人类当前或可预见未来生存质量的天然物质和自然能量的总和。广义的自然资源则是实物性自然资源和舒适性自然资源的总和。

自然资源种类繁多，根据不同的属性可将其分为不同类别。在经济学分析中，我们通常将自然资源分为不可枯竭自然资源和可枯竭自然资源。不可枯竭自然资源主要是指由于宇宙因素、星球间作用力等在地球的形成和运动过程中产生的，其数量丰富、稳定，基本不受人类活动的影响，包括核能、风力、水力、太阳能以及大气等。其中某些资源由于人类不恰当的使用方式，会造成质量严重下降，如大气污染、水污染等，从而失去正常使用价值。可枯竭资源是地球演化过程中不同阶段形成的，又可分为两类：一类是可更新资源；另一类是不可更新资源。前者包括陆生、水生的动植物和微生物、地域水资源、土壤等。这类资源的特点是，它们被人类合理开发利用以后，可依靠生态系统的再生机制，得到恢复和再生，从而得到永续利用。但受到再生的速度的限制，使用率一旦超过再生率，这些资源便会退化甚至枯竭。不可更新资源虽然基本上没有更新能力，但有些可借助循环被回收，各种金属矿物基本上属于这一类；有的则是一次性消耗的，既不能循环也不能回收，化石能源就属于这一类。

（二）环境的定义与分类

环境（environment）是指围绕某个中心事物的外部世界②。可见"环境"一词是个相对的概念，中心事物不同，其含义也随之不同。因此理解环境的含义，需要注意两个方面：一是环境总是相对于某一中心事物而言的，也就是说，环境会随中心事物的变化而变化；二是环境是指周围所在的条件，对不同的对象来说，环境的内容是不同的。

---

① 崔功豪. 区域分析与区域规划[M]. 北京：高等教育出版社，2006.

② 陈泉生. 论环境的定义[J]. 法学杂志，2001，22（2）：19-20.

按照环境的属性，通常可将环境分为两类，即自然环境和人文环境。前者是指未经过加工改造而天然存在的环境，是客观存在的各种自然因素的总和。后者则是指人类所创造的物质和非物质成果的总和。在资源环境经济的研究当中，其所指的环境一般为自然环境。

二、资源环境与经济发展

（一）自然资源的开发

自然资源开发是指对水资源、土地、森林、草原、矿产等资源通过规划和物化劳动，以达到利用或提高其利用价值，实现新的利用，后者也称资源再开发或二次开发。

自然资源的开发利用，一方面可以促进社会经济发展，另一方面，不合理的开发会危及人类的健康与发展。因此，我们在开发自然资源时要遵循持续发展的五项原则：①立足于自然资源基本自给，充分利用国外资源的原则。②自然资源开发与保护相结合的原则。③资源开发与资源节约相结合的原则。④因地制宜原则。⑤资源开发的超前准备与后续开发相结合的原则。

（二）自然资源的优化配置

自然资源的优化配置是指自然资源的稀缺性决定了自然资源的有限性，因此任何一个社会都必须通过一定的方式把有限的资源合理分配到社会的各个领域中，以实现资源的最佳利用，即用最少的资源耗费，生产出最适用的商品和劳务，获取最佳的效益。简言之，自然资源的优化配置就是为了让自然资源得到更好的利用而做的一些合理配置，以实现经济利益最大化。

（三）资源环境价值核算

资源环境价值是指为经济发展带来福利的动态化的各项资源环境服务的资产价值总和[①]。在经济学中，环境资源的价值称为总经济价值（total economic value，TEV），总经济价值分为使用价值（use value）与非使用价值（non use value）两方面，具体又分为三部分：①使用价值反映对资源环境的直接利用价值；②选择价值反映人们未来使用环境的价值；③非使用价值反映人们普遍支付改进和保护那些从不使用的资源的意愿。

从价值评估的表现形式来看，环境资源价值评估一般有三种主要方法：

1）直接评估法

基于进入经济活动的资源环境价值已具有经济价值的货币表现形式，故可直接纳入核算体系。

2）间接评估法

对于难以在核算体系中获得货币价值的资源环境，则需通过核算体系之外的其

① 裴辉儒. 资源环境价值评估与核算问题研究[M]. 北京：中国社会科学出版社，2009.

他统计和计量估价技术估算其实物价值，再经实物与货币间的价值交换反映其经济价值。

（1）旅行费用法：通过分析对旅游者的花费和旅游地的利用推断旅游地的价值，目前该法主要应用于公园、水库等户外旅游地的价值评估。

（2）生命健康评价法：环境因素质量与生命健康密切相关，环境质量改善因其对生命和健康改善的价值可看做环境质量的价值。

（3）意愿调查评价法：环境质量作为人们享有的权利，当环境质量下降时，需要给予一定的补偿额，以替代良好环境享受权利的缺失，补偿额的大小取决于人们的支付意愿。间接估计资源环境质量的价值可通过分析人们对资源环境的偏好以确定其支付意愿的货币价值。

（4）防护支出法：核心是经济学中“替代品”思想，即用人们所购买的替代品替代资源或良好环境质量，为预防资源过度消耗和环境恶化而支付的费用估计方法，其费用间接反映了资源节约使用和环境质量改善的价值。

3）内涵价值评价法

内涵价值是一种商品或服务可以提供给人们所享受的总价值，这个价值可拆分到每一物品的特性加以计算。内涵价值评价法最先用于评估空气污染对居民财产的价值估计，随后应用于环境价值估计，主要用于评估具有房地产属性的环境服务的经济价值。

三、资源环境与可持续发展

1992 年巴西里约热内卢召开的世界环境与发展大会上，正式提出了“可持续发展战略”，同时制定了《21 世纪议程》。该文件将可持续发展作为核心，加深了人类对资源、环境和发展等问题的认识，把资源、环境问题结合社会经济发展，建立了资源、环境与发展相互协调的观念[①]。可持续发展是一种从环境和自然资源的角度提出的关于人类发展的战略和模式，它特别强调的是环境资源的长期承载对发展的重要性以及发展对改善生活质量的重要性。一方面，在理论上，可持续发展结束了长期以来经济发展同环境和资源相对立的错误观点，指明它们之间的相互影响和互为因果的内在联系。另一方面，可持续发展是一个综合概念，是经济、社会和生产的综合体，是自然资源和生态环境可持续发展、经济可持续发展、社会可持续发展的总称。可持续发展的基础和核心是资源的可持续利用和消费。实现可持续发展的前提条件是保证自然生态财富（即生态资本存量）的非减性，承认自然环境承载能力的有限性，遵循生态环境系统所固有的规律[②]。所谓资源环境的可持续发展则不仅涉及当代人或某一国家的资源、环境的协调发展，它是代际和国际的可持续发展。

从资源的角度实现可持续发展主要考虑两个方面：一是找到资源开采的最优路径；

① 杜丽群. 资源、环境与可持续发展[J]. 北京大学学报（哲学社会科学版），2003，（3）：117-123.

② 刘宗超. 生态文明观与全球资源共享[M]. 北京：经济科学出版社，2000.

二是通过市场和技术进步逐渐减少对枯竭型资源的开采。从动态的角度将资源配置延伸，可将其内涵拓展到代内公平和代际公平两个层次。代内公平不仅包括一个国家内同代人之间的横向公平，还包括国家间的横向公平。代际公平即资源在世代之间的公平。人类赖以生存的自然资源的有限性，使本代人不能为了满足当代的需要掠夺性地开发资源，不考虑后代的发展。因此，需建立一个环境与发展的综合决策机制以确保当代的经济活动无损于后代的福利状况。

从环境的角度，根据 OECD 市场经济国家和经济转型国家的环境管理经验，政府在环境保护中所起的作用应是规划和监督并提供必要的环境公共物品。环境污染的主要制造者通常是企业，因而可持续发展的关键是调整企业行为。社会公众作为环境污染的生产者和受害者，在自觉环保的同时，对商品的选择可间接影响企业的生产行为，达到改善环境质量实现环境可持续发展的效果。

人类的生存与发展依赖于自然，也受益于自然。人类对自然的态度经历了平等、主宰与保护的过程，人们对环境的污染与破坏终将自食恶果。经济发展与环境之间存在着辩证关系，环境是经济发展的基础性条件和制约因素，而在一定的时空条件下环境的承载能力是有限的。经济发展对环境的变化起着主导作用，其中包括积极作用和消极作用，因而在制定经济和社会发展规划时，应把环境承载力纳入综合平衡，使经济与环境协调发展。环境是可持续发展的重要组成部分，可持续发展源于环境保护，环境保护是实施可持续发展的关键。因此，在环境保护的过程中，要开始认真反思和总结传统经济发展规模带来的无法克服的矛盾，努力探索既能提高经济效益又能保护资源、改善环境的可持续发展战略。

第五节 金融与经济发展

一、金融系统与金融政策

金融系统是家庭、公司和政府为执行其金融决策而使用的一套市场中介机构，其中市场包括股票、债券和其他证券市场，中介机构包括银行和保险公司等金融中介机构。资金通过金融系统从资金盈余方流向资金短缺方。因此，金融系统是有关资金的流动、集中和分配的一个体系。它是由连接资金盈余者和资金短缺者的一系列金融中介机构和金融市场共同构成的一个有机体。

金融政策是指中央银行为实现宏观经济调控目标，采用各种方式调节货币、利率和汇率水平，进而影响宏观经济的各种方针和措施的总称。一般而言，一个国家的宏观金融政策主要包括三大政策，即货币政策、利率政策和汇率政策。

（1）货币政策。货币政策是中央银行调整货币总需求的方针策略，中央银行传统的货币政策工具包括法定准备金、贴现率、公开市场业务等，其政策一般是稳定货币供应和金融秩序，进而实现经济增长、物价稳定、充分就业和国际收支平衡四大宏观经济目标。

（2）利率政策。利率政策是中央银行调整社会资本流通的手段。合理的存款利率政策有利于经营存贷业务的银行吸收储蓄存款，集聚社会资本；可以在一定程度上调节社会资本的流量和流向，从而导致产品结构、产业结构和整个经济结构的变化；可以用于刺激和约束企业的筹资行为，促进企业合理筹资，提高资本的使用效益。

（3）汇率政策。一个国家的汇率政策对于国际贸易和国际资本的流动具有重要的影响。跨国公司、外商投资企业和经营进出口业务的其他企业，在国际资金融通活动中，必须掌握汇率政策并有效地加以利用。

二、金融压抑与金融深化

金融压抑，是指市场机制作用没有得到充分发挥的发展中国家所存在的金融管制过多、利率限制、信贷配额及金融资产单调等现象。

金融压抑理论是由美国著名经济学家麦金农（Mckinnon）在《经济发展中的货币和资本》一书中首次提出的，他从金融制度绩效的角度出发，强调“金融压抑”对经济发展的负面影响。麦金农尖锐地指出，正是政府对金融的过度管理才抑制了储蓄的增长并导致资源配置的低效率，并提出了放权于市场、实现金融自由化的政策建议。该理论曾被一些发展中国家和国际金融组织采纳。

政府为了刺激投资，利用行政权力把利率人为地降到市场均衡利率以下，在通货膨胀时期，实际利率不断下降甚至变为负值，这一方面促使人们追逐实物资产，进而抑制储蓄与金融资产需求的减少，导致金融系统相对于非金融系统的实际增长率和实际规模下降，最终致使投资资金减少。另一方面，不适当的投资需求加速了资本密集型企业的发展，不利于就业。资金供应不足，政府通过信贷配额只能先重点发展国有企业。此外，在外汇市场上，政府为弥补资金短缺会抬高本国货币价值，其结果是限制出口、奖励进口，最终导致国际收支恶化。综上可以看出，金融压抑战略对储蓄、投资、就业和国际收支状况都有不同程度的危害，从而阻碍经济发展。

为防止金融压抑策略对经济的不利影响，麦金农提出了“金融深化”的主张。金融深化是指政府放弃对金融的过度干预，使利率和汇率充分反映供求状况，控制通货膨胀，促进经济增长。金融深化是用金融自由化政策促进不发达国家经济发展的理论，其具体内容如下：解除政府对金融市场和金融体系的过度限制，即实行金融自由化，放松对利率和汇率的严格管制，降低通货膨胀率，使利率和汇率成为反映资金供求和外汇供求关系变化的信号；取消信贷和外汇配给制，促进金融行业的公平竞争；打破金融市场的障碍，缩小利差，有效吸收储蓄和投资。肖（Shaw）和麦金农认为，外国资金对发展中国家的经济成长固然重要，但国内储蓄的动员是一个更应引起注意的因素。金融压抑利于货币积累，只有在放松管制之后提高利率水平，才有利于增加储蓄和投资，促进经济成长。

三、金融排斥与金融普惠

金融排斥，是指受金融系统及供求因素的影响，金融服务的供给主体缺乏激励或需求主体获取能力不足，导致地域或群体间的金融服务供给差异及部分金融服务需求主体被排斥在外的现象[①]。

金融具有嫌贫爱富的倾向，金融机构的目标是利润最大化，因而金融服务通常会自行筛选将长期处于贫困线下的群体排除在外。金融排斥现象及原因可由肯普森（Kempson）与韦利（Whley）提出的“五维度”[②]理论解释：①价格排斥，是指一些金融产品因超过部分群体的支付能力而无法获得；②条件排斥，是指金融机构对经济主体获取某些金融产品附加不尽合理的条件，使该经济主体被排斥在金融服务之外；③评估排斥，是指金融机构对经济主体进行风险评估，限制风险较高经济主体的进入；④营销排斥，是指金融机构筛选能够带来较大利润的群体重点开发，而对其他群体则主动排斥或消极对待；⑤自我排斥，是指部分群体因被金融机构拒绝而较少购买金融服务，或者因认为没有合适的金融产品和服务等自愿性原因而放弃谋求金融服务。

为解决金融排斥对经济发展的阻碍，提出了普惠制金融，旨在通过政府手段解决现实中“三农”、中小微企业等弱势领域的金融支持问题，通过提供优质、高效的金融服务，帮助这些群体充分利用金融资源，提升自身的经济能力和社会地位，促进经济和社会的协调发展。当前普惠金融制度的发展主要依赖国家政策扶持和政府推动，即便有相关引导政策、支持或给金融中介拨付资金，但金融中介为降低管理成本，很少能选择出具备真正偿还能力的资金需求群体，而是“任务式”地完成。这样就造成金融普惠约等于扶贫的误区，与金融交易中的等价交换也有所背离。因此，有效改善金融排斥现象还有待金融普惠制度的进一步完善。

四、国际资本流动与金融危机

国际资本流动（international capital flows）是指资本在国际间转移，或者说，资本在不同国家或地区之间作单向、双向或多向流动，具体包括贷款、援助、输出、输入、投资、债务的增加、债权的取得、利息收支、买方信贷、卖方信贷、外汇买卖、证券发行与流通等。

国际资本流动按照不同的属性可以划分为不同的类型，按资本的使用期限长短将其分为长期资本流动和短期资本流动。前者是指使用期限在一年以上或未规定使用期限的资本流动，包括国际直接投资、国际证券投资和国际贷款三种主要方式。后者是指期限为一年或一年以内的资本流动。

金融危机（financial crisis）又称金融风暴，是指一个国家或几个国家与地区的全部

---

① 姜太鑫. 我国金融排斥研究[D]. 西北大学硕士学位论文，2011.

② Kempson E，Whyley C. Understanding and combating financial exelusion [J]. Insuranee Tends，1999，21：18-22.

或大部分金融指标[如短期利率、货币资产、证券、房地产、土地（价格）、商业破产数和金融机构倒闭数]的急剧、短暂和超周期的恶化。

金融危机包括货币危机、债务危机、银行危机三种主要类型，其中货币危机是国际金融危机的主要表现。金融危机的特征在于，人们基于经济未来将更加悲观的预期，致使整个区域内货币币值出现幅度较大的贬值，经济总量与经济规模出现较大的损失，经济增长受挫的现象。往往伴随着企业大量倒闭，失业率提高，社会普遍的经济萧条，甚至有些时候伴随着社会动荡或国家政治层面的动荡。

五、金融系统在经济发展中的作用

金融系统在经济发展中的作用主要表现为对资本形成的推动作用。在市场经济体制中，金融机构是将储蓄转化为投资的重要媒介，健全的金融制度与完备的金融体系可以把分散的储蓄集中起来，使其投入生产活动，进而促进经济发展。

金融系统对资本的促进作用是通过以下两方面实现的：一方面提高了储蓄和投资的总水平，进而增加了资本的数量；成熟的金融系统，借助齐全的金融工具与高质量的金融服务，可以高效地吸进非生产性资金和闲置资金投入生产性用途，从而加速社会资本积累。另一方面体现为资本运用质量与投资效率的提高，成熟的金融系统会为企业的良性竞争提供良好的环境，在提高企业经营管理效率的同时，促使资金首先流向回收期短、高盈利的部门。

第六节 农业与经济发展

一、农业的概念与研究对象

“农业就是种植业”这种“左”的思想在党的十一届三中全会后才得以更正。关于农业的概念，学术界意见不一但其实质却是一致的，故可按照内涵的不断扩大分为以下三种[①]：

第一，从农业的本质特征提出：“一字形大农业”（包括农、林、牧、渔），将农业分为植物栽培业、动物饲养业和微生物培养业，主张农业产前产后部门不能纳入农业。

第二，提出扩大农业的概念和范围，主张将与农业生产相联系的产业并入农业。代表观点有：大农业，主张把农（种植业）、林、牧、渔和副业都纳入农业；“十字形大农业”，主张在“一字形大农业”的基础上加上纵向的一笔，即上方加上“农业服务业”，下方添加“农产品加工业”，这是最广泛、最完整的农业的概念。

第三，按照最终产品界定农业与非农业，生产可供直接消费的最终产品的全过程（如干茶生产的全过程）都属于农业范围，而农产品加工业与农业的区分在于判断加工后使用价值的改变与否，如食品加工属于农业范畴，纺纱织布则不是农业范围。

---

① 扬则坤. 农业的概念和范围之我见[J]. 四川农业大学学报，1988，（3）：30-33.

马克思指出："经济的再生产过程，不管它的特殊的社会性质如何，在农业部门内，总是同一个自然的再生产过程交织在一起。"[①]因此，农业的本质特征是经济再生产过程和自然再生产过程的交映。

目前发展经济学中，农业的研究对象是农业生产方式的运动规律，包括农业生产力运动的规律、农业生产关系运动的规律以及两者之间的运动规律。在各个历史时期，农业生产方式都在不断更替，发展经济学力图在多角度、多层次分析和研究农业经济问题，通过定性和定量、宏观和微观的结合，不断深入了解农业生产力运动规律，从而为实际农业发展提供科学性策略。

二、农业发展阶段划分

1. 原始农业

原始农业是指人类早期以渔猎和采集获取食物的农业生产方式。在原始农业中主要依靠大量人力，利用石器、木器等原始工具进行。它是一种集体劳动，完全依赖自然环境且生产水平极低的生产方式。

2. 传统农业

在自然经济状态下，利用人力、畜力、手工工具及铁器等为主的手工劳动方式，靠历代积累下来的传统经验发展，以自给自足的自然经济为主导的农业即为传统农业。我国传统农业自战国时期开始形成，经过历史不断演变，形成了精工细作的传统特色。传统农业在我国仍产生着重大的影响，尤其是我国一些落后乡村的主要耕作技术、耕作制度以及农业工具有部分还一直沿袭着过去的生产方式。

传统农业存在明显特征：①技术长期停滞。传统农业中运用的农业技术一般都是一些简单、低级的农业耕作工具和在实践中形成的一些经验。②制度因素对农业发展的束缚。③以自然经济为主，农产品商品率低。

3. 现代农业

一般认为，现代农业始于第二次世界大战后，是在传统农业的基础上发展起来的。现代农业是用现代工业装备的、用现代科学技术武装的、用现代组织管理方法来经营的社会化、商品化农业。实现农业现代化一方面是要实现农业生产物质条件和技术的现代化，利用先进的科学技术和生产要素装备农业，实现农业生产机械化、电气化、生物化和化学化；另一方面是农业组织管理的现代化，实现农业生产专业化、社会化、区域化和企业化。

现代农业的主要特征有以下几点：①生产过程精细化；②劳动工具现代化；③经营形态产业化；④从业人员新型化；⑤生态环境友好化。

三、农业在经济发展中的作用

农业作为第一产业，农业经济是国民经济中最基础的部分，其发展在发展中国家

---

① 马克思. 资本论[M]. 第一卷. 中共中央马克思恩格斯列宁斯大林著作编译局译. 北京：人民出版社，1975.

具有至关重要的作用。农业发展为经济发展奠定基础，是其他产业发展的前提条件。农业发展可以提高人民生活水平，加强社会稳定。农业的贡献归纳起来可以分为以下三个方面[①]：

1. 产品贡献

农业对经济的产品贡献主要是指农业总产品扣除农业部门自身消费的部分后农产品剩余或农业剩余。农产品中很大一部分可作为食品供人们食用，另一部分产品可以作为国家工业发展的原材料，此之谓农业部门为非农业部门所做出的产品贡献。一般而言，农产品剩余与农业的产品贡献正相关,农业的产品贡献又可分为原材料贡献和粮食贡献，前者强调农业在以农产品为主要原料的工业部门的作用，后者则突出农业的产品——粮食在经济发展和人类生存方面的重要地位。

2. 市场贡献

农产品剩余的工业部门供给是农业部门的产品贡献,而对非农业部门的产品需求则是农业部门的市场贡献。农业部门所需投入来源于两部分，一部分是自给的种子、农家料、农具等，另一部分则来自地膜、化肥等非农业部门的产品。从另一个角度来说，农业人口所需亦来自两个部分，一部分来源于粮食、蔬菜等本部门产出，另一部分来自日用工业品和家电等工业部门产品。农业部门对非农业部门生产资料和消费品需求的增加，扩大了非农业部门的销售市场，从这一角度，可看做农业部门对非农业部门的市场贡献。

3. 资本贡献

资本是发展中国家稀缺度最高的资源之一,非农业部门的扩张资本来源于农业部门,可视为农业部门对经济发展做出的资本贡献。农业部门不仅向非农业部门提供农产品，与此同时，也要从非农业部门中购买工业品，以满足本部门的需要。从农业剩余中减去农业部门购买的工业品数额即为净农业剩余，因此农业剩余的净流出就是农业部门的资本贡献。

第七节　工业化、城镇化与经济发展

一、工业化与经济发展

（一）工业化的含义

工业化通常被定义为工业（特别是其中的制造业）在 GNP（或国民收入）中份额不断上升的过程[②]。工业发展是工业化的显著特征之一，但工业化并不能狭隘地理解为工业发展。因为工业化是现代化的核心内容，是传统农业社会向现代工业社会转变的

---

① 郭熙保，周军. 发展经济学[M]. 北京：中国金融出版社，2007.

② 钱纳里 H B，鲁宾逊 S. 工业化和经济增长的比较研究[M]. 吴奇，王松宝，等译. 上海：上海三联书店，1995.

过程。在这一过程中，工业发展绝不是孤立进行的，而总是与农业现代化和服务业发展相辅相成的，总是以贸易的发展、市场范围的扩大和产权交易制度的完善等为依托。

狭义的工业化，有代表性的是《新帕尔格雷夫经济学大辞典》中的定义，即制造业和第二产业在国民经济中的比重及其就业比重不断上升的过程。广义的工业化，有代表性的是张培刚提出的定义，即一系列基本生产函数连续发生变化的过程，不仅包括工业部门的发展，也包括"工业化了的农业"的发展，这与一般只强调工业自身现代化的工业化定义明显不同。

工业化作为一个复杂的宏观经济现象，从不同层面进行研究历来见解不同，但其含义必须明确，李忠民指出工业化的三层含义[①]：

（1）经济结构的转化过程是工业化的基本内容，即农业份额下降非农业份额上升。此处的份额不只包括产值份额还有就业份额。转化使一个国家从农业国跨入工业国，也就是说，工业化时期的产业结构主体是工业部门。与此对应，工业化前期的产业结构主体是农业部门，工业化后期的产业结构主体是服务业部门。

（2）生产方式的变革过程是工业化的实质，即由传统手工方式向大规模机器生产方式转变的过程。包括农业在内的各行业机械化、自动化和管理水平的提高是经济发展时期工业化在生产方式上最鲜明的特征。因此，工农业产值与就业水平不是判断工业化的根本性标志，还要关注技术水平和管理水平。例如，在传统手工业中就业结构占绝对比重的国家，不能称其为工业化；而在农业生产中应用现代化的生产和管理方式的国家，不能否认其实现了工业化。

（3）工业化还表现为社会经济关系和文化层次上的变革过程。所谓社会经济关系变革包括商品化、市场化、企业制度及其组织结构、生产关系及国际经济关系等方面的变化，主要体现向市场经济制度变革的过程；而文化层次上的变革则包括对旧传统的改造，以及科技进步、思想观念、社会价值取向等方面的变化，主要体现了人类文明的不断进步和演变过程。

（二）工业化的模式

所谓工业化模式即实现工业化的途径。以下分析的几种工业化模式非纯理论结果，而是归纳总结已实现工业国的经验而成。纵观世界各国，由于所具备的自然资源、所实行的社会制度的不同，工业化的模式也不尽相同，但总体可分为以下三类[①]：

1）民间自发的工业化模式

英国作为最早走上工业化道路的国家，最初便是此种模式，始于 18 世纪 60 年代，完成于 19 世纪 60 年代。之所以称为民间自发的工业化模式，是因为当时的工业化基本依靠民间力量发动起来，政府很少干预。它主要由个人积累资本和进行投资所推动形成，表现为一种比较均衡的经济进步过程。英美工业化初期，英国通过"圈地运动"和殖民掠夺的资产、美国通过奴隶贸易得到的资产是其工业化所需的资本原始积累。这一时期的工业化模式主要是市场引导的模式，由棉纺织业起步，采取从轻工业到重工业，再到

① 李忠民. 发展经济学[M]. 北京：高等教育出版社，2011.

交通运输业和其他产业部门的顺序进行，过程比较漫长。

2）民间与政府共同发动型工业化模式

结合民间自发力量与政府自觉力量，充分利用国内外有利因素，实现国家工业化便是民间与政府共同发动型工业化模式，以日本和德国为代表，是工业化起步较晚的国家所采取的一种模式。后起国家为通过工业化赶上发达国家，由于经济实力薄弱，不得不借助政府力量，一方面扶植和保护国内的幼稚工业，另一方面，集中国内资源建立国有经济。在这种模式下，由于政府直接干预经济政策，故作用显著。而工业化所需资本，则主要由政府无偿征收赋税形成。

3）政府发动型工业化模式

政府制定规划，动用行政力量筹措资金和兴办企业而推动的工业化，以求在较短时间内迅速建立国家现代化工业体系即为政府发动型工业化模式。改革开放前的中国、苏联和东欧采取的便是此种模式。为高速建立以重工业为核心的工业体系，政府包办一切，大力举办国有经济，集中力量，使工业化能够在较低的经济水平下运行，所发动的工业化一般为资本品导向型。此种模式下，主要依靠农业和农民提供工业化所需的原始资本积累。在中央指令性的约束下，市场名存实亡，企业成为行政命令的被动执行者，价格和利润成为各级政府进行经济管理的计算工具和积累手段。

二、城镇化与经济发展

（一）城镇化的含义

城镇化（urbanization），是指随着一个国家或地区社会生产力的发展、科学技术的进步以及产业结构的调整，其社会由以农业为主的传统乡村型社会向以工业（第二产业）和服务业（第三产业）等非农产业为主的现代城市型社会逐渐转变的历史过程。城镇化过程包括人口职业的转变、产业结构的转变、土地及地域空间的变化。不同的学科从不同的角度对之有不同的解释，目前国内外学者对城镇化的概念分别从人口学、地理学、社会学、经济学等角度予以阐述。从人口学角度来看，城镇化是指人口城镇化，即农村人口逐渐转变为城市人口的现象和过程。地理学者认为，城镇化是居民聚落和城市布局的空间区位再分布，并呈现日益集中化的过程。更具体地说，城镇化就是第二、第三产业向城镇的集中，就是非农业部门的经济区位向城镇的集中，也是劳动力和消费区位向城镇的集中。社会学家认为，城镇化是一个城市生活方式的发展过程，它意味着人们不断被吸引到城市中，并被纳入城市的生活组织中去，而且还意味着随着城镇化发展而出现的城市生活方式的不断强化。经济学家认为，城镇化是各种非农产业发展的经济要素向城市集聚的过程，它不仅包括农村劳动力向城市第二、三产业的转移，还包括非农产业投资及其技术、生产能力在城市集聚，因此城镇化一般与产业结构非农化同步发展。

（二）城镇化的类型

1. 向心型城镇化与离心型城镇化

以大城市为中心来考察城镇化现象,即会发现存在着向心与离心两种类型的城镇化。向心型城镇化是指城市中的商业服务设施以及政府部门、企事业公司的总部、金融机构、媒体杂志等各种服务业，都不断向城市中心集聚，进而在城市中心形成中央商务区、外围扩散区等不同的圈层，也称为集中型城镇化。在经济社会发展过程中，决策部门（政府行政机构、大型公司总部等）通常需要较多的信息和人力资源进行研讨，文化、娱乐、体育等生活服务业的发展需要直接与服务对象进行面对面交流，而大型超市、餐饮业等生产性服务业则需要以稠密的人流作为支撑，因此这些部门的职能特点，促使它们向城市中心运动，从而产生向心型城镇化。

与上述部门相反，有些城市设施与部门则自城市中心向外援移动扩散，这被称为离心型城镇化，也称为扩散性城镇化。这些具有离心倾向的部门需要宽敞用地，如大型企业、自来水厂等；有的需要防止灾害和污染，如煤气厂、垃圾处理厂等；有的需要安静环境，如精神病院、传染病院等；有的具有特殊使命，需要离开市区，如兵营、监狱、火葬场等。

2. 外延型城镇化与飞地型城镇化

按照城市离心扩散形式的不同，还可以分出外延型与飞地型两种类型的城镇化。如果城市的离心扩展，一致保持与建成区接壤，连续渐次地向外推进，这种扩展方式称为外延型城镇化。这种城镇化方式是最为常见的一种城镇化类型，在大中小各级城市的边缘地带都可以看到这种外延现象，这一正在进行外延城镇化的边缘地带被称为城乡结合部。

如果在推进的过程中，出现了空间上与建成区断开，职能上与中心城市保持联系的城市扩展方式，则称为飞地型城镇化。这种城镇化方式一般要在大城市的环境才能出现，因为大城市的人口、用地规模已经十分庞大，各类的城市问题比较多，如果继续采取外延型的发展方式，将使各种矛盾更为尖锐。在这种情况下，通常采取跳出中心城市现有边界，到条件适宜的地理位置上去发展，用以分散中心城市的压力，有的则形成大城市郊区的卫星城镇。在一些发展中国家，为了改变经济过分集中于沿海地区和发展内地经济的目的，将首都搬迁到内地，或在内地开辟增长中心，广义上讲，这也是飞地型城镇化的一种表现形式。

3. 景观型城镇化与职能型城镇化

景观型城镇化是传统城镇化的表现形式，主要是指城市性质用地在地域空间逐步扩展，进而创造出新的城市市区，因而这种城镇化也称为直接城镇化。美国学者弗里德曼（Friedmann）认为，景观型城镇化主要是指人口和非农业活动在规模不同的城市环境中的地域集中的过程，从而促使非城市型景观转化为城市型景观的地域推进过程，这种城镇化过程是可见的、物化了的或实体性的过程。职能型城镇化主要是指城市文化、城市生活方式和价值观在农村的地域扩散过程，它是一个抽象的、精神上的发展过程。职能型城镇化是当代出现的一种新型城镇化表现形式，这种城镇化表现了地域进化的潜在意识，它不从外观上直接创造密集的城市景观，因而也被称为间接城镇化。间接城镇化的出现，对城市地域的划分和城镇化水平衡量有重要影响。目前，国外普遍采用城市功能区（即城市核心连同周围功能上有联系的区域）来替代城市行政区域作为城市的地域范围，并以城市功能区的人口作为城区总人口。

4. 积极型城镇化和消极型城镇化

城镇化的表征性能就是，一个国家或地区的城镇化水平应该体现该国家或地区的经济发展水平；因此，与经济发展水平相适应的城镇化，称为积极型城镇化；反之，先于经济发展水平的城镇化，则称为消极型城镇化，也称为假城镇化或过度城镇化。从世界城镇化发展的历程来看，欧美发达国家在城镇化的发展过程中，基本是与其经济发展水平相适应的，因此发达国家所经历的是一个积极型城镇化发展过程；但当前的发展中国家，存在着与经济发展水平明显不同步的城镇化，如拉丁美洲的许多国家，其城镇化水平与欧美发达国家的发展水平相似，但其经济发展水平却远低于发达国家水平，因此许多发展中国家正经历着消极型的城镇化发展过程。在许多发展中国家的一些大城市中，农村人口源源不断地涌入，但城市的基础设施远远没有跟上，因而产生连片的城市贫民区，城市中的失业、犯罪、饥饿、传染病蔓延等各种城市病问题层出不穷。

5. 自上而下型城镇化和自下而上型城镇化

这是人们在分析中国城镇化动力机制时提出的一种观点。所谓自上而下型城镇化是指国家投资于城市经济部门，随着经济发展产生的劳动力需求而引起的城镇化，具体表现为原有城市发展和新兴工矿业城市产生两个方面。所谓自下而上型城镇化是指农村地区通过自筹资金发展乡镇企业为主体的非农业生产活动，首先实现农村人口职业转化，进而通过发展小城市（集）镇，实现人口居住地的空间转化。

产生这两种类型城镇化的根源是由我国国情决定的。我国的生产要素构成中，除劳动力资源十分丰富外，按人均计算的资源并不丰富，资源更为有限。如果单靠国家投资进行经济建设，所吸收的剩余劳动力有一定限度。如果在农村发展各类乡镇企业，实现产业结构转换，就可以吸收比单靠国家投资进行经济建设多得多的农村剩余劳动力。发展乡镇企业，走自下而上的城镇化道路是我国实现城镇化的重要途径。

（三）城镇化的指标和测度

城镇化现象涉及范围广泛，对城镇化进行测度并非易事。综合各方面的研究成果，目前确定的指标及测度方法主要有两种，即主要指标法和复合指标法。

1. 主要指标法

它是选择对城镇化表征意义最强又便于统计的个别指标，来描述城镇化达到的水平的方法，主要有城市人口比例法和城镇土地利用比重法。城市人口比例法主要用一个国家或地区内城市人口占其总人口的比重，来表示该国或地区的城镇化水平，该指标简明扼要地反映了人口在城乡之间的空间分布状况。城市人口比例法包括两种不同的测度方法：一种是以城镇人口占总人口的比重表示；另一种则是用非农业人口所占比重表示。所谓城镇土地利用比重法，就是指以某一个国家或地区内的城镇建城区土地利用面积占区域土地总面积的比重来反映当地的城镇化水平。测度的方法就是统计一定时间内非城市用地（耕地、草地、林地、水域等）转变为城市建设用地（工矿用地、交通建设用地、住宅、商业用地等）的比率。

2. 复合指标法

由于城镇化是个复杂的变化过程，因此越来越多的学者认为，任何一个单一的指标都无法涵盖城镇化的丰富内容。所以，随着研究的进一步深入，学者们提出了应用综合指标法来全面考察国家和地区的城镇化发展状况。所谓复合指标法就是指通过选取与城镇化各个方面密切相关的指标，分别反映城镇化的各个不同方面，最后加以综合以全面考察一个国家或地区的城镇化发展水平。其优点是指标多，必然与具体地域结合，针对性强。其缺点是通用性差，无法进行国际的比较分析。

第八节　对外贸易、投资与经济发展

一、对外贸易的定义

对外贸易简称“外贸”，是指一个国家或地区同别国或地区之间的货物和服务之间的交换活动。对外贸易是从一个国家的角度来考察这种交换活动的，一些岛屿国家，如英国、日本等也常用“海外贸易”来表示它们的对外贸易活动。广义的对外贸易包括货物贸易和服务贸易，狭义的对外贸易只包括货物贸易。目前货物贸易仍是国际贸易中最为重要的组成部分。

二、对外投资与经济发展

（一）对外投资的定义

对外投资（foreign investment）又称海外投资（overseas investment）或国际投资（international investment），是指跨国公司等国际投资主体，将其拥有的货币资本或产业资本，通过跨国界流动和营运，实现价值增值的经济行为。

对外投资根据不同的性质可分为两大类别：①按时间长短可划分为长期投资（long-term investment）和短期投资（short-term investment）。②按投资经营权的有无可分为国际直接投资（international direct investment）和国际间接投资（international indirect investment）。

（二）对外投资与经济增长

对外投资通过资本的国际流动可以促进跨国公司的发展，进而促进本国经济的增长，具体体现在以下六个方面：

（1）对外投资有利于企业闲置的资金（资产）得到充分利用，提高资金的使用效益。

（2）通过对外投资，可以在企业外部尤其是在外地或外国开发资源、材料来源，保证企业能源、材料来源的成本低廉、供应稳定，较好地解决企业生产经营某些资源供应不足的问题。

（3）通过对外投资，可以开辟企业新的产品市场，扩大销售规模。

（4）通过合资、联营，便于从国内外其他单位直接获取先进技术，快速提高企业的技术档次。

（5）利用控股投资方式，可以使企业以较少的资金实现企业扩张的目的。

（6）对外投资是获取经济信息的重要途径。在对外投资的可行性调研、合资联营谈判、投资项目建设、管理的过程中，可以利用各种渠道和有利条件，及时捕捉对企业有用的各种信息。

三、对外贸易、投资发展战略

（一）内向型发展战略——进口替代战略

进口代替战略（import substitution strategy）又称“内向型发展战略”，是指当某些商品的进口数量达到国内生产的最小经济规模时，通过采取某些限制进口的政策，将这一市场保护起来，利用它来建立和发展国内同类商品生产的工业。其本质是利用对外贸易所开拓的国内市场来促进本国工业发展。实施该战略必须伴以贸易保护政策，因而不利于促进本国的劳动生产率的提高和工业技术进步，更不利于产品的出口。时间过长，不利于经济的进一步发展。进口替代战略的实施有关税保护、进口配额、补贴和外汇管制四种主要的政策手段。

（1）关税保护，即对某些工业制成品的进口征收高关税，对生产最终消费品所需的资本品和中间产品征收低关税或免征关税，促使该种工业制成品的进口价格远高于本国价格，降低进口商品的竞争力，从而达到保护本国同类工业发展的目的，是进口替代国家最常用的工具。但必须指出，实行关税保护是以降低社会福利为代价的。

（2）进口配额，即限制各类商品的进口数量，以减少非必需品的进口。进口配额可以像关税一样起到保护国内工业的作用，但会导致收入损失和垄断的后果。配额的制定会促使进口商不惜一切代价拿到政府下放的配额，由于进口数量有限，得到配额的进口商会以远远高于国际价格的价格卖给国内消费者以牟取暴利，这就造成了消费者收入的损失。另外，配额一旦满了，国外商品就无法进入本国市场，也就无法与国内的生产者竞争，这样这些制造商就可以通过操控此种商品的供求牟取垄断利润，结果使消费者和整个经济蒙受损失。

（3）补贴，是指一成员方政府或任何公共机构向某些企业提供的财政捐助以及对价格或收入的支持，以直接或间接增加从其领土输出某种产品或减少向其领土内输入某种产品，进而对其他成员方利益形成损害的政府性措施。补贴比关税更能促进国内幼稚工业的成熟与发展，这会对幼稚工业造成一种压力，促使其提高效率、降低成本、增强竞争力。

（4）外汇管制，是指一国政府为平衡国际收支和维持本国货币汇率而对外汇进出实行的限制性措施，是一国政府通过法令，对国际结算和外汇买卖进行限制的一种限制进口的国际贸易政策。外汇管制分为数量管制和成本管制，前者是指国家外汇管理机构对外汇买卖的数量直接进行限制和分配，通过控制外汇总量达到限制出口的目的；后者是指，国家外汇管理机构对外汇买卖实行复汇率制，利用外汇买卖成本的差异，调节进口商品结构。

（二）外向型发展战略——出口促进战略

早期发展经济学家认为，出口促进战略主要针对的是初级产品，他们主张发展中国家利用自身的比较优势专门生产初级产品（如农产品和矿产品），以供出口来换回本国所需的工业品是明智之举。然而在贸易条件恶化和发达国家贸易保护的情况下，发展中国家逐渐认识到，专门生产初级产品对本国的经济发展是不利的，应建立自己的工业体系。因而，这里所说的出口促进是指利用进口替代时期建立起来的工业基础，来生产和出口工业制成品，尤其是用工业消费品来代替传统的初级产品的出口，以此来促进发展实现工业化。

出口促进的政策措施有两大类：一是取消不利于出口的措施，二是采取有利于出口的措施。前者可以通过以下两种方式：其一，降低生产过程中所需中间产品和原材料的进口关税、取消进口配额，这样可以起到降低生产成本和使原料供应充足的双重作用。其二，降低高估了的，通过汇率反映外汇市场的真实供求状况，增加出口者利润，起到为出口创造有利条件的作用。后者可以通过减免关税、设立自贸区、发放出口补贴的方式实现。

第二篇

发展经济学的主要模型与案例分析

第三章

资本形成与经济发展模型和案例分析

第一节　资本形成问题

资本形成是指发展中国家或地区投入物质资本形成经济起飞和现代化的初始资本。发展经济学资本形成广义上是指物质资本和人力资本，狭义上一般只指物质资本，即固定资产和生产过程中所必需的存货等。在本章中，我们提到的资本形成主要是物质资本。物质资本形成是投资过程的产物，主要来源于储蓄，储蓄通过转化形成投资，又利用投资形成资本。资本是国家经济发展的主要动力，研究资本形成问题有助于发展中国家解决资本问题，利用合理的资本结构获得经济的快速发展。

第二节　资本形成与经济发展模型

一、哈罗德-多马模型

（一）模型简介

哈罗德-多马模型是一个简单的凯恩斯主义模型，是由英国经济学家哈罗德和美国经济学家多马于 1948 年分别提出的模型统称。该模型主要阐述了储蓄、投资增长率和收入增长率的关系，但其模型中储蓄被认为是外生的，通过将储蓄内生化我们将该模型变形，从而更好地探讨收入增长率的稳态情况。

（二）模型假设

（1）所有储蓄都转化为投资，且储蓄和收入之间有固定比例，即$S = sY$。

（2）充分就业，且劳动力按一个固定比例增长。

（3）该产业市场上只生产一种产品。

（4）不存在技术进步，生产要素只有资本K和劳动L。

（5）生产规模报酬不变，也就是说，生产一种商品所需要投入的要素比例不变。

（6）不考虑价格水平变化。

（三）模型建立

1）原始哈罗德–多马模型

根据以上假设条件我们得到

$$g = \frac{\dot{Y}}{Y} = \frac{S}{Y} \cdot \frac{\dot{Y}}{S} = \frac{S}{Y} \Big/ \frac{S}{\dot{Y}} \tag{3-1}$$

其中，g为收入增长率；S为储蓄总量；Y为总收入。

另外，我们定义$c = \dot{K} / \dot{Y}$为资本消耗弹性，即每单位收入的增长所需投入的资本，在凯恩斯均衡下，$S = I$，而投资形成资本，即$S = I = \dot{K}$。最终我们可将式（3-1）转换为

$$g = \frac{s}{c} \tag{3-2}$$

在哈罗德–多马模型中，c假定为常数，因此收入增长率只与储蓄率的大小有关。储蓄率越大，收入增长越快，对发展中国家而言，要发展就应该努力提高储蓄率。

2）储蓄内生化后的哈罗德–多马模型

可以看出，原始的哈罗德–多马模型没有考虑人口增长率，也简单地将储蓄作为外生因素来看待，实际上，储蓄和收入之间关系复杂，受众多因素影响，因此有必要将储蓄内生化。我们根据马尔萨斯人口增长模型得到

$$\begin{cases} \hat{n} = \beta(y - m) \\ s = f(y - m) \\ Y = n \times y \end{cases} \tag{3-3}$$

其中，$\hat{n}$为人口增长率；β为正数；y为人均收入；m为人均生存收入；储蓄率为$y - m$的相关函数。对于该函数，我们进行如下分析：

（1）当$y - m \leqslant 0$时，$s = 0$，因为人们要在足以支付生存所需的基础上才能进行储蓄。

（2）当$y - m > 0$时，一般而言，收入越高，储蓄率越高，且储蓄率的增长速度也在加速，因此可以假定$f' > 0, f'' > 0$。

当$\hat{n}$为常数时，y也为常数，因此

$$\dot{y} = 0$$

$$\dot{Y} = \dot{n} \cdot y + n \cdot \dot{y} = \dot{n} \cdot y$$

$$\hat{Y}=\frac{\dot{Y}}{Y}=\frac{\dot{n}y}{ny}=\hat{n} \tag{3-4}$$

式（3-4）表示收入增长率与人口增长率相同，都为某常数，因此此模型达到稳态。综合以上，我们得到式（3-5）：

$$\beta(y-m)=\frac{f(y-m)}{c} \tag{3-5}$$

我们看到，虽然无法得出确切函数 $f(y-m)$，但是可以根据上述函数分析以及式（3-5）的结构得到一些结论：

如图 3-1 所示，上部分为人口增长与人均收入的关系示意图，中间部分为人均收入与储蓄率的关系图，将两者结合得下部分，我们可以看到，人口增长曲线和人均收入曲线相交于两个交点，即存在两个稳态。

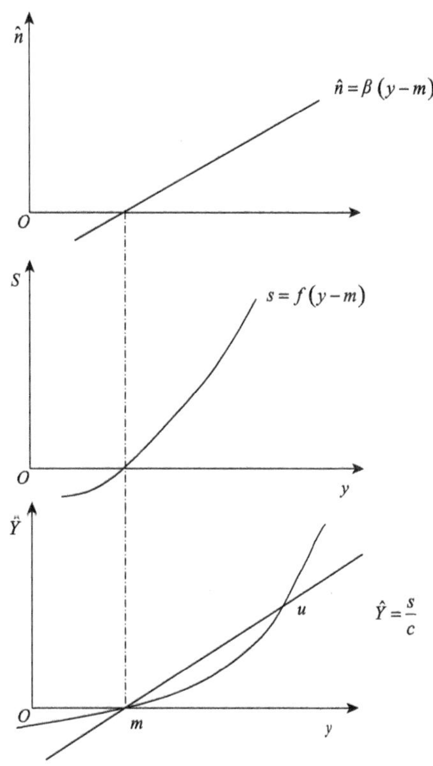

图 3-1　收入增长率下的稳态

在实际经济生活中，人口和总收入之间相互联系、相互制衡，呈现动态关系。

二、新古典增长模型

（一）模型介绍

20 世纪 50 年代，由索洛等对哈罗德–多马模型进行修正和发展，提出了一个新的模型：索洛–斯旺模型（Solow-Swan model），又称新古典增长模型。该模型主要应用生产函数对资本、劳动及技术进步进行作用分析，并探究储蓄率与资本存量的关系。

（二）模型假设

（1）假定只生产一种商品，生产要素为资本和劳动。新古典生产函数可表示为 $Y = F(K,L)$。

（2）资本和劳动之间可相互替代，但不可完全替代。

（3）资本和劳动的边际产量递减，即 $\frac{\partial Y}{\partial K} > 0, \frac{\partial^2 Y}{\partial K^2} < 0; \frac{\partial Y}{\partial L} > 0, \frac{\partial^2 Y}{\partial L^2} < 0$。

（4）生产的规模收益不变，也就是说，当资本和劳动同时增加 θ $(\theta > 0)$ 倍时，产量也增加 θ 倍，用式子可表示为 $F(\theta K, \theta L) = \theta F(K,L), \theta > 0,$ 将此式变形为 $Y = F(K,L) = LF(K/L,1) = Lf(k)$，其中，$k = K/L$，$k$ 为人均资本，$y = Y/L$，y 为人均产出，$y = f(k)$。

（5）不存在技术进步。

（三）模型建立

根据以上模型假定我们可知，生产函数 $Y = F(K,L)$ 具有一齐次性。若资本以固定比例 δ 折旧，总资本量为 K，则折旧为 δK。t 时投资为 $I(t)$，$I(t)$ 一部分增加资本量，另一部分用于补偿折旧，因此资本存量的增量可表示为

$$\dot{K} = I - \delta K = sY - \delta K = sF(K,L) - \delta K \tag{3-6}$$

对式（3-6）两边均除以 L，有

$$\dot{K}/L = sF(k,1) - \delta k = sf(k) - \delta k \tag{3-7}$$

式（3-7）不仅存在 k，还存在 $\dot{K}$（$\dot{K}$ 是资本存量对时间的导数）对 $\dot{K}$ 进行数学变形并统一，具体如下：

$$\dot{k} = \frac{\mathrm{d}(K/L)}{\mathrm{d}t} = \dot{K}/L - \frac{\dot{L}K}{L^2} = \dot{K}/L - nk, n = \dot{L}/L \tag{3-8}$$

因此，$\dot{K}/L = nk + \dot{k}$，式（3-8）可表示为

$$\dot{k} = sf(k) - (n+\delta)k \tag{3-9}$$

其中，s, n, δ 为外生变量；$n+\delta$ 为有效折旧率，人均资本增量取决于人均资本存量。当社会的人均储蓄弥补资本折旧以及配备新增人口所需资本后仍有剩余时，即 $sf(k) > (n+\delta)k$，每个人都可以继续增加人均资本，即 $\dot{k} > 0$；反之，则人均资本占有量减少。在这里，我们引入稳态的概念。

稳态指的是一种长期均衡状态。稳态表示经济变量都以某一常数增长率增长。在新古典经济模型中，人均资本保持稳定不变的资本存量水平为“稳态”。当一个经济处于稳态时，人均储蓄正好用于人均资本的广化。

对图 3-2 我们进行资本稳态的动态分析。

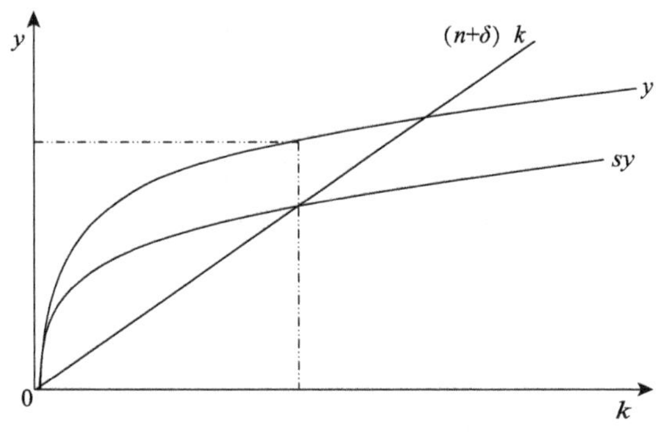

图 3-2　经济增长的稳态

（1）当 $k<k^*$ 时，$\gamma k = sf(k)/k-(n+\delta)k>0$，$k$ 随时间上升，γk 越来越小。

（2）当 $k>k^*$ 时，$\gamma k = sf(k)/k-(n+\delta)k<0$，$k$ 随时间下降，γk 越来越小。

（3）当 $k=k^*$ 时，$sf(k)=(n+\delta)k$，此时新古典经济模型达到稳态，根据分析我们也可以看出该稳态也是唯一的。

当人均资本增量 $\dot{k}=0$ 时，经济因劳动力的增长而稳定增长，其增长率即为人口增长率。新古典经济模型对于发展中国家提高经济增长速度都具有一定借鉴意义。在制定经济政策时，我们可以从以下几个方面来分析经济增长速度：①在人均资本占有量既定的条件下提高技术水平，从而增加总产出。②提高储蓄率，使人均资本量增加。③降低人口出生率。

资本积累的黄金法则：对于特定的 n,δ，对唯一的储蓄率 s，都有 $k^*=k^*(s)$，稳定状态下的人均消费可表示为 $c^*=(1-s)\cdot f[k^*(s)]$，根据式（3-9），我们得到 $c^*=f[k^*(s)]-(n+\delta)\cdot k^*(s)$。

$c^*=f[k^*(s)]-(n+\delta)\cdot k^*(s)$ 即为资本积累的黄金法则，人均消费的边际产出同有效折旧率相同，人均产出、人均资本、人均消费都能保持不变的水平。

第三节　案例分析

◎ 案例分析一：中部地区经济增长因素贡献的定量研究 1①

一、中部地区经济增长因素贡献问题分析

中部地区位于我国地理核心，连接东西部两地区，是我国重要的种植业和养殖业基地。2004 年，国家提出促进中部地区崛起战略，中部地区紧抓机遇，其经济总体上保持了良好的发展态势。2008 年，中部六省实现地区生产总值 6.32 万亿元，同比增长 12.2%，

① 罗序斌，周绍森，郝宇. 中部地区经济增长因素贡献的定量研究[J]. 晋阳学刊，2010，（2）：54-58.

占全国 GDP 的比重达到了 19.3%，位居我国东部、西部、东北及中部四大经济板块第二位；六省粮食产量达 3 200 亿斤（1 斤=0.5 千克），连续五年创历史新高，占全国粮食产量的 30.5%；城镇固定资产投资、社会消费品零售总额、外贸进出口增速均居四大板块前列，投资、消费和出口占全国的比重分别比上年提高 1.2 个百分点、0.1 个百分点和 0.5 个百分点。对中部地区经济增长源泉进行研究，探究其主要是依赖要素投入型增长实现了当前经济增长的飞跃，还是靠人力资本、技术进步型增长实现了经济发展的崛起，对进一步促进中部地区经济又好又快的发展具有十分重要的意义。

二、研究方法

1. 模型选择

基于新增长理论以及借鉴丹尼森的要素划分法，我们针对我国中部的实际情况，将影响中部地区经济增长的因素主要分为投入生产要素和全要素生产率两大部分。投入生产要素主要包括物质资本和劳动力两项，其中，物质资本主要由物质资本存量与全社会固定资产投资两项组成；全要素生产率主要包括人力资本和科技进步两项，其中，科技进步一般由研究与开发、单位能源经济效益、产业结构和市场化程度等指标反映。

在上述经济增长因素分析的基础上，为了测算中部地区经济增长因素的贡献份额，我们提出了中部地区经济增长的实证分析模型：

$$Y_t=A_0(K_{t-1})^{\alpha}(I_t)^{\beta}(L_t)^{\gamma}(H_t)^{\tau_0+\tau_i IT}\mathrm{e}^{\varepsilon t} \tag{3-10}$$

其中，Y 表示产出用中部地区各省地区生产总值来度量；A 表示科技进步；K 表示物质资本存量；I 表示社会固定资产投资；L 表示劳动力数量，一般用从业人员数度量；H 表示人力资本，常用从业人员受教育等效年限度量；ε 为随机扰动项，它是反映 GDP 实际值与预测值之间偏差的变量；α 为物质资本存量对 GDP 的弹性系数，反映物质资本存量对 GDP 的效用；β 为全社会固定资产投资对 GDP 的弹性系数，反映社会固定资产投资对 GDP 的效用；γ 为劳动力数量对 GDP 的弹性系数，反映从业人员数量对 GDP 的效用；T 表示时间，为增大回归的显著性，我们采用中心化数据，如 T=0 时表示 1990 年，T=1 时表示 1991 年，T=–1 时表示 1989 年，以此类推；τ_0 为人力资本对 GDP 的弹性系数，τ_i 反映人力资本弹性系数随时间变化的速度。其中，K、I、L 为生产要素投入，A 和 H 为反映全要素生产率的主要因素。

2. 数据说明与处理

在上述中部地区经济增长模型中，由于我们采用索洛余值法对科技进步进行测算，所以拟采集的数据主要有以下几个。

GDP：该项指标反映经济产出水平。数据可通过查阅各省统计年鉴直接得到，为消除价格因素，该指标采用可比价。

物质资本存量 α：该项指标反映物质资本积累情况。从现有文献来看，对物质资本存量的估算较多采用永续盘存法。本书也采用永续盘存法，1978 年的初始值采用张军教授的研究成果；由于统计资料的限制，本书采用固定折旧率的方法，固定折旧率取 10%；资本形成额用 GDP 平减指数转化为可比价。

固定资产投资β：该项指标反映我国固定资产更新改造、房地产开发等情况。该项指标数据也可通过查阅各省统计年鉴得到，为消除价格因素采用可比价。

劳动力 γ：该项指标反映我国劳动力投入情况。该项指标数据通过查阅各省统计年鉴得到。

人力资本 τ_0：该项指标反映就业人员的素质以及劳动质量。该项指标的衡量一般采用受教育年限法，本书采用改进的受教育年限法，用就业人员"受初等教育等效年限"表示，该项指标的数据资料来源于历次人口普查数据和 1998~2008 年的《中国劳动统计年鉴》，缺失数据用线性内插与线性外延的方法估计。

三、研究结果与分析

我们采用岭回归的方法来解决回归分析中出现的多重共线性问题，可得出各上述变量的弹性系数（表 3-1）。

表 3-1 中部 6 省岭回归结果

省份	山西	安徽	江西	河南	湖北	湖南
岭回归	0.04	0.04	0.035	0.035	0.04	0.03
物质资本积累 α	0.198 4	0.175 8	0.166 8	0.202 8	0.207 4	0.218 4
	(14.47)	(11.03)	(16.79)	(21.71)	(26.43)	(15.76)
	[0.000 0]	[0.000 0]	[0.000 0]	[0.000 0]	[0.000 0]	[0.000 0]
固定资产投资 β	0.219 0	0.138 2	0.117 3	0.142 4	0.183 1	0.184 9
	(11.18)	(6.07)	(8.66)	(8.99)	(16.48)	(12.38)
	[0.000 0]	[0.000 0]	[0.000 0]	[0.000 0]	[0.000 0]	[0.000 0]
劳动力 γ	0.174 9	0.457 0	0.456 0	0.564 8	0.123 6	0.247 8
	(1.51)	(3.48)	(4.77)	(7.07)	(2.11)	(2.45)
	[0.072 5]	[0.001 0]	[0.000 0]	[0.000 0]	[0.023 1]	[0.011 1]
人力资本 τ_0	0.637 6	0.622 9	0.631 8	0.681 7	0.794 6	0.671 2
	(12.20)	(7.72)	(11.16)	(15.38)	(18.75)	(10.85)
	[0.000 0]	[0.000 0]	[0.000 0]	[0.000 0]	[0.000 0]	[0.000 0]
人力资本系数变化趋势 τ_1	0.012 8	0.015 7	0.014 0	0.013 0	0.013 4	0.013 7
	(19.14)	(9.53)	(17.55)	(13.34)	(21.01)	(17.91)
	[0.000 0]	[0.000 0]	[0.000 0]	[0.000 0]	[0.000 0]	[0.000 0]
常数	0.745 4	−0.442 3	−0.555 4	−1.723 5	1.460 9	0.459 1
	(0.95)	(−0.44)	(−0.82)	(−2.72)	(3.44)	(0.60)
	[0.175 5]	[0.331 8]	[0.211 6]	[0.006 1]	[0.001 1]	[0.278 4]
R^2	0.997 3	0.994 3	0.997 8	0.997 9	0.998 7	0.998 0
F	1 705	809	2 081	2 170	3 616	2 266

注：( ) 表示变量参数估计的 t 统计值；[ ]表示变量参数估计的显著性水平

根据以上参数估计结果及各因素对经济增长的贡献计算方法①，可得到中部地区经济增长的源泉。

（1）在1979年至2008年期间，中部地区生产要素投入中：物质资本对经济增长的贡献大致在45%~50%，表明中部地区主要还是依靠物质资本的投入带动经济增长。而从物质资本构成结构来看，中部地区省份物质资本积累对经济增长的弹性系数总体上高于当年固定资产投资的弹性系数，表明中部地区投资效率不高，资源消耗还十分严重（表3-2）。

表3-2 中部6省1979~2008年各生产要素对经济增长的贡献（单位：%）

地区	生产要素				全要素生产率	
	物质资本			劳动力	人力资本	科技进步
	物质资本积累	固定资产投资	合计			
山西	20.28	29.25	49.53	2.94	18.44	29.09
安徽	22.24	23.51	45.75	9.58	19.23	25.44
江西	25.04	21.49	46.53	8.69	18.22	26.56
河南	21.74	21.79	43.53	12.78	18.93	24.76
湖北	24.05	25.68	49.73	2.60	19.26	28.41
湖南	22.36	27.47	49.83	4.47	17.16	28.54

劳动力对经济增长的贡献呈现三个梯队：第一梯队河南，最高为12.78%；第二梯队安徽与江西，分别为9.58%和8.69%；第三梯队湖南、山西和湖北三个省份，分别为4.47%、2.94%和2.60%，同时由于劳动力对经济增长的弹性系数明显高于资本积累与固定资产投资的弹性系数（除山西、湖北两省外），这说明中部地区人力资源存在一定的数量优势且对促进经济增长起了一定的作用。但从长远来说，中部地区不能以劳动力扩张来带动经济增长，而应立足于提高劳动者素质，有效配置人力资源。

（2）在1979年至2008年期间，中部地区全要素生产率因素中：人力资本对经济增长的贡献率大致在15%~20%，人力资本贡献份额不到物质资本贡献份额的一半，表明中部地区人力资本积累目前还处于一个相对较低的水平。但由于人力资本对经济增长的弹性系数最大，远大于物质资本对经济增长的弹性系数，且具有一个正的变动趋势，这说明人力资本是经济增长的重要源泉，即依靠人的知识和技能的提高带动经济增长的效果要远比依靠物质资本数量扩大带动经济增长的效果显著。因此，大力提升中部地区人力资本积累水平将是中部地区经济持续增长的有力保障。科技进步对经济增长的贡献在20%~30%，科技进步是经济增长中扣除要素投入（物质资本、劳动力数量、人力资本）带来增长的部分。科技进步对经济增长的贡献份额是衡量一个经济体发展质量的重要指标之一。而中部地区这个指标相对较低，也就意味着中部地区经济发展质量还处于较低水平阶段。

① 要素贡献份额=［（要素增长率×要素的产出弹性）/产生增长率］×100%，其中，科技进步贡献份额=（1-其他要素贡献份额总和）×100%。

四、结论与政策建议

上述实证分析结果表明，当前中部地区经济增长主要是依靠生产要素投入，全要素生产率较低，发展方式仍然相对粗放。因此，在新的形势下，要进一步促进中部地区经济可持续发展，应坚持落实科学发展观，切实把中部地区经济增长方式由依靠投入要素的扩张转变为依靠全要素生产率的提高上来，让人力资本和科技进步这“两大内生动力”来带领中部崛起，实现新跨越。具体来说，应从以下几个方面着手：

（1）注重人力资本的提升，把中部劳动力优势转化成为人力资源优势。人力资本（蕴含在劳动者身上的知识技能等）具有边际收益递增的特征，是集约型增长方式的源泉，是经济社会可持续发展的动力源，是大力提升经济增长质量、实现国民经济又好又快发展的基础，能够优化其他生产要素。就目前中部地区人力资源开发整体水平来看，中部地区人力资源开发力度与经济社会发展对人力资源的需求契合度还不够，人力资本存量水平重心还偏低，尤其是农村人力资源开发水平严重不足，大大制约了中部地区农民增收。因此，大力加强中部地区人力资源开发，提升人力资本存量是当前和未来很长一段时间的第一要务。要高度重视中部地区科技和经济发展所需人才培养，促进一大批青年科技人才迅速成长，造就一批世界级科学家和科技领军人物；要继续坚持教育优先发展战略，提高教育现代化水平，办好人民满意的教育；要深化教育改革，优化教育结构，提升教育质量，促进义务教育均衡发展；要大力开展继续教育和岗位培训，提高创业创新能力，创建全民学习、终身学习的学习型社会；要大力做好农村剩余劳动力转移工作，提升进城务工人员生产技能和服务水平。

（2）大力加强研究与开发，加快科技创新，提高自主创新能力。研究与开发是科技创新活动的核心，是科技应用与开发的源泉，是直接推动科技进步的基础，在提高自主创新能力中起着至关重要的作用。加大研究与开发力度，高度重视自主创新、技术扩散与应用，是提高科技进步对经济增长贡献的重要任务。要把推动中部地区自主创新摆在突出位置，大力加强研究与开发的投入，增强科技创新能力，增强核心竞争力；要加快建立以企业为主体、市场为导向、产学研紧密结合的技术创新体系，引导和支持创新要素向企业聚集，促进科技成果向现实生产力的转化；要紧紧抓住那些对中部经济、科技、社会发展具有战略性、基础性、关键性作用的重大课题，联合攻关，全力突破；要优先发展能源、水资源和环境保护技术以及装备制造业和信息产业核心技术，加快发展生物技术、空天和海洋技术，大力加强基础科学和前沿技术研究。

（3）依靠科技进步，优化产业结构，使新兴战略性产业成为主导力量。产业结构的优化是中部地区实现可持续发展的内生性需求，科技进步是实现产业结构优化的有效推手。要以科技进步为引领，充分认识实现工业化和信息化与推进生态文明建设的关系，坚持以资源承载力为基础、以自然规律为准则、以经济社会可持续发展为目标，形成节约能源和保护生态环境的产业结构，着力改造传统产业和大力发展新兴战略性产业，推动经济结构的重大调整，提供中部地区经济发展新的增长引擎。要积极运用现代生命科学技术，大力提高农产品的产量和质量，加快农业产业化和农村产业结构的调整步伐；要开发和推广节约、替代、循环利用和治理污染的先进适用技术，广泛采用高新科学技术，大力改造传统工业产业，促进技术水平升级，优化工业结构；要高度重视新能源产业发展，尽快培育和发展信息产业、新材料产业、农业和医药产业、海洋空间产业等战略性新兴产业，使战略性新兴产业成为经济社会发展的主导力量。

（4）继续深化体制改革，不断提高市场化程度，为实现中部地区经济内生增长创造良好制度环境。经济体制对全要素生产率作用的发挥具有很强的推进和制约作用。不同的经济体制会产生不同的经济运行机制，进而影响其经济增长各因素的效率和增长方式。为提高中部地区全要素生产率在经济增长的贡献份额，促进经济健康持续增长，深化体制改革，不断提高市场化程度是极其重要的任务。要积极推动经济一体化，反对任何形式的保护主义；逐步完善社会主义市场经济体制，不断提高市场化程度；要大胆革除阻碍科技生产力发展的一切体制机制障碍，进一步促进科技与经济的结合；要营造有利于创新火花竞相迸发、创新思想不断涌流、创新成果有效转化的环境，让科技工作者更加自由地讨论、更加专心地钻研、更加自主地探索，为中部地区走上创新驱动、内生增长、经济全面协调可持续发展提供强有力的支撑。

◎ 案例分析二：资本体现式技术进步及其对经济增长的贡献率：1981~2007 年[①]

一、资本体现式技术进步及其对经济增长的贡献率问题分析

如何有效分离并测度依附于资本积累中的技术进步及其对经济增长的贡献率，是国际学术界研究的难点和前沿。当前国内研究主要关注全要素生产率及其组成成分分解，集中分析全要素生产率增长趋势及其对经济增长的贡献率，对资本体现式技术进步及其贡献率定量研究相对不足。一些文献虽涉及资本体现式技术进步，但只开展定性分析或仅论证中国高资本积累过程中体现式技术进步的存在性。仅有少量文献以设备投资和发明专利等指标间接估计资本体现式技术进步对经济增长的贡献。国内技术进步研究的局限性主要表现为以下几点：①没有考察资本即期服务效率，导致资本对经济增长贡献测度存在偏差。②没有区分非同期资本的质量差异，只关注资本投入数量对经济增长的作用。随着技术进步和新技术的应用，新资本往往比旧资本拥有更高的技术水平和生产率，新资本质量提升对经济增长的影响将越来越大，仅关注数量而非质量将低估资本的作用。③过于关注无偏性技术进步或希克斯中性技术进步，且主要以参数和非参数法估计全要素生产率来测算技术进步。技术进步完全可能与资本或劳动结合，通过提升资本或劳动质量，以较少投入获得更大产出。

二、研究方法

资本体现式技术进步对经济增长的作用：一个简单模型。

① 宋冬林，王林辉，董直庆. 资本体现式技术进步及其对经济增长的贡献率（1981—2007）[J]. 中国社会科学，2011，（2）：91-106.

假定 3-1：一国经济体内存在两个部门，部门一直生产消费品和建筑资本品，部门二直生产设备资本品，消费品只用于消费而资本品只用于投资再生产。

假定经济产出满足 C-D（柯布–道格拉斯）生产函数：

$$Y_t = A_t K_{s,t}^{\alpha} K_{e,t}^{\beta} L_t^{1-\alpha-\beta} \tag{3-11}$$

其中，Y_t、A_t、$K_{s,t}$、$K_{e,t}$ 和 L_t 分别表示第 t 期经济产出、希克斯中性技术进步、建筑资本、设备资本和劳动；$0<\alpha+\beta<1$，$0<\alpha<1$，$0<\beta<1$。

其单位劳动的经济产出方程为

$$y_t = A_t k_{s,t}^{\alpha} k_{e,t}^{\beta} \tag{3-12}$$

其中，$y_t = \dfrac{Y_t}{L_t}$；$k_{s,t} = \dfrac{K_{s,t}}{L_t}$；$k_{e,t} = \dfrac{K_{e,t}}{L_t}$。

满足资源约束：

$$y_t = c_t + i_{s,t} + i_{e,t} \tag{3-13}$$

其中，c_t、$i_{s,t}$ 和 $i_{e,t}$ 分别表示第 t 期产出的消费品、建筑资本和设备资本。

假定 3-2：代表性消费者效用主要来自于产品的消费，消费者具有相对风险规避系数不变的效用函数，在其生命周期中通过合理安排消费支出实现个体效用最大化：

$$U_{\max} = \int_{t=0}^{+\infty} \mathrm{e}^{-\rho t} E(U(c_t))\mathrm{d}t,\ U(c) = \frac{c_t^{1-\vartheta}}{1-\vartheta}, 0<\vartheta<1 \tag{3-14}$$

其中，E 表示期望；ρ 表示消费者的时间偏好。

假定 3-3：非同期设备资本非同质，即新旧设备资本质量和生产率不同，资本体现式技术进步。

主要表现为与设备资本投资相融合并共同作用于经济增长。因为建筑资本质量基本保持不变，所以假定不同时期建筑资本质量相同。资本存在折旧，意味着经济体连续生产需要资本不断的积累和更新，而新增资本投入必然体现为某一具体的实物形态，即主要以建筑资本或新机器设备资本形式进入实体经济的生产过程。由于资本存量是不同时期不同技术含量资本投资逐期累积的结果，若假定技术进步连续而非离散跳跃式发展，劳均建筑资本和劳均设备资本的积累方程为

$$\begin{aligned} k_{s,t+1} &= (1-\delta_s)k_{s,t} + i_{s,t} \\ k_{e,t+1} &= (1-\delta_e)k_{e,t} + q_t i_{e,t} \end{aligned} \tag{3-15}$$

其中，建筑资本和设备资本折旧率分别为 δ_s 和 δ_e；q_t 表示第 t 期资本体现式技术进步，以反映资本质量变化。

假定 3-4：代表性消费者的消费支出主要来自两部分收入：一是劳动收入；二是向厂商提供生产资本（主要是建筑资本和设备资本）而获得的利息收入，其消费预算约束满足：

$$c_t \leqslant w_t + r_{s,t}(i_{s,t} - \delta_s k_{s,t}) + r_{e,t}(q_t i_{e,t} - \delta_e k_{e,t}) \tag{3-16}$$

其中，w_t 表示工资；$r_{s,t}$ 和 $r_{e,t}$ 分别表示建筑资本和设备资本利率。

若满足完全竞争市场假定，建筑资本和设备资本利率相等，代表性消费者预算约束

条件等价于：

$$c_t \leqslant w_t + r_t(i_{s,t} - \delta_s k_{s,t} + q_t i_{e,t} - \delta_e k_{e,t}) \tag{3-17}$$

其中，r_t 表示资本的利率。

代表性消费者选择最优的 c_t 变化路径以实现效用最大化，其目标函数和约束条件分别为

$$\max_{c_t} U(c_t) = \max_{c_t} \int_{t=0} \mathrm{e}^{-\rho t} c_t^{1-\vartheta}(1-\vartheta)^{-1}\mathrm{d}t \tag{3-18}$$

$$\text{s.t.} \quad \int_{t=0} \mathrm{e}^{-R(t)} c_t \mathrm{d}t \leqslant \int_{t=0} \mathrm{e}^{-R(t)} \left[w_t + r_t\left(i_{s,t} - \delta_s k_{s,t} + q_t i_{e,t} - \delta_e k_{e,t}\right)\right]\mathrm{d}t \tag{3-19}$$

$$k_{s,t+1} + k_{e,t+1} = (1-\delta_s)k_{s,t} + (1-\delta_e)k_{e,t} + i_{s,t} + q_t i_{e,t} \tag{3-20}$$

其中，$R(t) = \int_{\tau=0}^{t}(q_\tau r_\tau - \delta_\tau)\mathrm{d}\tau$，表示第 0 期 1 单位投入在第 t 期剔除折旧 δ 后可获得的 $\mathrm{e}^{R(t)}$ 单位产出，$R(t)$ 取决于设备资本品质量是否可变和资本折旧率是否为零的假定。

依据最大化目标函数和消费预算约束，构造拉格朗日函数：

$$\begin{aligned} x = & \int_{t=0} \mathrm{e}^{-\rho t} c_t^{1-\vartheta}(1-\vartheta)^{-1}\mathrm{d}t \\ & + \lambda\left\{\int_{t=0} \mathrm{e}^{-R(t)}\left[w_t + r_t\left(i_{s,t} - \delta_s k_{s,t} + q_t i_{e,t} - \delta_e k_{e,t}\right)\right]\mathrm{d}t - \int_{t=0} \mathrm{e}^{-R(t)} c_t \mathrm{d}t\right\} \end{aligned} \tag{3-21}$$

消费者可以选择无限多个 c_t，应用变分法可得最优 c_t 的一阶条件：

$$\mathrm{e}^{-\rho t} c_t^{-\vartheta} = \lambda \mathrm{e}^{-R(t)} \tag{3-22}$$

两边取对数可得

$$-\rho t - \vartheta \ln c_t = \ln \lambda - R(t) \tag{3-23}$$

令 $g_c = \dfrac{\dot{c}_t}{c_t}$，两边分别对时间 t 求导得

$$-\rho - \vartheta g_c = -q_t r_t + \delta \tag{3-24}$$

均衡增长率为

$$g_c = (q_t r_t - \rho - \delta)\vartheta^{-1} \tag{3-25}$$

在完全竞争的市场结构中，均衡增长率等价于：

$$g_c = (q_t y_{k_{e,t}} - \rho - \delta)\vartheta^{-1} \tag{3-26}$$

其中，$r_t = y_{k_{e,t}} = \dfrac{\partial y_t}{\partial k_{e,t}}$。这表明，一国经济增长率由资本体现式技术进步和资本边际生产率共同决定，与传统内生经济增长模型明显不同。新增资本蕴含更高质量，经济增长率并非只取决于资本边际生产率。在经济增长过程中，如果资本利率或资本生产率大于未来消费的贴现率与折旧率之和，劳均消费将上升，反之亦反。ϑ 越小，消费者对利率和贴现率的变化越敏感。

依据劳均的经济总产出方程、资源约束条件以及消费增长率 g_c 可知，在经济平衡增长路径上，劳均的经济产出和消费增长率相等。令其增长率 $g_y = g_c = g$，依据平衡增长路径性质和建筑资本积累方程可知，建筑资本增长率 $g_s = g$。同理，依据设备资本积累方程可知，设备资本比建筑资本增长快，若设备资本质量 q 的增长率为 g_q，设备资本增

长率 $g_e = g_q g$，表明设备资本也比产出增长快。

将建筑资本和设备资本增长率代入产出方程，可得平衡增长路径中的经济增长率 g 为

$$g = g_A(1-\alpha-\beta g_q)^{-1} \tag{3-27}$$

其中，g_A 为中性技术进步率。

将式（3-27）分别对 g_q 和 g_A 求导：

$$g'_{g_q} = \beta g_A(1-\alpha-\beta g_q)^{-2} > 0 \tag{3-28}$$

$$g'_{g_A} = (1-\alpha-\beta g_q)^{-1} > 0 \tag{3-29}$$

从数值上，经济增长率可分解成中性技术进步 A 和资本体现式技术进步 q，一国经济增长也源于这两类技术进步。由于 $g_{g_q} > 0$ 且 $g_{g_A} > 0$，经济增长率的变化率既是资本体现式技术进步增长率的增函数，又是中性技术进步率的增函数，表明资本体现式技术进步越快，经济增长率也越高，或中性技术进步越快，经济增长率越高。这样，在资本体现式和中性技术进步的共同作用下，一国经济产出将加速增长。同时，依据生产函数和新增资本用于投资再生产的假定可知，即使初期只有中性技术进步作用，经过新设备用于再生产，经济增长最终也将包含资本体现式技术进步的作用。因为在初始单一中性技术进步作用下，产出具有更高生产率和技术含量的新设备再投入生产，将逐渐衍生出资本体现式技术进步并与中性技术进步共同作用于经济增长。

依据均衡增长率、消费预算约束、资源约束及最优化一阶条件，q_t 增长满足方程组：

$$\begin{cases} \vartheta g_A = (q_t y_{k_{e,t}} - \rho - \delta)(1-\alpha-\beta g_{q_t}) \\ g_{q_t} = q_t y_{k_{e,t}} - y_{k_{s,t}} \end{cases} \tag{3-30}$$

化简可得，q_t 满足如下约束：

$$\beta y'^2_{k_e} q_t^2 - (1-\alpha-\beta\rho+\beta\delta+\beta y'_{k_s}) y'_{k_e} q_t + [\vartheta g_A + (\rho+\delta)(1-\alpha+\beta y'_{k_s})] = 0 \tag{3-31}$$

令 $\upsilon_1 = (1-\alpha+\beta\rho+\beta\delta+\beta y'_{k_s}) / \beta y'_{k_e}$，$\upsilon_2 = [\vartheta g_A + (\rho+\delta)(1-\alpha+\beta y'_{k_s})] / \beta y'^2_{k_e}$，代入方程（3-31）可得

$$q_t^2 - \upsilon_1 q_t + \upsilon_2 = 0 \tag{3-32}$$

求出 q_t 的解：

$$q_t = (\sqrt{\upsilon_1{}^2 - 4\upsilon_2} + \upsilon_1) / 2 \tag{3-33}$$

令 $e_1 = (1-\alpha+\beta\rho+\beta\delta+\beta y'_{k_s}) / \beta$，$e_2 = [\vartheta g_A + (\rho+\delta)(1-\alpha+\beta y'_{k_s})] / \beta$。

将 q_t 对 k_e 求导，可得

$$q_{k_e} = -1/2 y'^{-2}_{k_e} y''_{k_e} (\sqrt{(e_1^2 - 4e_2} + e_1) \tag{3-34}$$

由于资本边际收益递减，则 $y''_{k_e} < 0$，可知，$q'_{k_e} > 0$。这表明设备资本边际收益越高，设备资本积累数量越多，则资本体现式技术进步增长越快。

三、研究结果与分析

依据总产出方程：

$$Y_t = A_t K_{s,t}^{\alpha} K_{e,t}^{\beta} L_t^{1-\alpha-\beta} \tag{3-11}$$

将式（3-11）两边同时除以劳动L并对生产函数取对数，可得对数线性产出方程：

$$\ln y_t = \ln A_t + \alpha \ln k_{s,t} + \beta \ln k_{e,t} \tag{3-35}$$

其中，y_t、$k_{s,t}$和$k_{e,t}$表示人均经济产出、人均建筑资本和人均设备资本；u_t为随机扰动项。由于存量资本并非全部用于生产，产出增长主要取决于即期服务资本效率。为精确刻画服务资本对经济增长的作用，在对数线性产出方程中增加us_t和uj_t，对数方程转化为

$$\ln y_t = \ln A_t + \alpha \ln(\text{us}_t \cdot k_{s,t}) + \beta \ln(\text{uj}_t \cdot k_{e,t}) \tag{3-36}$$

其中，uj_t和us_t分别表示建筑资本和设备资本的利用效率。

由于沉没成本或资本闲置等原因，当期经济产出主要是即期服务资本作用的结果。如何有效测算即期资本服务效率或存量资本利用效率，还存在较大争论，服务资本估计也是难点。不过，在某些特定约束条件下，企业生产过程中能源使用效率可以近似刻画出资本的使用率和资本存量的服务水平。利用Petropoulos①、Sakellaris和Wilson②的思想，本书采用单位资本的能源使用率作为资本即期服务效率的代理变量：令$\text{us}_t(\text{eg}_t / k_{s,t})^{\theta_1}$，$\text{uj}_t = (\text{eg}_t / k_{e,t})^{\theta_2}$，为了简化分析并便于计算，令$\theta_1 = \theta_2$，代入密集型对数线性方程：

$$\ln y_t = \ln A_t + \alpha' \ln k_{s,t} + \beta' \ln k_{e,t} + \gamma \ln \text{eg}_t \tag{3-37}$$

其中，$\alpha' = \alpha(1-\theta_1)$；$\beta' = \beta(1-\theta_1)$；$\gamma = (\alpha+\beta)\theta_1$。

若假定资本质量保持不变，传统经济增长文献主要采用永续盘存法对资本存量进行估计，资本存量的永续盘存法用公式表示为$K_t = K_{t-1}(1-\delta) + I_t$，其中$\delta$表示资本折旧率。Gordon③认为，资本质量差异往往可以用质量同等下的数量差异来表示。也就是说，新旧设备资本的质量不同，只应用传统资本存量的估计方法将存在一定局限。为尽可能减少方法选择差异引起的技术进步贡献估计结果偏差，也为了便于与国内相关文献的结论对比，本书仍利用永续盘存法，但以q调整设备资本存量，设备资本存量估计方程为

$$\tilde{K}_{e,t} = \tilde{K}_{e,t-1} \cdot (1-\delta) + I_{e,t} \cdot q_t \tag{3-38}$$

其中，$I_{e,t}$表示第t期新增设备资本。

为了能够表示资本体现式技术进步，假定经济体以不同的外生技术A生产设备资本和建筑资本，设备资本和建筑资本的生产过程满足：

$$\Delta k_{s,t} = A_{k_{s,t}} f(k_s, k_e, I)，\quad \Delta k_{e,t} = A_{k,t} f(k_s, k_e, I) \tag{3-39}$$

其中，$f(k_s, k_e, I)$表示一般商品的标准生产函数。

---

① Petropoulos W. Industry productivity dynamics and unmeasured capacity utilization[C]. University of Michigan，Working Paper，1999.

② Sakellaris P，Wilson D J. The production-side approach to estimating embodied technological changes[C]. Finance and Economics Discussion Series，Working Paper，2000.

③ Gordon R J. The Measurement of Durable Goods Prices[M]. Chicago：University of Chicage Press，2007.

满足生产者利润最大化的均衡条件：

$$p_{k_s}\Delta k_s = p_{k_e}\Delta k_e \tag{3-40}$$

其中，p_{k_s}、p_{k_e} 分别表示建筑资本、设备资本的价格水平。

可以看出，若生产者使用相同的资本品和劳动投入，但使用不同的技术生产设备资本和建筑资本，在充分竞争的市场环境中，由于生产者要求利润最大化，资本投资均衡条件等价于：

$$p_{k_s}A_{k_s} = p_{k_e}A_{k_e} \tag{3-41}$$

也就是

$$A_{k_e} / A_{k_s} = p_{k_s} / p_{k_e} \tag{3-42}$$

依据最大化均衡条件可得资本体现式技术进步 q_t：

$$q_t = A_{k_{e,t}} / A_{k_{s,t}} = p_{k_s} / p_{k_e} \tag{3-43}$$

这表明，q 可以通过建筑资本和设备资本价格比值来近似衡量，又将其称为资本质量指数。

由于我国国家统计局并没有公布资本质量指数，Gordon 曾在 1990 年使用特征价格法直接估算出质量指数来测度美国经济中的资本体现式技术进步，这类估算方法较为精确但对数据的要求极高，涉及分行业的机械设备，包括商用飞机、汽车、计算机、压缩机和发电机等，并且要求各类设备的性能和质量属性变化的数据，而我国统计数据无法满足。基于数据的可得性，本书结合模型分析结果将不同类型资本相对价格指数作为近似替代指标，来表征与设备资本投资相融合的体现式技术进步。由于现实经济运行过程中引致资产价格短期波动的影响因素很多，实际相对价格指数能否如模型所表述的那样有效替代资本质量指数，关键在于其能否充分捕捉到蕴含于设备投资过程中的体现式技术进步。为此，需要考察相对价格指数在样本区间内能否与体现式技术进步保持同步变化特征，以及价格指数对体现式技术进步的表征程度。首先选择机械设备中技术更新最快的通信和电子产品，对比通信设备、计算机及其他电子设备工业品出厂价格指数 PPICE 和建筑材料工业品出厂价格指数 PPIS，见图 3-3，以 1980 年为基年。

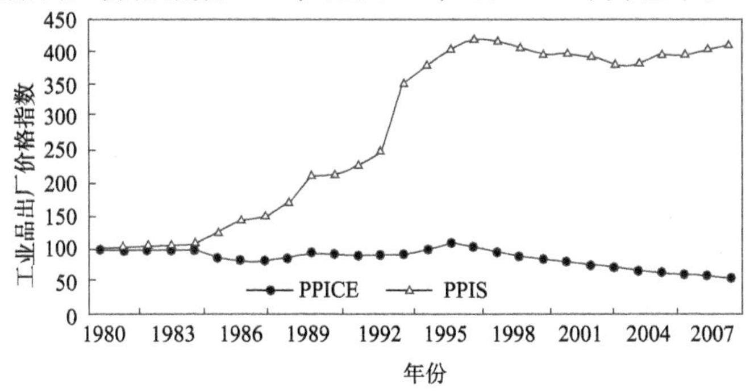

图 3-3　通信设备、计算机及其他电子设备工业品出厂价格指数 PPICE
和建筑材料工业品出厂价格指数 PPIS

数据显示，这一样本期内建筑材料工业品出厂价格指数呈现明显的上升趋势，到

2007 年价格指数为基年的 4 倍多，而通信设备、计算机及其他电子设备工业品出厂价格指数却与之相反，并在 28 年中呈现出持续下降趋势，到 2007 年价格指数仅为 54.05，大约是同期建筑材料工业品出厂价格指数的 1/8。同一经济体内同一时段两类指数一升一降完全迥异的变化特征，足以说明通信设备、计算机及其他电子设备资本品相对于建筑材料资本品的价格下降主要源于技术进步。因为单一价格指数的短期升降变化可能归因于供求或政策等因素，但两个价格指数长期相对变化会减弱甚至抵消短期因素冲击，即只有技术进步才能从根本上提升设备资本品质量而引致其市场贬值。因此建筑材料和通信设备、计算机及其他电子设备价格指数的相对变化能够反映出设备资本质量变动特征，完全可以捕获蕴含在设备投资过程中的资本体现式技术进步。为此，本书利用分类资产价格比值构建设备资本质量指数，在机械工业品中选择具有较高投资价值且质量发生明显变化的四类工业品，分别为通信设备、计算机及其他电子设备，专用设备，电气机械及器材，仪器仪表及文化办公机械，进行加权平均构建设备品价格指数 PPIE，以反映机械设备质量变化的综合趋势。其权重为该行业产值占工业总产值的比重，即 $\mathrm{PPIE}=\sum_{i=1}^{4} w_i \cdot \mathrm{PPI}_i (i=1,2,3,4)$。同时，采用 Hodrick-Prescott 滤波方法剔除建筑材料工业品 PPIS 和设备品价格指数 PPIE 的波动成分，去除短期因素对价格的冲击并消除随机扰动成分。将已剔除短期波动成分后的建筑材料工业品 PPIS 和设备品价格指数 PPIE 比值作为资本质量指数，结果见表 3-3。利用表 3-3 中数据计算可知，1980 年以来我国设备资本投资中的体现式技术进步年均增长率为 4.78%，与赵志耘等[①]计算的 1990~2005 年体现式技术进步增长率（5.1%~6.0%）相比略低，差异主要在于二者的研究时段不同，且后者没有剔除短期波动的影响。此外，唐文健和李琦[②]曾直接利用美国设备技术进步速度进行年代调整，得出我国改革开放以来设备投资技术进步年均增长率为 3%~4%，低于本书计算的结果，我们认为其处理方法忽视了中美两国经济问题的差异性。

表 3-3 资本质量指数

年份	指数	年份	指数	年份	指数	年份	指数
1980	11 000	1987	11 661	1994	21 325	2001	31 000
1981	11 104	1988	11 750	1995	21 421	2002	31 096
1982	11 202	1989	11 840	1996	21 515	2003	31 190
1983	11 296	1990	11 933	1997	21 610	2004	31 279
1984	11 389	1991	21 029	1998	21 706	2005	31 364
1985	11 481	1992	21 128	1999	21 804	2006	31 446
1986	11 572	1993	21 228	2000	21 902	2007	31 530

解释变量有劳均建筑资本存量和劳均设备资本存量，建筑资本存量也采用永续盘存法计算，并对不考虑资本形成率和考虑资本形成率计算的两种资本存量进行对比分析。

---

① 赵志耘，吕冰洋，郭庆旺，等. 资本积累与技术进步的动态融合：中国经济增长的一个典型事实[J]. 经济研究，2007，(11)：18-31.

② 唐文健，李琦. 中国设备投资专有技术进步的估计[J]. 统计研究，2008，25（4）：96-100.

Young①在 2000 年时估算出 1952 年我国固定资本存量约为 815 亿元，而同期我国固定资本形成总额为 8 017 亿元，即固定资本存量约为固定资本形成总额的 10 倍。类似于 Young 的思想，在此利用 1980 年的 10 倍固定资本形成总额作为 1980 年的固定资本存量，其中 1980 年建筑资本存量为 5 087 亿元，设备资本存量为 1 820 亿元，虽然总资本存量与一些文献，如王小鲁等②计算出的 1980 年固定资本存量为 7 955 亿元（1978 年价格），有所差异，但对本书估计结果的影响不大。资本折旧率借鉴李京文等③1992 年的计算方法，即按照 3%~5%的残值率，利用几何衰减法计算出建筑资本和设备资本的折旧率分别为 8%和 15%。同时考虑到全社会固定资产投资并不能完全形成生产性资本，进一步利用资本形成率调整设备资本存量，其积累方程为

$$\tilde{K}_{e,t}=\tilde{K}_{e,t-1}(1-\delta)+\sigma I_{e,t}q_t \tag{3-44}$$

其中，σ 为固定资产投资 I 的资本形成率，令其等于 0.95，即在资本形成过程中存在 5%的损耗。固定资产投资 I 采用固定资产投资价格指数进行价格平减，由于《中国统计年鉴》中只有 1991 年以后的数据，本书 1980~1991 年的数据直接利用谢千里等④在 1995 年《改革以来中国工业生产率变动趋势的估计及其可靠性分析》中使用的指标，部分缺失的数据采用插值法补充。此外，作为解释变量的能源指标选择人均能源消费总量，单位为万吨标准煤。若不特别说明，所有数据均来自历年《中国统计年鉴》。

首先，为考察设备投资和经济增长数据的变化特征，对 1953~2007 年二者增长率序列进行成分分解，得到设备投资增长率 EIR 和经济增长率 GDPR 的波动成分（EIRC 和 GDPRC）和趋势成分（ETRT 和 GDPRT），见图 3-4 和图 3-5。

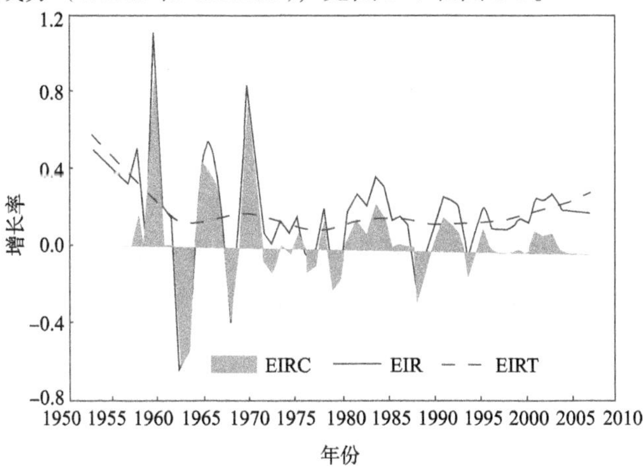

图 3-4　设备投资增长率的成分分解

① Young A. Gold into base metals: productivity growth in the People's Republic of China during the reform period[C]. NBER Working Paper，2000.

② 王小鲁，樊纲，刘鹏. 中国经济增长方式转换和增长可持续[J]. 经济研究，2009，(1)：44-47.

③ 李京文，乔根森 D，黑田昌裕，等. 生产率与中美日经济增长研究[M]. 北京：经济科学出版社，1993.

④ 谢千里，罗斯基，郑玉歆. 改革以来中国工业生产率变动趋势的估计及其可靠性分析[J]. 经济研究，1995，(12)：10-22.

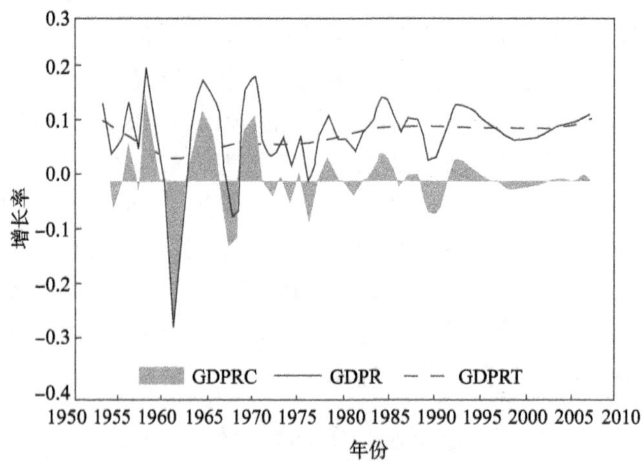

图 3-5 经济增长率的成分分解

图 3-4 和图 3-5 显示，设备投资增长率和经济增长率的水平序列、波动成分和趋势成分与预期基本保持一致，两类变量走势呈现高度相似性：

（1）设备投资增长率和 GDP 增长率的水平序列变化特征相似，在 20 世纪 70 年代之前都表现出剧烈的波动，诸如 1956 年设备投资增长率在整个样本期内达到最大，1958 年 GDP 增长率达到最大，但在 1961 年二者都迅速转为最小值。自改革开放后，设备投资和 GDP 保持平稳高增长，但设备资本的增长率变化幅度高于 GDP 增长率的变化幅度。

（2）经济增长率趋势成分 GDPRT 和设备投资增长率趋势成分 EIRT 几乎完全相同，二者均呈现出 L 形的增长趋势，而且设备投资增长趋势高于经济增长趋势（约为 10%）。随着市场经济和产权制度改革的深化，二者先缩小后又扩大，主要表现为 20 世纪 60 年代到 90 年代初期二者差距逐步缩小，到 1991 年二者趋势成分相差 1%，但在 1992 年后伴随设备投资迅猛增长，二者增长率差距又逐年扩大。

（3）经济增长波动成分 GDPRC 和设备投资波动成分 EIRC 变化趋势相似，周期波动保持同步性并都围绕 0 均值上下震荡。同时，设备投资波动成分 EIRC 波幅呈现不断收敛趋势，经济增长率波动成分 GDPRC 也呈现类似特征，但设备投资波动幅度明显大于经济增长率。

（4）交叉相关系数检验结果发现，二者同期相关系数最高约为 80%。这表明，设备投资高则经济增长快，设备投资低则经济增长慢，设备投资确实有效促进了经济增长。

由于设备质量变化可以通过不变质量的设备资本数量增减来表示，利用质量指数调整设备资本存量，调整前后的设备资本存量结果如图 3-6 所示。数据表明，改革开放以来特别是在 1992 年后，未经质量调整的设备资本存量和经质量调整的设备资本存量增长出现明显差异。经过质量调整的设备资本存量增长速度高于未经质量调整的资本存量的增速，而且其绝对量也迅速上升。例如，到 2007 年末，经过质量调整的资本存量是未经质量调整资本存量的 3 倍以上。这表明资本体现式技术进步对经济增长的作用不容忽视，再次印证若只关注中性技术进步必将低估技术进步对经济增长的作用。同时，为深入考虑质量调整与否对技术进步贡献测度形成的差异，我们可以用索洛余值衡量技术进步。

利用三种方法分别对比资本质量调整前后技术进步贡献的变化特征。方法 1 考虑劳动和未经区分的资本对经济增长的作用，以索洛余值衡量的技术进步记为 A1。方法 2 区分建筑资本和设备资本，重新计算资本和劳动的贡献，以索洛余值衡量的技术进步记为 A2。方法 3 不仅区分建筑资本和设备资本并对设备资本进行质量调整，再次计算资本和劳动贡献，以索洛余值衡量的技术进步记为 A3，结果见图 3-7。图 3-7 显示，A1 和 A2 的变化趋势几乎重合，表明未经质量调整时，无论是否区分设备资本和建筑资本，技术进步贡献差异不大。但 A3 是区分设备资本和建筑资本并对设备资本进行质量调整后的结果，与 A1 和 A2 相比，中性技术进步贡献明显下降。A1、A2 和 A3 变化特征共同表明，设备资本是否经过质量调整会直接影响技术进步贡献的测算。图 3-7 还表明，20 世纪 90 年代以来技术进步对经济增长的贡献呈下降趋势。

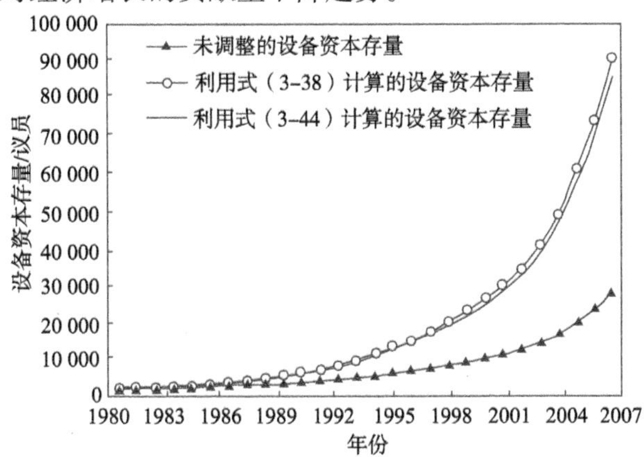

图 3-6　设备资本存量

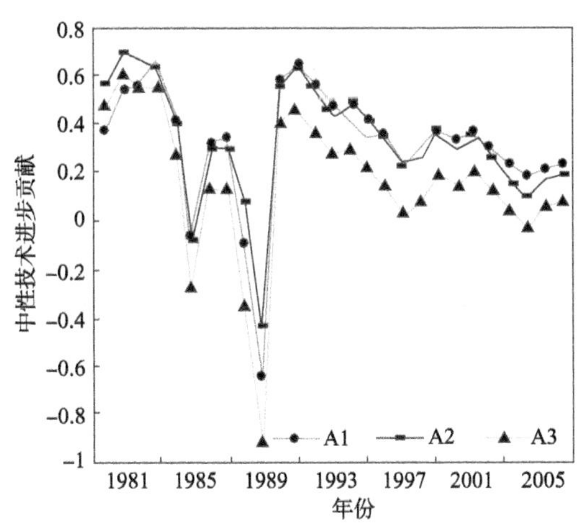

图 3-7　中性技术进步贡献

由于我国经济改革的阶段性和经济结构的非连续性变化，时序数据出现了断点特征，Chow 断点检验结果显示，我国经济增长模型在 1990 年出现断点，为此在模型中引入虚拟变量 dummy，以去除结构变化对模型估计结果的影响。1990 年前 dummy 取值为 0，

1990 年及 1990 年之后取值为 1。实证检验结果见表 3-4，前四个方程计算劳均建筑资本和设备资本存量时没有考虑固定资本形成率，而后四个方程资本存量计算时考虑资本形成率，我们用脚标 1 和脚标 2（如 k_{e1} 和 k_{e2}）分别表示未考虑固定资本形成率和考虑资本形成率时的劳均资本存量。我们将分别对比质量调整前后设备资本的贡献差异，并利用是否考察固定资本形成率的资本存量来对比，验证结果的稳健性。

表 3-4 经济增长来源和要素贡献检验（1980~2007 年）

方程	Ⅰ	Ⅱ	Ⅲ	Ⅳ	Ⅴ	Ⅵ	Ⅶ	Ⅷ
C	2.606* (1.84)	2.498*** (3.69)	2.427 (1.49)	1.861** (2.30)	2.643* (1.94)	2.535*** (3.70)	2.478 (1.49)	1.902** (2.32)
k_s	0.218 (0.80)	0.128 (0.57)	0.091 (0.33)	0.070 (0.31)	0.216 (0.80)	0.131 (0.58)	0.092 (0.31)	0.069 (0.30)
k_e	0.453** (2.22)		0.500** (2.52)		0.454** (2.21)		0.501** (2.53)	
$\tilde{k}_e$		0..496*** (3.04)		0.502*** (3.25)		0.494*** (3.01)		0.501*** (3.22)
eg			0.093 (1.24)	0.107 (1.35)			0.095 (1.24)	0.108 (1.35)
dummy	0.088*** (3.83)	0.075*** (4.29)	0.092** (3.60)	0.084*** (4.57)	0.088*** (3.92)	0.075*** (4.26)	0.092** (2.09)	0.084*** (4.84)
AR（1）	1.750*** (7.87)	1.453*** (8.10)	1.818*** (7.89)	1.536*** (8.90)	1.747*** (7.87)	1.445*** (7.98)	1.815*** (7.94)	1.529*** (8.78)
AR（2）	−1.179*** (−3.15)	−0.572** (−2.61)	−1.223*** (−3.09)	−0.625*** (−4.15)	−1.18*** (−3.17)	−0.561*** (−3.68)	−1.230*** (−3.10)	−0.617*** (−4.10)
AR（3）	0.371* (1.86)		0.366* (1.74)		0.373** (1.89)		0.369* (1.74)	
DW	1.897 8	1.554	1.860 3	1.553 7	1.902 8	1.543 5	1.863 6	1.543 1
R^2	0.999 6	0.999 6	0.999 6	0.999 7	0.999 6	0.999 6	0.999 6	0.999 7
调整的 R^2	0.999 5	0.999 5	0.999 5	0.999 6	0.999 5	0.999 5	0.999 5	0.999 5

***、**和*表示 1%、5%和 10%水平上显著

注：表中括号内数字为 t 统计量

方程Ⅰ和方程Ⅱ是利用假定 3-2，即不考虑资本的即期服务特征，分别利用无质量调整的设备资本存量和经过质量调整的设备资本存量的检验结果。方程Ⅰ显示，设备资本 $\tilde{k}_{e1}$ 对经济增长的作用在 5%的水平上显著，但建筑资本存量对经济增长的影响不显著，资本投入贡献主要体现为设备投资作用。进而将经过质量调整的设备资本存量 $\tilde{k}_{e1}$ 去替换没有经过质量调整的 k_{e1} 可得方程Ⅱ，结果发现，经过质量调整的设备资本投资对经济增长的影响显著提高，显著性水平从 5%提高到 1%且弹性系数增加，而建筑资本存量还不显著并且其弹性系数明显下降。方程Ⅰ和Ⅱ中建筑资本对经济增长的影响都不显著，可能还在于建筑资本和设备资本存在共线特征。同时方程Ⅱ中经过质量调整的设备投资弹性系数与方程Ⅰ相比有所增加，说明传统研究忽视设备资本质量变化必然会低估设备资本对经济增长的贡献。方程Ⅲ和方程Ⅳ是利用假定 3-4 考虑资本的即期服务特征进行回归，即利用单位资本的能源使用密度来度量的检验结果。回归结果表明，建筑资本存量对经济增长的影响仍不显著，未经质量调整的设备资本投资和经过质量调整的设备资本

投资都显著，显著性水平分别是 5%和 1%。能源变量 eg 在两个方程中虽然都不显著，但以能源使用密度衡量资本即期服务效率后，建筑资本的弹性系数与方程Ⅰ和方程Ⅱ相比都明显下降，而设备资本弹性系数与方程Ⅰ和方程Ⅱ相比略有提高。

为了验证方程Ⅰ到方程Ⅳ的结果是否存在稳健性，利用考察资本形成率的劳均建筑资本存量 k_{s2} 以及劳均设备资本存量 k_{e2} 和 $\tilde{k}_{e2}$，可得方程Ⅴ到方程Ⅷ。从方程Ⅴ到方程Ⅷ可以看出，未经质量调整的设备资本 k_{e2} 和经过质量调整的设备资本 $\tilde{k}_{e2}$ 都显著，显著性水平分别为 5%和 1%。同时，方程Ⅴ到Ⅷ方程与相对应的方程Ⅰ到方程Ⅳ相比，建筑资本和设备资本表现出许多共同特征，如建筑资本和设备资本投资的弹性系数变化幅度都不大，设备资本保持 5%以上的显著性水平，而建筑资本仍不显著，表明方程回归结果是稳健的。方程Ⅵ与方程Ⅴ相比，设备资本的弹性系数增加而建筑资本的弹性系数减小，意味着经过质量调整的设备资本对经济增长的作用增强，而建筑资本对经济增长的贡献减小。方程Ⅶ与方程Ⅴ以及方程Ⅶ与方程Ⅵ相比，建筑资本系数分别下降了 0.124 和 0.062，而设备资本系数变化不大，说明建筑资本存量中存在一部分陈旧资本，并没有发挥效率或处于闲置状态，若不考察资本服务性质，将会高估建筑资本存量对经济增长的贡献。虚拟变量反映市场化和产权制度改革政策等因素影响，虚拟变量 dummy 在 8 个方程中都在 5%的水平上显著，表明政策因素在 1990 年深化市场经济改革后对经济增长起到了促进作用。此外，在这 8 个方程中，我们都利用自回归 AR 项调整模型的序列相关，调整后的方程 DW 值都大于 1.5 小于 2，表明方程已经基本消除了一阶自相关，同时方程也都通过了高阶自相关检验。模型的拟合优度值都在 0.99 以上，各个模型拟合的效果都较好，检验结果合乎预期。

根据设备资本质量调整思路，可知经过质量调整的资本和未经质量调整的资本对经济增长的贡献率之差，可以代表资本体现式技术进步贡献。利用方程Ⅶ和方程Ⅷ分别测算出资本体现式技术进步和中性技术进步对经济增长的贡献率，同时假定要素投入以规模报酬不变技术组合生产，依据方程Ⅷ可得劳动弹性系数为 0.43，也可以测算出劳动对经济增长的贡献率。资本、劳动和技术进步贡献测算结果见表 3-5。由于基于一般回归方程测算出的要素产出弹性值是常数，但伴随要素发展和经济增长，要素禀赋结构也将不断发生变化，要素相对产出弹性系数必将随之变动，再利用状态空间模型（state space model）的时变参数模型（time-varying parameter model）对方程Ⅶ和方程Ⅷ重新回归，得到方程Ⅸ和方程Ⅹ。

表 3-5 要素对经济增长的贡献率（单位：%）

年份	弹性系数不变的测算结果					弹性系数可变的测算结果				
	资本贡献	劳动贡献	ETC 贡献	ETC 占资本贡献份额	中性技术进步贡献	资本贡献	劳动贡献	ETC 贡献	ETC 占资本贡献份额	中性技术进步贡献
1981~1989	63.9	13.9	6.9	10.8	22.2	58.5	16.1	12.0	20.5	25.4
1990~1999	66.0	11.0	7.3	11.1	22.9	70.5	25.2	11.0	15.6	4.3
2000~2007	90.9	4.0	8.4	9.2	5.1	88.4	4.4	8.5	9.6	7.2
1981~2007	72.9	9.8	7.5	10.3	17.2	71.8	16.0	10.6	14.8	12.2

方程Ⅸ的信号方程：

$$\ln y_t = 2.470 + 0.092 \cdot \ln \mathrm{eg} + \mathrm{sv}_1 \cdot \ln k_{s2} + \mathrm{sv}_2 \cdot \ln k_{e2} + 0.093 \cdot \mathrm{dummy} \tag{3-45}$$

状态方程：

$$\mathrm{sv}_1 = 0.005 + 0.882 \cdot \mathrm{sv}_1(-1) \tag{3-46}$$

$$\mathrm{sv}_2 = 0.034 + 0.913 \cdot \mathrm{sv}_2(-1) \tag{3-47}$$

方程Ⅹ的信号方程：

$$\ln y_t = 2.421 + 0.087 \cdot \ln \mathrm{eg} + \mathrm{sv}_1 \cdot \ln k_{s2} + \mathrm{sv}_2 \cdot \ln k_{e2} + 0.081 \cdot \mathrm{dummy} \tag{3-48}$$

状态方程：

$$\mathrm{sv}_1 = 0.007 + 0.889 \cdot \mathrm{sv}_1(-1) \tag{3-49}$$

$$\mathrm{sv}_2 = 0.399 + 0.957 \cdot \mathrm{sv}_2(-1) \tag{3-50}$$

z 统计量显示，两组方程的能源使用密度 $\ln \mathrm{eg}$ 都在 1%的水平上显著，这有别于不变弹性的回归方程。其他参数也都分别在 5%或 1%的水平上显著。我们重点关注经过质量调整后的方程 X 中建筑资本和设备资本的可变弹性系数，如图 3-8 和图 3-9 所示。

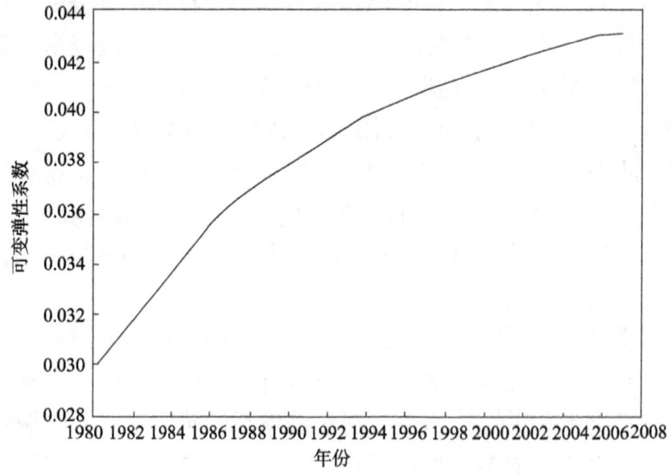

图 3-8 建筑资本的可变弹性系数

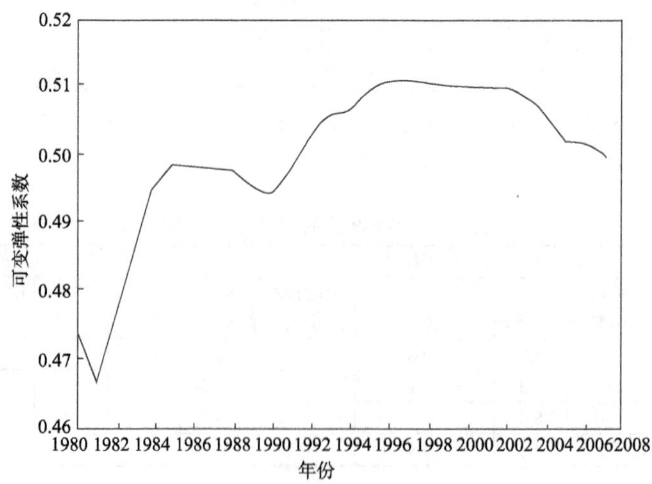

图 3-9 设备资本的可变弹性系数

可见，建筑资本的弹性系数一直呈现递增趋势，但变化幅度较小，变化范围在 0.030 到 0.044 之间，与方程Ⅷ的系数相比略有下降。设备资本的弹性系数变化幅度相对较大，在 1981 年有一个小的回落后迅速上升，1996 年达到阶段最大值，而近年来又呈现下降趋势。其变化范围为 0.465~0.512，与方程Ⅷ的系数 0.501 相差不多，印证了方程估计结果的稳健性。利用可变弹性系数，测算要素对经济增长的贡献率，也列于表 3-5 中，以与不变弹性的结果进行对比。

表 3-5 左侧为弹性系数不变的要素贡献。数据显示：资本在 1981~1989 年、1990~1999 年和 2000~2007 年对经济增长的贡献率分别为 63.9%、66%和 90.9%，贡献率呈现明显上升趋势。而在整个样本期即 1981~2007 年中，资本对经济增长的贡献率为 72.9%。剔除资本体现式技术进步的作用贡献，资本投入仍保持 57%以上的贡献率，并且在 21 世纪后资本对经济增长的贡献日益增强，说明我国近年来的经济发展强化了投资驱动型的增长模式。劳动对经济增长的贡献率在三个阶段呈现递减特征，其中 1981~1989 年的贡献率为 13.9%，1990~1999 年的贡献率为 11.0%，2000~2007 年的贡献率为 4.0%，整个样本期内的贡献率平均约为 9.8%，与资本贡献的递增特征正好相反。资本体现式技术进步 ETC 贡献率变化幅度不大，1981~1989 年的贡献率为 6.9%，占资本贡献份额的 10.8%；在 1990~1999 年贡献率为 7.3%，占资本贡献份额的 11.1%；2000~2007 年贡献率为 8.4%，占资本贡献份额的 9.2%；而在整个样本期内贡献率为 7.5%，占资本贡献份额的 10.3%。这表明，在资本对经济增长的作用中，约有 10%的贡献来自于与资本相融合的技术进步。此外，中性技术进步在 1981~1989 年、1990~1999 年、2000~2007 年的贡献率分别为 22.2%、22.9%、5.1%，在整个样本期内的贡献率为 17.2%，超过资本体现式技术进步对经济增长的贡献率。

表 3-5 的右侧为弹性系数可变的要素贡献，即以状态空间模型的时变参数模型计算出的生产要素对经济增长的贡献。资本在 1981~1989 年的贡献率为 58.5%，比不变弹性的资本贡献下降了 5.4 个百分点。1990~1999 年的贡献率为 70.5%，对比同期不变弹性资本贡献率上升 4.5 个百分点。2000~2007 年的贡献率为 88.4%，与不变弹性系数资本贡献率相比略有下降。但相对于其他要素对经济增长的贡献率，资本对经济增长的贡献依旧最高，再次印证我国经济主要依靠资本拉动增长的事实。可变弹性的劳动贡献率有所提高，其中 1981~1989 年、1990~1999 年和 2000~2007 年的贡献率分别为 16.1%、25.2%和 4.4%。可变弹性的资本体现式技术进步贡献和不变弹性时相比有所提高，但呈现下降趋势。资本体现式技术进步贡献年均值呈现出平缓下降特征，其中 1981~1989 年资本体现式技术进步贡献率为 12.0%，占资本贡献份额的 20.5%；1990~1999 年贡献率为 11.0%，占资本贡献份额的 15.6%；2000~2007 年贡献率为 8.5%，占资本贡献份额的 9.6%。而 1981~2007 年资本体现式技术进步平均贡献率为 10.6%，占资本贡献份额的 14.8%。相对于资本体现式技术进步，并结合图 3-7 的结果可知，中性技术进步贡献率呈现先降后升的 V 形变化特征，但降幅大而升幅小。其中 1981~1989 年贡献率为 25.4%，1990~1999 年的贡献率为 4.3%，2000~2007 年的贡献率为 7.2%。整个样本期内中性技术进步贡献率为 12.2%，略高于资本体现式技术进步的贡献。但后两个时段与 1981~1989 年相比，中

性技术进步贡献下降幅度较大。

依据弹性系数可变的要素贡献结果可知，在 1981~1989 年、1990~1999 年和 2000~2007 年，技术进步对经济增长作用呈现出阶段性变化规律且出现分化。20 世纪 80 年代，我国经济高增长虽然主要依靠要素特别是资本投入，但技术进步对经济增长的贡献不容忽视。我国经济高增长的同时，技术进步作用并非是完全低效的，若能保持 20 世纪 80 年代的技术进步增长率，经济高增长趋势完全可能持续。20 世纪 90 年代后技术进步增长趋势却不容乐观，经济增长的质量明显下降。对比两种类型的技术进步作用，发现资本体现式和中性技术进步对经济增长的贡献率都呈下降趋势，其中资本体现式技术进步下降幅度不大，而中性技术进步的贡献率降幅明显，导致技术进步整体贡献下降。可能的原因是，20 世纪 80 年代伴随着改革开放进程加快，通过技术和先进设备引进以及人力资本的“干中学”效应，我国和欧美发达国家的技术水平差距不断缩小，技术进步对经济增长贡献较大。而 20 世纪 90 年代后，我国和国外先进的技术进步水平差距缩小，且国内自主创新能力不足，使技术进步对经济增长的作用减弱。因此，若不从根本上扭转技术进步下降局面，以要素投入和环境污染为代价的经济高增长将可能无法持续。

四、研究结论与政策建议

本书构建出两部门的资本体现式技术进步和经济增长关系模型，阐述经济增长是资本体现式和中性技术进步共同作用的结果，其中资本体现式技术进步与设备资本投资收益率成正比，即设备资本投资越多或设备资本边际收益率越高，资本体现式技术进步增长速度就越快。利用我国 1980~2007 年的时间序列数据，依据质量变化差异，将资本存量分为建筑资本和设备资本两类，利用建筑资本质量不变假定构建出资本质量指数来调整设备资本存量，考察资本存量即期服务效率调整后资本体现式技术进步的贡献率。结果发现，设备资本和 GDP 增长率同期相关系数最高达 80%，体现式技术进步年均增长率为 4.78%，对经济增长的贡献率为 10.6%，占总资本贡献的 14.8%，即资本贡献中约有 1/7 来自于与其相融合的体现式技术进步贡献。可见传统方法分析生产率忽视资本体现式技术进步，明显低估整体技术进步对经济增长的贡献，易使我国经济增长质量和经济增长方式判断出现偏差甚至误判。同时实证检验结果发现，技术进步对经济增长作用呈现阶段性变化特征，20 世纪 80 年代经济产出主要依靠资本投入，资本贡献达到 58.5%。而同期技术进步贡献也不容忽视，资本体现式技术进步贡献为 12.0%，中性技术进步贡献为 25.4%。但 20 世纪 90 年代后资本贡献提高更快，贡献率超过 70%，而技术进步整体贡献却不断下降，资本体现式技术进步下降幅度不大，但中性技术进步降幅明显。

综合上述，若要从根本上扭转技术进步下降趋势并保持经济可持续发展，我们提出如下政策建议。

第一，采用外商直接投资或合资合作方式，以及商品进出口和劳务输出等形式多渠道获取发达国家的先进技术，通过技术溢出和本土企业的“干中学”效应，提高国内体现式技术进步水平。

第二，优化引进设备技术结构，提高技术引进效率。在较长时期内，先进设备引进还将是我国缩短与发达国家技术差距的捷径。特别是当前我国存在大量资源型城市，在资源枯竭日趋严重并处于经济转型的初始阶段，发展高新技术产业，以先进技术设备引进方式提高要素生产率，增强经济活力和经济创造力，更是现阶段资源型城市转型不可或缺的重要手段。

第三，发展多层次职业教育以提高技术转移效率和吸收能力。新技术引进和技术应用，既融合于物质资本投资又体现于人力资本积累过程中，生产率增长和技术进步水平更是取决于人力资本质量与人力资本结构。现阶段我国人力资本对资本体现式技术进步的作用有限，一方面说明人力资本积累和新技术设备的熟练使用需要一个过程，另一方面体现我国进口设备利用效率和技术吸收再创新能力不高。因此政府应制定适宜的人力资本投资政策，在大力发展高等教育的同时，开展多层次职业教育和技能培训以优化人力资本结构。

第四章

人力资本与经济发展模型和案例分析

第一节　人力资本问题

人力资本是指劳动者受到教育、培训、实践等各方面的投资而获得的知识和技能的资本积累。人力资本具有创新性、创造性，可以提高劳动者素质，对资源进行有效配置从而提高生产率。人力资本理论中强调人力资本作用大于物质资本的作用，发展中国家在进行工业化进程和市场经济的改革时想要快速发展，必须充分发挥人力资本对经济的促进作用及对产业结构的优化作用。目前人力资本研究模型主要有 Romer 的知识积累模型、卢卡斯的人力资本模型以及 MRW（Mankiw-Romer-Weil）模型。在此，本章着重介绍人力资本模型和 MRW 模型，并运用实际案例进行分析。

第二节　人力资本与经济发展模型

一、卢卡斯人力资本溢出模型

（一）模型简介

20 世纪 80 年代后，随着西方经济发达国家逐渐进入后工业化时期，知识、人力资本对技术进步以及对经济增长的作用日益显著，卢卡斯人力资本溢出模型就是在该背景下产生的。该模型将人力资本所具有的效应分成两种类型，即内部效应和外部效应。内部效应是指人力资本投入者自身生产率的提高，是直接的表现；而外部效应是指当人力资本达一定水平后，对周围的地区产生的正影响，一般来说是一种利益扩散。在技术密集的劳动力市场中，人可以无偿地从周围获取知识，提高生产率。这种效应即为人力资本效应。

（二）模型假设

（1）假定有两个部门，一个是物质产品生产部门，另一个是人力资本生产部门。

（2）人力资本的增长率是人们用于积累人力资本的时间比例的线性函数，这与纯粹的“干中学”模型有所不同。

（3）工人的人力资本水平不仅影响自身的生产率，而且能够对整个社会的生产率产生影响，这是该模型能够产生递增规模收益（整个经济水平）和政府政策增长效应的基础。

（三）模型建立

人力资本溢出模型下的生产函数可表述为

$$Y = AK^{\alpha}H^{1-\alpha}h^{\beta}e^{\mu} \tag{4-1}$$

其中，Y表示总产值；K表示资本投入；H表示总人力资本；h表示人均人力资本；α，$1-\alpha$分别表示资本投入和总人力资本的产出弹性；β表示人力资本溢出效应系数。

卢卡斯模型的贡献在于承认人力资本积累（人力资本增值）是经济得以持续增长的决定性因素和产业发展的真正源泉。这个模型实际上是“专业化人力资本积累增长模式”。卢卡斯模型揭示了人力资本增值越快，则部门经济产出越快；人力资本增值越大，则部门经济产出越大，其贡献在于承认人力资本积累不仅具有外部性，而且与人力资本存量成正比。

目前大量研究表明人力资本对空间具有依赖性，人力资本存在空间溢出效应，学者们对卢卡斯人力资本模型进行不断扩展，通过建立空间经济增长模型和空间计量模型来分析人力资本空间溢出效应。

（四）卢卡斯模型的启示

1. 人力资本积累是经济增长的基础

在卢卡斯模型中，人力资本变化率代表技术进步率，它取决于现有人力资本水平和从事人力资本建设的时间。人力资本通过推动技术进步，使资本的收益率提高，从而使经济增长速度加快。因而，人力资本越多，技术进步越快，经济增长也越快。

2. 教育是人力资本形成的最佳途径

根据卢卡斯模型，人力资本的形成有两条途径。一是通过学校教育，假定每个生产者除生产外都必须用一定的时间从事人力资本建设，强调了脱离生产活动的学校教育对人力资本形成的作用。这样获得的人力资本，能够产生人力资本的“内部效应”。二是在实践中学习，认为这样也可以形成人力资本，即专业化的人力资本。其具有外部效应，使企业受益。

二、MRW 模型

（一）模型简介

目前研究人力资本和经济增长的模型主要有两个，一个是前面的介绍的 Uzawa- Lucas 模型，另一个是 Mankiw、Romer 和 Weil 的 MRW 模型。下面我们就来介绍 MRW 模型。

Mankiw、Romer 和 Weil 在索洛的基础上将人力资本引入新古典经济增长模型，同时利用物质资本投资、人力资本投资和人口增长率建立计量模型进行实证分析。其研究发现考虑人力资本投资的拓展模型可以解释不同国家劳动者人均产出差异的近 80%。因此，MRW 模型逐渐被广泛应用于研究不同地区收入差异。

（二）模型假设

（1）假定要素边际收益递减。

（2）规模报酬不变。

（3）技术进步为外生变量。

（4）假定工人收入的 s_K 部分用于物质资本投资即储蓄，s_H 部分用于人力资本投资，其余均用于消费。

（三）模型建立

在索洛模型基础上我们建立一个包含人力资本的拓展模型：

$$Y = K^{\alpha} H^{\beta} (AL)^{1-\alpha-\beta},\ 0<\alpha,\beta<1, 0<\alpha+\beta<1 \tag{4-2}$$

其中，Y 表示总产出；K 表示物质资本存量；L 表示劳动力数量；H 表示人力资本存量；A 为技术水平；α、β 分别表示物质资本的产出弹性和人力资本的产出弹性。

在 MRW 模型中，假定储蓄率 s 为外生给定量，即 $S = sY$；假定最初劳动力数量和最初技术水平分别为 $L(0)$ 和 $A(0)$，同时其各自的增长率为 $g_L = n, g_A = g$，那么我们可以得到

$$\begin{aligned} L(t) &= L(0)\mathrm{e}^{gt} \\ A(t) &= A(0)\mathrm{e}^{gt} \end{aligned} \tag{4-3}$$

类似地，物质资本和人力资本的积累方程可以得到

$$\dot{K} = s_K Y - \delta_K K \tag{4-4}$$

$$\dot{H} = s_H Y - \delta_H H \tag{4-5}$$

其中，s_K、s_H 分别表示物质资本和人力资本的投资比率；δ_K、δ_H 分别表示物质资本和人力资本的折旧率，且 δ_K=δ_H=δ。

单位有效劳动的产出水平可表示为

$$y = Y / AL \tag{4-6}$$

令单位有效劳动的物质资本 $k = K / AL$，单位有效劳动的人力资本 $h = H / AL$，则式（4-2）可简化为

$$y = Y / AL = k^{\alpha} h^{\beta} \tag{4-7}$$

根据式（4-2）和式（4-3）并结合上述假定，我们可以得到单位有效劳动的物质资本和人力资本的动态积累方程：

$$\begin{aligned}\dot{k} &= s_K y-(n+g+\delta)k \\ \dot{h} &= s_H y-(n+g+\delta)h\end{aligned} \tag{4-8}$$

当 $\dot{k}=0,\dot{h}=0$ 时，可以得到

$$\begin{aligned}s_K k^{*\alpha} h^{*\beta} &= (n+g+\delta)k^* \\ s_H k^{*\alpha} h^{*\beta} &= (n+g+\delta)h^*\end{aligned} \tag{4-9}$$

其中，k^*、h^* 分别表示在平稳增长路径上单位有效劳动的物质资本和人力资本。

经过运算，我们可以得到

$$\begin{aligned}\ln k^* &= \frac{1-\beta}{1-\alpha-\beta}\ln s_K+\frac{\beta}{1-\alpha-\beta}\ln s_H-\frac{1}{1-\alpha-\beta}\ln(n+g+\delta) \\ \ln h^* &= \frac{\alpha}{1-\alpha-\beta}\ln s_K+\frac{1-\alpha}{1-\alpha-\beta}\ln s_H-\frac{1}{1-\alpha-\beta}\ln(n+g+\delta)\end{aligned} \tag{4-10}$$

由此，我们可以得到

$$\begin{aligned}\ln y^* &= \ln(k^{*\alpha}h^{*\beta}) \\ &= \alpha\ln k^*+\beta h^* \\ &= \frac{\alpha}{1-\alpha-\beta}\ln s_K+\frac{\beta}{1-\alpha-\beta}\ln s_H-\frac{1}{1-\alpha-\beta}\ln(n+g+\delta)\end{aligned} \tag{4-11}$$

根据式（4-11）可知，人均产出水平随着物质资本投资率、人力资本投资率的提高而提高，随人口增长率、技术进步率和折旧率的降低而降低。

假设 $\ln A_0=a+e$，在式（4-11）两边同乘以 A_t，取对数得到平衡路径下的人均产出水平回归方程，经整理可得到 MRW 的计量模型：

$$\ln y'-gt=a+\frac{\alpha}{1-\alpha-\beta}\ln\frac{s_K}{n+g+\delta}+\frac{\beta}{1-\alpha-\beta}\ln\frac{s_H}{n+g+\delta}+\varepsilon \tag{4-12}$$

Mankiw 等①假设不同地区间的收入差异是由地区平衡增长路径上的初始点差异所致。但随着发展，各地区的经济逐渐收敛，趋向均衡状态，因此地区间的差异会逐步缩小。因此，在平衡路径上，y' 将以 $\lambda=(1-\alpha-\beta)(n+g+\delta)$ 的速率向 y^* 收敛：

$$\frac{\mathrm{d}\ln y(t)}{\mathrm{d}t}=-\lambda[\ln y(t)-\ln y^*] \tag{4-13}$$

通过求解，得到

$$\ln y(t)-\ln y(0)=(1-\mathrm{e}^{-\lambda t})[\ln y^*-\ln y(0)] \tag{4-14}$$

将式（4-14）代入式（4-12）整理得到

$$\begin{aligned}\ln\frac{y(t)'}{y(0)'}-gt &= (1-\mathrm{e}^{-\lambda t})a+(1-\mathrm{e}^{-\lambda t})\frac{\alpha}{1-\alpha-\beta}\ln\frac{s_K}{n+g+\delta}+(1-\mathrm{e}^{-\lambda t})\ln\frac{s_H}{n+g+\delta} \\ &\quad -(1-\mathrm{e}^{-\lambda t})\ln y(0)'+(1-\mathrm{e}^{-\lambda t})\varepsilon\end{aligned} \tag{4-15}$$

① Mankiw N G，Romer D，Weil D N. A contribution to the empirics of economic growth[J]. The Quarterly Journal of Economics，1992，107（2）：407-437.

在计量分析中，式（4-15）主要用于分析人力资本投入的产出水平效应，而式（4-11）一般用于研究人力资本投入的经济增长效应。

第三节 案例分析

◎ 案例一：中部地区人力资本差异与经济增长关系研究[①]

一、中部地区人力资本差异与经济增长关系问题分析

中部区域经济发展曾经长期处在国家经济发展政策的空白区，直到中部崛起口号的响起才受到更多的关注，因而中部地区经济发展潜力并没有得到很好挖掘。在这样的背景下，找出中部地区发展差距的原因并竭力改善可能的缺陷显得尤为重要。中部地区要摆脱“塌陷”，真正发挥其在国家战略中的作用。首先，必须竭力打造一个完整的经济体，从而成为推动经济发展的动力。这就要求中部地区要实现地区经济协调发展，找出产生差异的原因，实施有效的政策推进经济增长。

人力资本对经济增长的作用在不断地强化，中部地区作为经济相对落后的区域，很大程度上是流动人口的输出地。中部地区人力资本差异主要指的是人力资本结构，劳均人力资本存量在动态时间变化上的差异。因而，探讨中部地区经济增长与人力资本差异的关系显得十分重要。

人力资本是现下经济增长的中坚力量，也是逐步实现中部地区经济增长方式转变的可靠保证。人力资本作为一种生产要素投入，将直接引起经济变动。人力资本投入越多，经济增长越快。与此同时，人力资本可以通过技术效率间接地影响经济增长。人力资本不同组成部分也可能不同程度地影响技术进步。分析人力资本构成对技术效率的影响差异有助于我们更细致透视人力资本对经济增长的作用。

二、研究方法

1. 模型选择

人力资本与经济增长关系的研究不断深入，在经济增长理论中，人力资本被作为影响经济增长的要素纳入经济增长模型中。陶红亮、付勇强、姚先国等学者都采用了 MRW 模型对人力资本与经济增长问题进行了分析。本案例也在经济增长理论基础上建立模型来分析中部地区劳均人力资本存量差异与经济增长关系。依据 MRW 模型，认为影响经济增长的因素包含初始经济水平、人力资本、物质资本等因素。在这样的理论依据下，建立经济增长方程：

$$\begin{aligned}\Delta\log(y) &= \log(y_{it}) - \log(y_{it-1}) \\ &= \beta_y \log(y_{it-1}) + \beta_h \log(h_{it}) + \beta_k \log(k_{it}) + z\beta_z + \eta_i + \mu_{it}\end{aligned} \tag{4-16}$$

① 万仁芳. 中部地区人力资本差异与经济增长关系研究[D]. 南昌大学硕士学位论文，2015.

也可以表示为

$$\log(y_{it}) = (\beta_y + 1)\log(y_{it-1}) + \beta_h \log(h_{it}) + \beta_k \log(k_{it}) + z\beta_z + \eta_i + \mu_{it} \quad (4\text{-}17)$$

其中，y 为地区人均产出；h 为地区平均人力资本；k 为资本积累率；z 表示控制变量；η_i 为不随时间变化的地区扰动项；下标 i 表示地区；t 表示时间。通常情况下，我们还可以把 h 表示为指数形式 $h = \mathrm{e}^{\varphi(x)}$，而式中 x 表示人力资本变量，如健康、脑力、教育、技能等。考虑我国目前现有数据资源，文章将只采用人力资本变量的教育指标，也即是前文所提到的劳均人力资本存量 S_{it} 来进行分析。鉴于此，回归分析方程可表示为

$$\Delta\log(y) = \beta_y \log(y_{it-1}) + \beta_s \times S_{it} + \beta_k \log(k_{it}) + z\beta_z + \eta_i + \mu_{it} \quad (4\text{-}18)$$

2. 数据选择与处理

鉴于中部省份数据无法单独形成有效的样本进行动态面板分析，但是中部地区是符合全国经济发展方向和规律的，且中部地区人力资本水平与经济增长水平应该与全国平均水平较为接近，故而采用全国数据作为样本进行分析。我们选用我国 29 省市（剔除西藏、新疆、香港、澳门和台湾）1992~2012 年的数据进行动态面板模型估计。并将 1992~2012 年的数据划分为两个时期（1992~2002 年，2002~2012 年）进行两次面板回归，以期得到两个时期人力资本对经济增长的影响系数，从而更好地分析在长时期中人力资本对经济影响的动态变化。同时，为了在一定程度上减少固定效应对模型估计的影响，依据国内外学者的做法，将增长区间进行划分（第一期：1992~1994 年，1994~1996 年，1996~1998 年，1998~2000 年，2000~2002 年；第二期：2002~2004 年，2004~2006 年，2006~2008 年，2008~2010 年，2010~2012 年；各变量取三年平均）进行模型估计。

模型中具体变量设定及数据处理如下。

第一，y_{it} 表示 i 省份 t 年人均 GDP（元），以 1978 年为基期进行价格平减。第二，S_{it} 表示各省每年的平均受教育年限，也就是按照第三章提到的采用就业人口受教育程度数据计算平均受教育年限，也就是劳均人力资本存量。第三，k_{it}：在增长方程中有一个很重要的因素就是资本，储蓄率一定程度上表示了增长期间的资本积累速度。在我们中采用资本积累率来代替，我们使用各省资本形成额与生产总值的比值作为这一变量的代理变量。第四，z 是控制变量，包括：人口出生率（Birth）代替人口增长率；政府支出规模（Government）=财政支出/支出法 GDP；居民消费规模（Consumption）=社会消费品零售总额/GDP 总额；非农人口比率（Non-farm）=非农业人口/总人口，表示城镇化水平；专利数（Patent）是各省市每万人拥有的专利申请量，用来代理地区技术水平变量。

面板数据含有横截面、时间两个维度，它能解决截面数据或者时间序列数据所不能解决的问题。同时它的样本容量较大，也可以更好地提高我们估计的准确性。传统的面板数据分析，学者们总是在混合面板回归、固定效应（fixed effects，FE）模型、随机效应模型中进行检验，最终找到符合模型假设的有效分析策略来进行分析。

现在我们的面板数据模型与传统面板数据有些不同，我们引入了滞后项作为解释变量，而这也就是学界所定义的动态面板模型。由于存在不随时间变化的变量，它可能和其他解释变量相关，从而影响估计的有效性。根据前人的经验，可以将增长区间划分为个更短的区间，从而能够一定程度上消除影响以减少估计误差。我们已经对此

进行了划分，但是也可能无法完全去除。因而，对于动态面板分析，目前使用较多也更有效率的有两种策略：

一种是 Arellano 和 Bond①提到的先对式（4-2）进行差分，然后使用所有可能的滞后变量作为工具变量进行 GMM（generalized method of moments，即广义矩）估计，也就是“差分 GMM”（difference GMM，DGMM）。另一种是 Blundell 和 Bond②将 DGMM 与水平 GMM 结合在一起，是将差分方程和水平方程作为一个方程，系统地进行 GMM 估计，被称为“系统 GMM”（system GMM，SGMM）。SGMM 优点是可以提高估计的效率，并且可以估计不随时间变化的变量的系数，但是也必须符合模型假定：①扰动项无自相关（扰动项差分不存在二阶或更高阶自相关）；②所有工具变量都是有效的。为了对模型进行更好的说明，我们会给出混合效应最小二乘估计、FE 模型估计、DGMM、SGMM 的估计以进行比较。

三、研究结果与分析

表 4-1、表 4-2 分别给出了两个时期劳均人力资本存量对经济增长影响的实证结果，表 4-1 和表 4-2 第 2 列给出的是混合截面最小二乘估计（pool ordinary least square，POLS）、第 3 列给出的是 FE 估计结果，第 4~6 列是分别是两步 DGMM 和两步 SGMM 的估计结果。我们可以看到采用不同方法进行估计得出的结果呈现出很大的差异。在两期结果中，POLS 和 FE 的结果表明教育对经济增长有正的影响，但并不显著。DGMM、SGMM 则不仅给出了教育对经济增长有正向作用，且系数较为显著，都通过了显著性检验。而两期结果都显示，SGMM 比 DGMM 更加有效，SGMM 的结果与 DGMM 的结果相差不大，但是 SGMM 的标准差更大，且都在 1%的显著性水平下通过了工具变量有效性的检验。而 DGMM 或多或少地存在无效的工具变量，都没能通过 5%的显著性检验。从这两方面可以看出，SGMM 的估计结果更加可信有效。而我们的回归结果偏好于加入所有控制变量的数据进行分析，即是将表 4-1 中的第 6 列作为结果进行后面的分析。

表 4-1　劳均人力资本存量对经济增长的影响（第一期：1992~2002 年）

被解释变量：$\Delta\log(y)=\log(y_{it})-\log(y_{it-1})$					
解释变量	POLS	FE	DGMM2	SGMM2	SGMM2
S			0.014^{*} （1.7）	0.015^{***} （−2.18）	0.011^{***} （−2.07）
$\Delta s=s_t-s_{t-1}$	0.019^{*} （−1.14）	0.012 （1.01）			
$\log(y_{t-1})$	−0.04 （−4.57）	-0.134^{***} （−12.33）	-0.137^{***} （−52.98）	-0.098^{***} （−70.17）	-0.094^{***} （−40.13）
k_{it}			0.049 （0.88）	0.09^{***} （2.61）	0.266^{***} （8.94）

① Arellano M，Bond S. Some tests of specification for panel data：Monte Carlo evidence and an application to employment equations[J]. The Review of Economic Studies，1991，58（2）：277-297.

② Blundell R，Bond S. Initial conditions and moments restrictions in dynamic panel date models[J]. Journal of Econometrics，1998，87（1）：115-143.

续表

被解释变量：Δlog（y）=log（y_{it}）−log（y_{it-1}）					
解释变量	POLS	FE	DGMM2	SGMM2	SGMM2
Birth					−0.002* （−1.88）
Government					−0.089* （−15.93）
No-farm					0.198** （2.3）
Patent					0.005 （0.55）
Consumption					−0.074*** （−2.67）
调整的 R^2	0.60	0.64			
F	23.01	10.75			
Arellano-Bond AR（1）			0.926	0.499	0.521
Arellano-Bond AR（2）			0.726	0.86	0.757
Sargan			0.026	0.241	0.126
λ			0.128	0.093	0.089
观测值	29 × 4	29 × 4	29 × 5	29 × 5	29 × 5

***、**和*分别表示 1%、5%和 10%水平上显著

注：括号内为 t 统计量；POLS 表示混合截面最小二乘估计，FE 为固定效应估计；DGMM2 和 SGMM2 分别表示两步 DGMM 估计和两步 SGMM 估计。Arellano-Bond AR（1）和 Arellano-Bond AR（2）分别为一阶和二阶序列相关检验，原假设是存在序列相关。Sargan 检验是用于判断工具变量是否有效，原假设是所有工具变量均有效。收敛速度 λ 由 $\beta_y = (1-e^{\lambda\tau})/\tau$ 计算得来，其中 $\tau=1$

表 4-2 劳均人力资本存量对经济增长的影响（第二期：2002~2012 年）

被解释变量：Δlog（y）=log（y_{it}）−log（y_{it-1}）					
解释变量	POLS	FE	DGMM2	SGMM2	SGMM2
S			0.007*** （2.5）	0.008*** （5.54）	0.008*** （2.76）
$\Delta s=s_t-s_{t-1}$	0.006 （1.14）	0.007 （1.01）			
log（y_{t-1}）	−0.013 （−1.09）	−0.012 （−1.25）	−0.032*** （92.21）	−0.046*** （171.36）	−0.027*** （83.0）
k_{it}			0.311*** （6.61）	0.486*** （6.6）	0.379*** （5.71）
Birth					−0.001 （−0.27）
Government					0.035*** （2.91）
No-farm					−0.021 （−0.30）
Patent					−0.004*** （2.91）

续表

被解释变量：$\Delta\log(y)=\log(y_{it})-\log(y_{it-1})$					
解释变量	POLS	FE	DGMM2	SGMM2	SGMM2
Consumption					-0.018^{***} （−7.4）
调整的 R^2	0.05	0.05			
F	4.6	4.71			
Arellano-Bond AR（1）			0.009	0.035	0.465
Arellano-Bond AR（2）			0.467	0.800	0.397
Sargan			0.042	0.200	0.092
λ			0.031	0.045	0.026
观测值	29×4	29×4	29×5	29×5	29×5

***表示 1%水平上显著

从表 4-1 和表 4-2 可以看出：①物质资本投资仍然是推动经济增长的主要因素，对经济增长仍然有明显的正向作用；②人力资本对经济增长的系数为正，表明人力资本对经济增长有明显的促进作用，教育回报率逐年上升；③第一期中，平均受教育年限提高 1 年，年均经济增长率将增加 1.1%，而第二期年均经济增长率将增加 0.8%。两期结果表明人力资本对年均经济增长率的提升作用在减弱，也就是说人力资本对经济增长仍然具有正向的促进作用，只是提高的幅度有所下降，即脚步有所放缓。国内外大多数学者都致力于研究人力资本对经济增长作用的研究，但很少探讨人力资本在不同时期的作用，我们给出了这方面的思考，人力资本的作用在时期内会有不同程度的差异。在我们的结果中人力资本在两时期影响系数出现减弱，但是基于此，并没有继续探讨人力资本是否有持续的下降趋势还是只在不同环境下有不同的表现，所以这并不代表人力资本对经济增长影响作用的整体趋势的分析结果。

值得一提的是，胡永远在《人力资本积累与地区经济增长的联动关系分析》中指出：人力资本积累本身存在收敛性，人力资本对经济增长的影响包括直接发散和间接收敛双重效应，初始的人力资本水平具有自身的收敛效应，且人力资本与经济增长的联动模型结果也充分证明了这一观点，他认为欠发达地区提高人力资本更有利于缩小经济增长差异。我们给胡永远的观点提供了一种支持，随着经济发展加快，人力资本收敛性在发挥着作用。采用单纯的教育指标来度量人力资本，似乎更加符合这一观点。我国自主创新能力较低，经济增长中有很大一部分是通过学习国外的先进技术，而高层次的教育人口能够快速地学习他国的先进技术。但是，随着高层次教育人口的增多，推广先进技术的人员也增多，每个高层次教育人员所带来的边际作用在减弱。所以，单纯地从教育人力资本来看，教育人力资本的作用效果稍微有所减弱，教育给经济带来的正向作用的增长速度在放缓。相较于人力资本水平较高的地区，人力资本水平较低的地区可以通过教育水平的提高加快经济增长脚步进而赶超经济发达地区。

由表 4-3 中可以看到，中部六省经济存在明显增长，实际人均 GDP 年均增长率都在 10%以上。而经济增长在两期上，第二期年均增长率都明显超过前期，中部地区后期经济增长脚步加快。同时劳均人力资本存量水平也在不断地提升，但是各省前后期增幅有明显的差异，这在第三章已经给出了详细的分析。表 4-4 给出了两个时期中部地区劳均人力资本对经济增长贡献率的计算结果。

表 4-3　中部六省要素及产出增长率（单位：%）

省份	1992~2002 年		2002~2012 年	
	人均 GDP 增长率	劳均人力资本增长率	人均 GDP 增长率	劳均人力资本增长率
山西	14.85	1.02	19.7	1.25
安徽	22.24	0.68	23.53	1.88
江西	14.37	1.52	21.13	1.74
河南	17.99	2.01	21.98	0.78
湖北	17.81	0.68	22.45	2.44
湖南	16.04	1.37	21.00	2.00

资料来源：依据《中国统计年鉴》、《中国劳动统计年鉴》及《中国人口与就业统计年鉴》相关数据计算得来

表 4-4　中部地区劳均人力资本贡献率（单位：%）

中部地区	人均 GDP 增长率	劳均人力资本增长率	贡献率
第一期	17.217	1.212	0.823
第二期	21.632	1.681	2.300
两期变化	4.415	0.469	1.477

从表 4-3、表 4-4 可知以下几点。第一，从第一期来看，劳均人力资本的贡献率为 0.823%。这一时期人力资本的贡献很大一部分要归功于河南、江西、湖南的人力资本的增长。河南、江西、湖南在这一时期人力资本的增长都高于中部地区平均水平，尤其是河南，比平均水平高 0.795。江西、湖南分别高出 0.308、0.157。而山西、安徽、湖北均低于中部平均水平，拉低了中部地区人力资本对经济增长的贡献程度。

第二，在第二期中，中部地区劳均人力资本存量对经济增长的贡献为 2.300%。这个阶段人力资本的贡献多来源于湖北、湖南、安徽、江西，劳均人力资本存量水平得到了巨大的提升，尤其以湖北、湖南增长最快，年均增长率达到 2.44%、2.00%，都远高于中部平均水平（1.68%）。它们的人力资本增长大大促进了人力资本对中部地区经济增长的贡献率。而在第一期人力资本贡献最高的河南省在这时期却远没有达到中部地区平均水平，人力资本存量增长只有 0.78%，低于平均水平 0.91。

第三，从两期变化来看，劳均人力资本存量对经济增长的贡献在不断增强。一方面是由于人力资本对人均产出边际贡献在提升，另一方面是中部地区人力资本积累快速增加。也由此可以看出，人力资本积累的增加会扩大其对经济增长的贡献率，人力资本水平不断提升，经济增长水平也不断提升。教育水平提高越快，对经济增长的贡

献程度也就越大。因而，中部地区仍然要重视人力资本水平的建设，充分发挥其在经济增长中的作用。

四、研究结论与政策建议

总而言之，中部地区人力资本水平还相对较低，人力资本对经济增长的长期作用还很明显，要充分发展人力资本因素实现中部地区崛起。尽管在全国平均水平上以教育为主的人力资本的作用有所下降，但是人力资本对经济的正向作用毋庸置疑，其贡献能力在不断增强。假设初始人力资本对经济增长有负作用，那么作为人力资本存量水平相对较低的中部地区来说，这是赶超东部发达地区的一个契机。中部地区需要不断提高人员素质，提升就业人口的教育水平，充分发挥高素质人才在经济生产生活中的作用，更好地学习先进的技术，传播先进的理念，打破中部地区经济僵化的局面。中部地区要在东部地区产业转移的机遇中做好高素质人才的储备，加快经济增长脚步。

◎ 案例二：人力资本配置与我国经济增长关系的分析①

一、人力资本配置与我国经济增长关系问题分析

生产要素的配置方式会影响该要素在经济增长中发挥作用，因此一个地区的经济增长不但受到人力资本存量水平的影响，还会受到人力资本结构的影响，通过改善人力资本的结构将会更有效地促进经济增长。在我国计划经济和市场经济并存，在向着市场经济为主导的发展方向转变，各种生产要素配置不科学、不合理将会严重影响我国经济转型的进度。关于人力资本配置主要是指人力资本在不同的地域、不同产业之间的分布状况，按照这些不同的分布方式人力资本配置包括区域配置和产业配置。按配置的方式可以分为市场配置、计划配置、计划市场相结合的配置方式。各国学者对人力资本的配置问题都有过分析和研究。例如，对于人力资本配置的研究、对人力资本配置功能概念等基本的问题的研究，而且就一些问题还没有达成共识。因此从理论意义上讲对人力资本配置和经济增长的关系的研究有一定的必要性。

二、研究方法

1. 模型建立

在新古典经济增长理论当中，以索洛模型为代表，模型中不加入技术进步的生产函数为$Y = F(K,L)$，其中K代表物质资本存量，L表示从业人员数量。当把技术进步系数加入模型之中，同时假定技术进步是希克斯中性，生产函数变化为另一种形式，$Y = A \times F(K,L)$，函数当中，A代表技术水平。在以后的研究之中又将人力资本要素加入生产函数之中，此时的模型称为索洛模型的拓展模型，模型的具体形式为

① 杜运鹏. 我国人力资本与经济增长的关系研究——基于省级面板数据的证据[D]. 南昌大学硕士学位论文，2014.

$Y = A\times F(K,H)$，其中 H 代表的人力资本，表示劳动者提供的总的生产性服务，也就是不用层次的工人对经济的总的贡献程度，所以 H 也就是代表人均人力资本和劳动力数量的乘积，这也就是我们测量人力资本与经济增长模型的基础。对于将人力资本要素加入到索洛模型的拓展模型之中的方法，我们将选择 C-D 生产函数作为模型设定基础，C-D 生产函数的形式为

$$Y = AK^{\alpha}L^{\beta} \tag{4-19}$$

其中，Y 代表工业总产值；A 代表技术因子；K 代表物质资本；L 代表劳动人员数量；α 和 β 分别代表物资资本和劳动力弹性系数。

将我们中人力资本结构系数引入式（4-19）中，使人力资本结构系数作为独立的要素对经济总量进行考察，于是可以得到如下形式：

$$Y = AK^{\alpha}L^{\beta}G_h^{\gamma}e^{\mu} \tag{4-20}$$

其中，Y 代表生产总值；A 表示技术进步系数；K 为物质资本存量；L 为劳动人员的数量；G_h^{γ} 为人力资本结构系数；e 为对 Y 造成影响的其他因素；α、β、γ 分别代表资本存量、劳动力数量、结构系数的弹性。

采用以上函数模型主要基于以下两点考虑：一是改变后的 C-D 生产函数通过对数转化成线性模型，便于以后对其进行回归分析；二是 C-D 生产函数中的要素指数代表各生产要素的指数，从而对于得出的方程便于做出经济解释。

为了方便分析将式（4-20）两边取对数后变换形式后可以得到以下方程：

$$\ln Y_t = \ln A_t + \ln \alpha K_t + \beta \ln L_t + \gamma \ln G_h + \mu_t \tag{4-21}$$

2. 数据选取及处理

鉴于我们的研究对象，所以样本指标选取我国 31 个省（自治区、直辖市，不包含港澳台地区）的地区生产总值 Y、劳动人员数量、人力资本基尼系数。地区生产总值 Y 作为常用的经济指标，数据统计最为全面，数据容易获得，因此我们选取总量指标地区生产总值 Y 作为统计指标。另外，我们为了消除每年物价指数的不利影响，研究中的地区生产总值 Y 都换算成以 1978 年为不变价的数值，公式为 $Y(\text{实际})=\dfrac{Y(\text{名义})}{\text{价格指数}}$。

关于物质资本存量，根据现有文献，以固定资本存量和存货增加量作为度量物质资本的依据，估算公式为 $K_t=KC_t+Kv_t$。其中，K_t 代表 t 年的物质资本存量，KC_t 代表的是第 t 年的固定资本存量，Kv_t 代表的是第 t 年的存货增加量。至今被广大学者广为使用的是 1951 年戈登史密斯（Gordon V. Smith）发现的永续盘存法，他的测算方法如下：$KC_t=KC_{t-1}(1-\delta_t)+f_t$。其中为第 t 年的固定资本存量，KC_{t-1} 为 t–1 时期的固定资本存量，δ_t 为第 t 年的固定资产折旧率，f_t 为第 t 年的固定资本形成额。由以上两式可以求出物质资本存量的估算公式为 $K_t=KC_{t-1}(1-\delta_t)+f_t+Kv_t$。

介于永续盘存法的特点，我们应当选取基准年，而基准年的选取直接影响到我们估计的准确性，也就是基准年份选取的时间越早，所算得的资本存量所存在的误差对最终年份估算的影响越小，鉴于此将采用传统衡量物质资本存量的方法，以张军估计出的各省人力资本存量 1990 年的数据为基准年份数据，按折旧率为 5%计算 1992~2011 年各年的物质资本存量。

关于从业人员数量，数据可以直接从《中国劳动统计年鉴》中获得。关于人力资本结构系数的估算，采用受教育年限法所估算出来的 1992~2011 年的数据。

对于文中少量缺失的数据我们将采用插值法计算补充。

三、研究结果与分析

面板数据模型进行估计之前我们需要判断模型中个体效应是否显著，通过计算得知，F 统计量在 1%的显著水平上不接受原假设，表明存在显著的个体效应，此时不适宜采用混合估计模型。

在混合估计模型中包含着随机效应模型和 FE 模型两种，此时要明确哪种模型适合我们的研究，常用的方法是对模型进行 Hausman 检验，模型的检验结果（表 4-5）显示，不接受原假设，也就是我们的模型适合设计成 FE 模型。

表 4-5 模型选择的 *F* 检验和 Hausman 检验结果

检验统计量	检验值（P 值）	结论
F 值	7 151（0.000 0）	不适合混合估计模型
Hausman	90.2（0.000 0）	适合固定效应模型

利用 Stata 计量分析软件对模型进行估计，此时，在同方差和无序列相关的假设情况下，组内估计的结果应该是最优的，但是当违背这些基本的假定的情况下，结果将会是有偏误的。从 Wald 检验的结果看来，模型序列相关性不显著。但是修正后的 Wald 检验结果表明，存在着显著的截面异方差，因此，我们为了剔除模型中截面异方差的影响，将对模型采用 GLS（gereral least square，即广义最小二乘）方法来消除截面异方差，对组内估计和 GLS 估计的结果如表 4-6 所示。

表 4-6 人力资本结构系数模型估计结果

解释变量及检验统计量	组内估计	GLS
_cons	–4.921 553***	1.096 943
Std.Err.	（–0.502 675 9）	–0.098 577
ln$K$	0.588 987 9***	0.629 262 1***
Std.Err.	（–0.009 857 7）	–0.094 637
ln$L$	1.037 41***	0.465 352 8***
Std.Err.	（–0.073 833 9）	–0.073 833 9
ln$G$	–0.246 845 4	–0.422 532 8**
Std.Err.	（–0.085 222 2）	（0.085 222 2）
Wald 检验	0.08	
P 值	0.674 5	
修正 Wald 检验	1 024.27	36.82
P 值	0.000 0	0.526 6
R^2-within	0.973 4	

***、**代表在 1%、5%水平上显著

注：由于 GLS 估计时不确定解释变量中包含常数项，拟合度的分析将没有意义，故不进行分析

从表 4-6 中可以看出：①模型中从业人员数量和物质资本存量对经济增长的作用是

正向促进作用，且均在 5%的水平上显著，与目前国内学者研究情况相符合，且物质资本弹性系数大于从业人员的弹性系数，说明物质资本的边际促进作用远大于从业人员对经济所带来的增长，那就意味着我国经济增长仍处于资本带动型。②模型中人力资本结构系数（人力资本基尼系数）值小于零，说明人力资本结构系数和经济增长呈现反向性，也就是如果一个地区文化层次差距越大，那么它对经济的副作用越大。

四、研究结论与政策建议

经过对实证结果分析，我们认为造成我国人力资本结构区域和产业分配不均衡的因素如下。

1）人力资本产业配置方面

首先，三次产业特别是第一产业中人力资本水平底下，不但导致了第一产业不能稳定持续的发展，也使第一产业劳动人员收入过低不能有效刺激第三产业更快发展。我国对经济增长采取一系列的改革措施和战略方针，虽然保证了一定的经济增长速度，但是三次产业的推进的速度并未达到均衡的效果，因而出现了三次产业 GDP 比重出现“二三一”型，然而人力资本在结构上的配备还是“三一二”型的滞后状态。其次，从上面的分析中我们看出受教育层次和从业人口的流动速度似乎是成正比的，因此，过低的人力资本水平导致他们不能有效地向第二、三产业有效输出。最后，各种限制人员流动的制度所致。制度的限制致使三次产业间劳动人员流动不通畅，造成了我国三次产业间人力资本存量的差异，这也将会使三次产业产值结构和人力资本分布结构产生差别。

2）人力资本区域配置方面

第一，作为劳动者本身定位与企业需求产生偏差。在我国虽然一直存在着教育投资的缺乏而造成的人均受教育年限偏低的后果，另外，在我国又能经常见到人才浪费的现象。在现在我们常可以看到，许多的企业为找不到合适的人才而发愁，这些也正是企业竞争的关键，也是技术提高的根本，不光是高端人才，低层次人力资本也表现得相对匮乏，在广东某些地区甚至发生过“民工荒”这样的现象，许多的农民工都不愿意背井离乡去打工。相对这些，相对受教育层次更高的人力资本，如现在的大学生却经常因为找不到工作而发愁，这种现象甚至出现在本科生和研究生的身上。因此，常常会看到一些研究生和本科生迫于就业的压力而不得不放低要求，寻求一些低工作要求的工作，作为用人单位肯定希望用最低的成本来雇用到高学历的人才，这样却造成低学历的人找不到合适的工作，形成一连串我们不愿意看到的也很奇怪的现象。许多企业找不到合适的人才，许多人才却又找不到合适的工作。人力资源造成了极大的浪费。

第二，学科设置不合理，设置严重与市场需求脱节。在我国大学教育的学制一般分为三年制、四年制等形式，没有过任何的改变，在变化多端的市场的下，我们的教育体制和运行机制都未按需要改变以来适应这种情况。主要表现为以下几点：首先，专业设置固定，在读书的期间，即使作为学生的我们发现了市场的变化，学生几乎不可能因为这些来改变自己的专业，这就造成了进入大学选择合适的专业带了赌博的性质。其次，大学教育质量偏低，在我国大学教育各地区普遍都有设置，但是教育水平参差不齐。这种现象的原因是师生比例过于悬殊，教育内容和手段单一，仅仅是强调书本知识的灌输，而忽略了专业技能的培养，大学实习更是流于形式。最后，专业设置转变缓慢。现在的市场经常变幻不定，但是对于这种变换学校都未能及时跟进，对于就业压力大的专业学校仍旧是扩大招生，对于新出现的就业形式好的专业，学校却未能及时设立，这就造成了许多的学生所用非所学。学校对于市场变换反应的迟钝性造成了结构性失业，结构性的失业越来越成为失业的主要形式。因此针对以上原因分析，我们得到如下政策启示：

（1）人力资本三次产业配置方面。

其一，继续和更好地推行工业化战略，在经济增长的同时，一定保证农民和其他劳动力的收入相应增长，提高劳动力收入在经济增长成果中所占有的比重。与此同时，以提高劳动力的消费水平，刺激第三产业的发展，加快第二产业为主导向第三产业发展的速度，使二三产业共同发展；加快劳动力，尤其是高层次劳动人员向第三产业转移的速度。

其二，在继续强化九年义务教育提高人均教育年限的同时，加强农民基本技能的培训，从而增加农民的收入，进而使农民再次投入更优的技能培训之中，形成良性循环，进而不断提高农民的人力资本水平，保持第一产业的持续发展的能力。

其三，继续保持劳动密集型产业的发展。在我国人力资本结构性的过剩，导致高级人力资本的缺乏甚至是严重不足，而低层次人力资本严重过剩的局面，保持劳动密集型产业的发展，可以使低层次的人力资本的具有基本的生活保障，从而可以保障高级人力资本的增长速度。因此，在技术进步与创新、提高产品乃至产业竞争力的同时，保持劳动密集型产业的发展具有深远的意义。

（2）人力资本区域配置方面。

其一，优化区域人力资本配置，达到医疗、教育方面资源分配均等。地区经济不发展、贫困落后的更深层次的原因主要是人力资本配置的人力资本的缺乏，所以加强对落后贫困的地区和欠发达地区，如西部的省份，即甘肃、宁夏等的教育和医疗卫生水平的投入，是提高区域在全国竞争力、增强区域综合实力的关键性因素。因此，需要采取有力的措施来改善现状：首先，各级政府应当强化教育为本的观念，将教育放到最重要的位置，提高教育经费在政府支出中所占的比重，加大对教育的投资，尽量使东部、中部、西部个省市的同龄人员接收到相同的教育。其次，在基础教育和卫生医疗保健方面，政府应该加强其转移支付力度，保障各省市人口接受基础教育的和基本卫生保健的权利。最后，建立深层次的教育理念，明确加强教育的目的，切实提高民众的整体素质，提高民众应用知识和技术、接受信息的能力。

其二，通过城市化水平的提高来提高人力资本的生产和集聚水平。对于人力资本的水平的提高，城市化的水平对其的影响是至关重要的，城市化水平高的城市，其教育和医疗卫生水平相对比较集聚，因此使人力资本的配置比较均衡，也就是提高了人力资本的有效利用，同时，考虑到在我国中西部地区的中小城市的发展水平相对较低，城市化水平不高，因此把中西部地区的中小城市的发展战略提到首位显得尤为重要，中小城市的发展会带动企业资本、人才等要素流向中小城市，使中小城市成为区域新的增长级和经济发展的中心，进而会带动整个地区的发展。

其三，调动区域间的人力资本，利用人力资本的外部性作用加强本地经济，强化地区之间的技术合作和人才交流。落后的地区人力资本缺乏问题不但要通过提高自己内部教育和卫生医疗水平来提高自身的人力资本水平，而且要加强地区间的人力资本的交流，利用人力资本的外部性作用来提高自身的经济发展能力，当然这要基于政府要给予一定的政策支持，这是提高地区经济必不可少的条件。在我国，东西部地区的经济水平和人力资本水平差异很大，如果两个区域间的经济以联合和合作的形式，最大限度地发挥东部地区的经济示范带头作用和经济辐射能力，才能使东西部地区的经济实现协同发展，经济差异会逐渐缩小。

其四，积极发挥政府职能，强化人才的交流合作。政府应该在人才引进方面转变传统的教育理念，积极通过和相邻地区的人才合作培养，让人才可以“走出去”，也能让人才“引进来”。我国应该加强东中西部地区的人才交流合作，加强引进国外人才来支持本国发展，尤其是经济落后地区的发展，这是政府的责任。这样才能为中西部地区的发展提供强力的人才支持，这样才能够减少我国各地区间的经济差异，从而促进我国经济的协调发展。

第五章

科学技术创新与经济发展模型和案例分析

第一节　科学技术创新问题

科学技术不仅深刻影响一个国家或地区的经济发展、国防建设，还影响国民的生活水平。发展中国家的科学技术创新一直以来都是一个十分严峻的问题，许多关键技术和核心技术都被发达国家掌控。因此，依靠科技创新，振兴实体经济是每一个发展中国家艰巨而长远的任务。发展中国家需要深化科技体制，加大科技投入，增强创新动力，提高科技发展水平。内生增长模型和随机前沿模型都是衡量一个国家科技发展水平的有效模型，对评价各地区的技术发展具有重要意义。

第二节　科学技术创新与经济发展模型

一、内生增长模型

新古典增长理论中因为将技术进步作为外生变量，无法真正解释经济增长的驱动因素和差异，因而存在一定缺陷。内生增长理论的提出将技术进步内生化，从而克服了新古典增长理论的这一缺陷。

（一）完全竞争下的内生增长模型

1. 模型简介

1986 年，Romer 首先创建了技术进步内生化的完全竞争均衡模型，他认为技术进步和知识积累是经济增长的主要源泉。该模型中，技术和人力资本不仅可以对自身形成递增收益，对其他投入要素如资本和劳动同样产生递增收益，从而实现整体上规模收益递增，经济长期增长。

2. 模型假设

对于任何固定的K值来说，F函数是凹型的，且是关于k_i和x_i的零阶齐次函数。这表明当整个社会知识总量水平一定时，单个厂商的规模收益不变。

知识有“溢出效应”，F具有全球性的知识边际生产力的递增性，即对任意固定的x_i而言，F都为k_i的增函数。

3. 模型建立

生产函数可表示为

$$Y_i = F(k_i, K, x_i) \tag{5-1}$$

$$K = \sum_{i=1}^{N} K_i \tag{5-2}$$

其中，Y_i表示厂商的产出量；k_i表示厂商生产商品所需技术（知识）；x_i表示厂商投入要素（如物质资本、人力资本、劳动力数量等）；K为社会的知识总量水平；N为所有厂商的总数。

可以给出特殊的生产函数和效用函数对模型求解：

$$U(c) = \ln c \tag{5-3}$$

$$F(k, K) = k^{\alpha} K^{\beta} \tag{5-4}$$

由此，可得出以下结论：①当$\alpha + \beta < 1$时，生产处于规模收益递减状态；②当$\alpha + \beta = 1$时，生产处于规模收益不变状态，经济按某一常数增长；③当$\alpha + \beta > 1$时，生产处于规模收益递增状态，经济增长率不断增大且趋于无穷大，整个模型是扩散的。

技术进步方程式可表示为

$$A = K = Nk \tag{5-5}$$

生产函数选取C-D生产函数，结合式（5-5），产出量可表示为

$$Y = N^{(1-\alpha)} K^{\alpha},\ 0 < \alpha < 1 \tag{5-6}$$

此时，Romer假定劳动力的增长率为零，并将劳动力总量单位化，从而产出量和劳动之间不存在直接关系。

在这里，效用函数采用指数型效用函数：

$$U(c) = \frac{c^{1-\alpha}}{1-\sigma} \mathrm{e}^{-\rho t},\ 0 < \sigma < 1 \tag{5-7}$$

其中，c为人均消费；ρ为贴现系数。

引入汉密尔顿方程并令资本的边际产出等于消费的边际效用，得到完全竞争条件下内生增长模型的均衡条件：

$$g = \frac{N^{1-\alpha} - \rho}{\sigma} \tag{5-8}$$

（二）垄断竞争下的内生增长模型

1. 模型简介

技术进步来源于市场激励而导致的有意识的投资行为。在垄断竞争条件下，同样存在均衡状态，在该模型中，将社会生产分为三大部门，即研究部门、中间产品生产部门和最终产品生产部门。内生增长模型中突出了研究与开发对经济的重大贡献，根据该模型，发展中国家在实现经济快速稳定发展时，需要加强科技创新和科技投入。

2. 模型假定

（1）经济中包括三个部门，即最终产品生产部门、中间产品生产部门和研发部门。

（2）生产过程投入要素主要为四种，即劳动 L、人力资本 H、技术 A 和资本 K_i。经济中只有一种最终产品，其产量用 Y 表示，由最终产品生产部门提供。技术和人力资本对经济增长都具有决定性的作用。

（3）着重分析技术的特征：非竞争性和部分排他性。技术的非竞争性表现在：一个厂商或个人对技术的使用并不阻止其他人同时使用该技术，技术的复制成本很低甚至为零。技术的部分排他性保证了行为者可以从技术创新中获益。

（4）人力资本可视为对正规教育和在职培训的累积效应的测量。假定人口及劳动供给不变，人力资本总量 H 也不变。人力资本有两种用途：既可以投入最终产品生产部门生产 H_Y，也可以投入研发部门从事技术的研发 H_A，即研究开发新的中间产品或设计方案，且 $H = H_Y + H_A$。

（5）整个经济体系的运行机制。研发部门使用投入的人力资本（H_A）和已有的总知识存量生产新知识（设计方案），然后将新研发出来的中间产品设计方案注册为永久性专利并出售给下游的中间产品生产商；中间产品生产商使用购买来的中间产品设计方案（新知识）和物质资本生产耐用品（中间产品），然后将新生产出来的中间产品再出售给下游的最终产品生产商；最终产品生产商利用人力资本（H_Y）、生产者耐用品（中间产品）和劳动生产最终产品。

3. 模型构建

最终产品的生产函数为

$$Y(H_Y, L, K_i) = H_1^{\alpha} L^{\beta} \int_0^{\lambda} K_i^{1-\alpha-\beta} \mathrm{d}i \tag{5-9}$$

研发人员通过对中间产品的研发和创新提高整体技术水平，表现为

$$\dot{A} = \delta H_2 A \tag{5-10}$$

通过求解，该模型均衡状态下的产出增长率 g 和用于研究的人力资本水平 H_2 分别为

$$g = \frac{\delta H - \Lambda\rho}{\Lambda\sigma + 1}$$

$$H_2 = \frac{(H - \rho\Lambda / \delta)}{(\Lambda\sigma + 1)} \tag{5-11}$$

$$\Lambda = \frac{\alpha}{(1-\alpha-\beta)(\alpha+\beta)}$$

二、随机前沿模型

（一）模型简介

随机前沿模型是在确定性生产函数的基础上提出的具有符合扰动项的随机边界模型。在一般考虑生产率和效率研究方法中，数据包络分析（data envelopment analysis，DEA）模型虽然可以将有效的生产单位连接起来，用生产前沿面包络全部观测点，但其并未考虑随机因素对生产率和效率的影响。而随机前沿解决了该项问题。随机生产函数模型描述了在具体技术条件和生产要素组合下，企业各投入组合与最大产出量之间的函数关系。

（二）模型假设

（1）假定 u_{it} 与 v_{it} 的分布状态相同。

（2）假定投入向量 $\boldsymbol{X}_{it}$ 与技术非效率 u_{it} 相互独立。

（三）模型建立

随机前沿模型为

$$Y_{it}=F(\boldsymbol{X}_{it},T)\exp(v_{it}-u_{it}) \tag{5-12}$$

其中，Y_{it} 表示生产者 t 时期的生产产出；$\boldsymbol{X}_{it}$ 表示投入向量，表示各种生产要素；T 表示前沿技术进步趋势；$F(\cdot)$ 为随机前沿生产函数，表示经济中最优生产技术状态；$\exp(-u_{it})(u_{it}\geqslant 0)$ 表示技术效率；v_{it} 为观测误差和其他随机因素，通常假定它独立于投入和技术水平，服从零均值、不变方差的正态分布；u_{it} 为非负的服从单侧分布的随机项，反映第 i 个单位在第 t 年的技术无效程度。

随机前沿模型将生产者效率分解为两部分，即技术边界和技术效率。技术边界是指所有生产者投入-产出函数的边界，是技术前沿，而技术效率描述的是个别生产者实际技术与技术前沿的差距。某一生产者的技术效率可以用产出期望与随机前沿期望的比值表示：

$$\mathrm{TE}=\frac{E[(f(x)\exp(v-u)]}{E[f(x)\exp(v-u)|_{u=0}]}=\exp(-u_{it}) \tag{5-13}$$

其中，TE 代表产出导向的效率度量，其值处于 0~1，当 $\mathrm{TE}=1$ 时，我们称为技术有效。

在现实生产中，生产者通常会因为随机扰动和技术效率而偏离技术边界。假设 $f(x)$ 代表所有生产者的最优技术，我们可以利用多个样本数据估计确定 $f(x)$ 及各生产者的技术效率。投入要素密集程度、规模经济和生产者技术效率距技术前沿的距离决定了不同生产的产出差异。

这里我们运用 C-D 生产函数得到以下随机前沿模型：

$$Y_{it}=A(t)K_{it}^{\alpha}L_{it}^{\beta}\exp(v_{it}-u_{it}) \tag{5-14}$$

其中，K_{it} 表示此地区物质资本；L_{it} 表示人力资本；α 和 β 表示物质资本和人力资本的产出弹性；$A(t)=\exp(A_0+\tau_t)$ 表示在 t 时期全国的技术前沿；τ 则表示全国技术前沿水平的进步速度。

对式（5-14）两边都除 L_{it}，得

$$y_{it}=k_{it}^{\alpha}L_{it}^{\alpha+\beta-1}\exp(A_0+\tau_t+v_{it}-u_{it}) \tag{5-15}$$

其中，y_{it} 表示 i 地区在 t 时期的人均产出；k_{it} 表示人均资本投入。另定义 $\mathrm{TFP}=\exp(A_0+\tau_t-u_{it})$，$Z_{it}=k_{it}^{\alpha}$，$R_{it}=L_{it}^{\alpha+\beta-1}$，这三者依次代表全要素生产率、要素投入和地区规模，对式（5-15）两边取对数，可得到

$$\ln y_{it}=\ln Z_{it}+\ln R_{it}+\ln \mathrm{TFP}_{it}+v_{it} \tag{5-16}$$

在分析地区差异时，我们可以利用差分方法对式（5-16）进行差分得到式（5-17），两边同除 $\Delta\ln y_t$ 又得到式（5-18）。

$$\Delta\ln y_t=\Delta\ln Z_t+\Delta\ln R_t+\Delta\ln \mathrm{TFP}_t \tag{5-17}$$

$$1=\frac{\Delta\ln Z_t}{\Delta\ln y_t}+\frac{\Delta\ln R_t}{\Delta\ln y_t}+\frac{\Delta\ln \mathrm{TFP}_t}{\Delta\ln y_t} \tag{5-18}$$

根据式（5-17）我们看到地区差异主要分为全要素生产率差异、要素投入差异和地区规模差异。而地区全要素生产率又由全国技术前沿和地区相对技术效率组成，因此全要素成产率差异即表示地区技术效率差异。式（5-18）可以反映出两 j 地区之间差异的组成因素所占比重，从而为制定相关政策建议时提供了科学依据。

第三节 案例分析

◎ 案例一：科技投入对经济增长的分析①

一、我国科技投入对经济增长的问题分析

古典经济学家在强调物质资本和劳动力是经济增长的主要因素的同时，也看到了劳动分工的作用针对我国经济发展的现状，我们提出将影响我国经济增长因素分为投入生产要素和科技进步（全要素生产率）两大部分。

一方面将投入生产要素分解为物质资本和劳动力两大项。由于我国经济增长仍然处于物质资本推动期，主要依靠资本的积累与高投资来带动经济增长，我们认为物质资本可从两条途径来促进经济增长：一是已有的物质资本存量；二是当期的全社会固定资产投资（包括国内外、境内外投资）。故我们进一步将物质资本分解为物质资本存量与全社会固定资产投资这两大因素。

另一方面在对促进经济增长并与科技进步相关联的诸因素进行深入的理论分析的基础上，我们将科技进步（全要素生产率）分解为人力资本、研究与开发、单位能源经济

---

① 周绍森，胡德龙. 科技进步对经济增长贡献率研究[J]. 中国软科学，2010，(2)：34-39.

效益、产业结构调整、市场化程度五大因素。人力资本是蕴含在劳动者身上的知识与技能，是科技创新、技术扩散的必要条件和技术应用的基础，科技进步是人力资本不断积累提升的结果；研究与开发是直接推动科技进步的基础，研究与开发的投入在科技创新中起着关键作用；单位能源效益是反映科技进步的重要因素，单位能源效益的提高是科技进步的重要体现；产业结构的优化是转变经济增长方式、提高经济增长质量、体现科技进步成效的重要因素，合理的产业结构能引导科技进步的方向，提升科技进步水平，促进经济增长方式的转变和增长质量的提高；经济体制对科技进步具有很强的制约作用，市场化程度高能使竞争机制作用充分发挥，促进各生产要素劳动生产率的普遍提高。

二、研究方法

通过对我国经济增长投入要素与科技进步（全要素生产率）的分析与界定，我们建立如下形式的生产函数：

$$Y = AK_{-1}^{\alpha_1} I^{\alpha_2 I} L^{\beta} H^{\gamma} R^{\delta} N^{\tau} \mathrm{e}^{\rho S} \mathrm{e}^{\lambda M} \mathrm{e}^{\varepsilon} \tag{5-19}$$

写成对数形式则为

$$\begin{aligned} \ln Y = \ln A + \alpha_1 \ln K_{-1} + \alpha_2 I \ln I + \beta \ln L + \gamma \ln H \\ + \delta \ln R + \tau \ln N + \rho S + \lambda M + \varepsilon \end{aligned} \tag{5-20}$$

其中，Y 为 GDP，单位：亿元；A 为常数；K_{-1} 为资本积累，单位：亿元；I 为固定资产投资，单位：亿元；L 为劳动力数量，单位：万人；H 为人力资本，单位：年；R 为研究与开发（R&D）投入，单位：亿元；N 为单位能源效益，单位：亿元/吨；S 为产业结构调整；M 为市场化程度；ε 为随机扰动项。以上变量中，K_{-1}、I、L 为生产投入要素，H、R、N、S、M 为反映科技进步（全要素生产率）的主要因素。

GDP（Y）、固定资产投资（L）、从业人员数量（L）三个时间序列可通过整理《中国统计年鉴》中的数据直接得到。为消除价格因素，本书所涉及的用货币做单位的变量一律采用 1978 年可比价。物质资本存量（K）的估计采用永续盘存法，1978 年的初始值采用张军等[①]的研究成果；由于统计资料的限制，本书采用固定折旧率的方法，固定折旧率取 10%；资本形成额用 GDP 平减指数转化为可比价。人力资本（H）采用从业人员受“初等教育等效年”衡量，本项指标的原始数据资料来源于历次人口普查数据和 1998~2008 年的《中国劳动统计年鉴》，缺失数据用线性内插与线性外延的方法估计。研究与开发（R）用 R&D 投入经费额来表示，1989~2007 年数据可通过查阅《中国科技统计资料汇编》和中经网统计数据库得到，1980~1988 年数据为通过已有数据进行指数回归估算得到。单位标准能源经济效益（N）用 GDP 与消耗的标准煤总量的比值表示，消耗的标准煤数据可通过查阅《中国统计年鉴》得到。产业结构系数（S）用第二、第三产业产值占总产值比例，高技术产业占总产值比例，新产品销售收入与主营收入三项指标得分的算术平均值来表示。市场化程度（M）用非国有经济职工数占职工总数的比值得分与技术市场成交额得分的平均值表示。

---

① 张军，吴桂英，张吉鹏. 中国省际物质资本存量估算：1952—2000[J]. 经济研究，2004，(10)：35-44.

三、研究结果与分析

对方程（5-20）中的各变量分别取值，并运用岭回归方法消除多重共线性，我们可以得到各参数的估计值和各因素对经济增长的贡献份额，见表 5-1 弹性系数栏和贡献份额栏。

表 5-1　各因素对经济增长贡献份额（1980~2007 年）

指标		年均增长/%	弹性系数	贡献份额/%	
经济增长 Y		9.94		100	100
投入要素	资本积累 K_{-1}	10.29	0.19	19.29	54.38
	固定资产投资 I	14.15	0.17	24.84	
	劳动力数量 L	2.24	0.46	10.25	
科技进步（全要素生产率）	人力资本 H	2.08	0.71	14.86	45.62
	研究与开发投入 R	15.74	0.06	10.15	
	单位能源效益 N	4.07	0.28	11.50	
	产业结构调整 S	3.49	0.16	5.50	
	市场化程度 M	3.70	0.07	2.66	
	其他	—		0.95	

结果分析：

第一，1980~2007 年，投入要素对经济增长的贡献份额为 54.38%，其中，资本的贡献为 44.13%，包含资本积累的贡献 19.29%和固定资产投资的贡献 24.84%；劳动力数量的贡献为 10.25%。这表明我国的经济增长主要还是靠大量的物质资本投入与积累来实现的。资本积累在经济发展中具有重大的作用，特别是在当前为应对国际金融危机保持国民经济稳定增长，国家采取大幅度增加投资对保增长、稳大局无疑是十分必要的重大决策。但是物质资本积累和固定资产投资的弹性系数都较人力资本、单位能源效益等弹性系数要小，说明单纯依靠物质资本投入的扩张带来经济增长的经济效益不高，而且会带来生态环境破坏，不利于可持续发展，因而，在加大物质资本投入时，必须把握投资方向，使之有利于产业结构的优化、高新技术产业的发展。从根本上说，要彻底走出危机，就必须转变经济增长模式，要从依靠投资支撑的增长模式转移到依靠科技进步、提高质量和效益的增长模式上来。

第二，科技进步（全要素生产率）对经济增长贡献率为 45.62%。在其包含的五项因素中，人力资本的弹性系数最大，对经济增长的效应也最大，人力资本的积累对经济增长的贡献份额达到 14.86%，要保持经济持续增长，必须大力提升人力资本积累，提高劳动者的知识和技能。研究与开发投入对经济增长的贡献非常显著，为 10.15%，但其弹性系数相对较小，表明我国技术成果转化为经济效益还不够明显，应大力强化科技成果转化机制，加大共性技术研究和基础研究，使广大企业包括中小型企业和民营企业普遍受益。由于我国科技投入经费总体仍然不足，我国的科研经费占 GDP 的比重还低于发达国家，我国必须进一步加强对科技事业的支持力度，促进经济增长真正转到依靠内生科技动力上来。单位能源效益的提高对经济增长的贡献份额明显增强为 11.50%，而且其弹性系数比较大，表明节能减排、提高单位能源经济效益对经济增长非常重要，我们必须进一步依靠科技进步，发展新能源，推进节能减排和资源循环利用。产业结构调整对经济增长的贡献也占一定比例为 5.50%，其弹性系数在五大因素中适中。调整产业结构，推进产业升级，加快经济增长方式转变是当前和今后相当长时间内的重要任务。市场化程度的提高对经济增长的贡献较弱为 2.66%，其弹性系数也较小，但不能轻视体制对科技进步的作用。为了保持国民经济持续稳定增长，提高增长质量，我们始终应对五大因素都要予以高度重视，大力提高科技进步（全要素生产率）对经济增长的贡献。

贡献率预测 1980 年至 2007 年期间物质资本积累时间序列呈指数增长，拟合优度达 0.999，按此趋势在 2010 年至 2020 年期间物质资本积累按可比价年均增长 10%。固定资产投资时间序列呈三次方曲线增长，拟合优度达 0.986，按此趋势在 2010 年至 2020 年期间固定资产投资按可比价年均增长 12%；从业人员时间序列大致呈直线增长，在 1991 年至 2007 年期间年均增长 1%。

假定运用 1980 年至 2007 年的数据作样本所估计的生产函数在 2010 年至 2020 年仍然适用，即各要素的弹性系数保持不变，并设定在 2010 年至 2020 年期间我国经济保持持续稳定增长，年均增长速度为 7%~10%，我们运用模型估计的物质资本积累和全社会固定资产投资年均增长率为 2010 年至 2020 年期间的增长上限，设定十种情形来预测科技进步对经济增长的贡献率是否能达到《国家中长期科学和技术发展规划纲要（2006—2020 年）》提出的到 2020 年达到 60%的目标（表 5-2）。

表 5-2 科技进步对经济增长贡献率预测值（2010~2020 年）（单位：%）

情形	经济增长率(可比价)	物质资本积累增长率（可比价）	全社会固定资产投资增长率（可比价）	从业人员数量增长率	科技进步贡献率
情形一	10	10	12	1	56.00
情形二	10	10	10	1	59.40
情形三	9	10	10	0	60.00
情形四	9	9	10	1	57.00
情形五	9	9	10	0	62.11
情形六	9	8	10	1	59.11
情形七	8	8	9	1	56.13
情形八	8	8	10	0	59.75
情形九	7	8	8	1	52.29
情形十	7	8	8	0	58.86

从对以上十种情况的预测结果来看，只要在 2010 年至 2020 年期间确保科技进步年均增长率在 4.53%的基础上不断提高，经济增长率和物质资本积累增长率都保持持续稳定的前提下，则能够实现《国家中长期科学和技术发展规划纲要（2006—2020 年）》提出的目标：2020 年科技进步贡献率为 60%左右。

四、研究结论与政策建议

要实现经济持续、稳定增长必须坚持落实科学发展观，切实提高科技进步率，加快实施科技创新和产业改造，大力发展绿色经济、循环经济，充分依靠科技进步增强经济增长的内在动力。从实证分析结果看，可从以下五个方面着手：

第一，注重人力资本的提升，把我国由人力资源大国转化成为人力资源强国。人力资源建设是经济社会可持续发展的动力源，是转变经济增长方式、提升经济增长质量、实现国民经济又好又快发展的基础。要坚持人才强国战略，高度重视科技和经济发展所需人才培养，促进一大批青年科技人才迅速成长，造就一批世界级科学家和科技领军人物；要坚持教育的优先发展战略，提高教育现代化水平，办好人民满意的教育；要深化教育改革，优化教育结构，提升教育质量，促进教育均衡发展；要大力开展继续教育和岗位培训，提高创业创新能力，创建全民学习、终身学习的学习型社会；要大力做好农村剩余劳动力转移工作，合理分流，提升农民工生产技能和服务水平，提升产业层次。

第二，大力加强研究与开发，加快科技创新，提高自主创新能力，建设创新型国家。自主创新是科技创新的关键，提高自主创新能力是实现我国经济社会发展又好又快发展的重要途径。要把推动自主创新摆在突出位置，大力加强研究与开发的投入，增强科技创新能力，增强核心竞争力；要加快建立以企业为主体、市场为导向、产学研紧密结合的技术创新体系，引导和支持创新要素向企业聚集，促进科技成果向现实生产力的转化；要抓住那些对我国的经济、科技、社会发展具有战略性、基础性、关键性作用的重大课题，联合攻关，全力突破；要优先发展能源、水资源和环境保护技术、装备制造业和信息产业核心技术，加快发展生物技术、空天和海洋技术，大力加强基础科学和前沿技术研究。

第三，依靠科技进步，开发新能源，大力推进节能环保和资源循环利用。坚持资源节约的基本国策，建设资源节约型社会，科技进步是关键。要充分认识实现工业化和信息化与推进生态文明建设的关系，坚持以资源承载力为基础、以自然规律为准则、以可持续发展为目标，形成节约能源和保护生态环境的产业结构、发展方式和消费模式，要加大节能环保投入，开发和推广节约、替代、循环利用和治理污染的先进适用技术，发展清洁能源和可再生能源，建设科学合理的能源资源利用体系；要加快淘汰消耗高、污染重的落后产能，建立有利于节约能源资源的产业体系，大力发展低碳经济和生态经济；要高度重视新能源产业发展，创新发展可再生能源技术、节能减排技术、清洁煤技术及核能技术，大力推进节能环保和资源循环利用，加快构建以低碳排放为特征的工业、建筑、交通体系；要推进能源原材料等重点行业、重点企业节能，实施好建筑节能、绿色照明等重点节能工程，继续提高单位能源经济效益，加快建设资源节约型、环境友好型社会。

第四，优化产业结构，加快经济增长方式的转变，使战略性新兴产业成为主导力量。要以此次经济危机为契机，着力改造传统产业和发展战略性新兴产业，推动经济结构的重大调整，提供新的增长引擎，使经济重新恢复平衡并提升到新的更高水平。要积极运用现代生命科学技术，大力提高农产品产量和质量，加快农业产业化和农村产业结构调整步伐；要优化工业结构，增强企业核心竞争力，广泛采用高新科学技术改造传统产业，促进产业层次和技术水平升级；要尽快培育和发展新能源产业、信息产业、新材料产业、农业和医药产业、海洋空间产业等战略性新兴产业，使战略性新兴产业成为经济社会发展的主导力量。

第五，继续深化体制改革，不断提高市场化程度，为科技进步创造良好制度环境。积极推动经济一体化，反对任何形式的保护主义；逐步完善社会主义市场经济体制，不断提高市场化程度；要大胆革除阻碍科技生产力发展的一切体制机制障碍，进一步促进科技与经济的结合。要营造有利于创新火花竞相迸发、创新思想不断涌流、创新成果有效转化的环境，让科技工作者更加自由地讨论、更加专心地钻研、更加自主地探索。为我国走上创新驱动、内生增长、经济全面协调可持续发展提供强有力的科技支撑。

◎ 案例二：中部六省生态效率评价及其与产业结构的时空关联分析[①]

一、中部六省生态效率与产业结构关联问题分析

资源环境对经济发展的约束日益突出，建设资源节约型、环境友好型社会是当前经济社会发展的紧要问题。中部地区是国家的重要能源产出地和工业重点建设地区，“武汉城市圈”“长株潭城市群”“鄱阳湖生态经济区”相继获批被确定为两型社会的有限实验区。但如何评价“两型社会”建设水平、怎样提高“两型社会”水平是当前首先要解决的两个问题。德国学者 Schaltegger 和 Sturm[②]最早提出生态效率的概念，它的核心思想是以较少的资源投入和较低的污染排放实现较高的经济产出。因此区域生态效率水平是客观评价“两型社会”建设水平的有效手段。

以往对系统关联因素的分析主要采用数理统计的方法，如主成分分析法、方差分析法等，但这些方法要求数据量大，样本要通过某种统计检验，往往出现量化结果与定性分析结果不符等现象。尤其我国现有统计数据十分有限，灰度大，许多数据无法通过特定统计检验，因此采用数理统计方法往往难以奏效。灰色关联分析法对样本量的多少和样本有无规律都同样适用，可以弥补上述方法的缺陷。

二、研究方法

1. 随机前沿模型

Farrel 于 1957 年最早提出了随机前沿模型的效率测算方法，该方法反映了最优状态下的投入产出关系，它将生产非效率（即不可能达到生产可能边界）的部分分为随机扰动项（表示统计噪声）和非负随机误差项（表示技术非效率）两部分。

随机前沿的一般形式为

$$Y_{it} = f(\boldsymbol{X}_{it};\beta)\exp(V_{it} - U_{it}) \tag{5-21}$$

其中，Y_{it} 为研究对象 i 在 t 时期的单项产出；$\boldsymbol{X}_{it}$ 为投入要素向量。随机误差项具有复合结构，V_{it} 表示系统中不可控因素所致误差，假设其服从正态分布 V_{it}~N（0，σ_v^2），且独

① 潘兴侠，何宜庆. 中部六省生态效率评价及其与产业结构的时空关联分析[J]. 统计与决策，2015，(3)：127-130.

② 潘兴侠. 我国区域生态效率评价、影响因素及收敛性研究[D]. 南昌大学硕士学位论文，2014.

立于 U_{it}；U_{it} 是非负随机变量，表示由技术非效率所引起的误差，反映生产的无效程度，假设其服从非负截尾正态分布 $U_{it}\sim N(\mu,\ \sigma_u^2)$；复合误差项方差 $\sigma^2=\sigma_u^2+\sigma_v^2$，令 $\gamma=\sigma_u^2/(\sigma_u^2+\sigma_v^2)$，$\gamma$ 表示随机扰动项中技术无效所占的比例，显然 $0\leqslant\gamma\leqslant1$。

实际使用时，要先对模型进行检验假设 H_0：$\gamma=0$，H_1：$\gamma>0$，利用极大似然统计检验，取统计量 $LR=-2\{\ln[L(H_0)/L(H_1)]\}$，若接受 H_0，则该生产单元技术有效，无须使用 SFA（stochastic frontier approach，即随机前沿方法）来分析，直接用 OLS（ordinary least square，即普通最小二乘估计法）方法即可；若拒绝 H_0，说明模型的误差显著受到技术非效率的影响，就有必要使用 SFA 模型。

研究对象 i 在 t 时期的投入产出技术效率记为 TE_{it}，TE_{it} 用观测产出与相应的随机前沿面产出（完全有效率的产出）的比值表示，即

$$TE_{it}=E\left[f\left(X_{it}\right)\exp\left(V_{it}-U_{it}\right)\right]/E\left[f\left(X_{it}\right)\exp\left(V_{it}\right)\right]=\exp\left(-U_{it}\right) \tag{5-22}$$

其中，TE_{it} 的取值为 0~1，若 $TE_{it}=1$，表示生产者位于前沿面上，技术完全有效。

生态效率要求系统用较少的资源消耗和环境代价获得较大的经济收益，其核心思想是“少投入多产出”。我们采用 2002~2011 年的各省域资源–环境–经济复合系统的投入产出数据来分析同期的生态效率，其中产出指标用各省域的经济发展总量 Y 表征；投入指标包括资源消耗和环境投入（污染物排放量），分别以全社会平均从业人数、耕地面积、能源消费总量、全社会用水总量、工业二氧化硫排放量、工业废水排放量、工业固体废物排放量七个指标衡量。我们研究指标的选取参考了邱寿丰和诸大建[①]的生态效率指标设计体系，根据指标的科学性，劳动力、资本和原材料投入未记入研究范畴。区域生态效率研究指标体系见表 5-3。

表 5-3　区域生态效率研究指标体系

指标	类别	所选取指标
投入指标	资源消耗	全社会平均从业人数（CYRR） 耕地面积（GDMJ） 能源消费总量（NYXF） 全社会用水总量（YSZL）
	环境污染	工业二氧化硫排放量（SO_2PF） 工业废水排放量（FSPF） 工业固体废物排放量（GFPF）
产出指标	经济发展总量	地区生产总值

表 5-3 中的基础数据主要来源于 2002~2011 年《中国统计年鉴》、《中国环境统计年鉴》、《中国能源统计年鉴》及中部六省省级统计年鉴；2003 年以前的用水总量来源于各省的《水资源公报》；部分缺失数据系折算所得，对结果影响不大。

投入产出函数的形式一般有柯布–道格拉斯和超越对数两种。前者容易计算，但会受到要素间替代弹性不变假定的限制；后者放宽了上述假定，但会产生多重共线性问题。根据以往研究结果，C-D 生产函数能够较好地描述与经济总量有关的投入产出问题。因

① 邱寿丰，诸大建. 我国生态效率指标设计及其应用[J]. 科学管理研究，2007，25（1）：20-24.

此我们以 Battese 和 Coell 在 1992 年提出的模型为基础，选取对数形式的 C-D 生产函数，建立随机前沿模型如下：

$$\ln(Y_{it}) = \beta_0 + \beta_1\ln(\mathrm{CYRR}_{it}) + \beta_2\ln(\mathrm{NYXF}_{it}) + \beta_3\ln(\mathrm{YSZL}_{it}) + \beta_4\ln(\mathrm{GDMJ}_{it}) + \beta_5\ln(\mathrm{GFPF}_{it}) + \beta_6\ln(\mathrm{FSPF}_{it}) + \beta_7\ln(\mathrm{SO_2PF}_{it}) + (V_{it} - U_{it}) \tag{5-23}$$

其中，i（i=1,2,⋯,6）、t（t=1,2,⋯,10）分别表示指标数据来自第 i 省域、第 t 年。

2. 灰色关联度分析原理与方法

灰色关联度分析是对一个系统发展变化态势的定量描述和比较的方法，目的是寻求系统中各要素间的主要关系，找出影响目标值的重要因素，分析和确定要素间的影响程度，其基本思想是根据序列曲线几何形状的相似程度来判断其联系是否紧密，曲线越接近，相应序列之间关联度就越大，反之就越小。

设系统行为特征序列为 $X_0 = (x_{01}, x_{02}, \cdots, x_{0n})$，$X_1 = (x_{11}, x_{12}, \cdots, x_{1n})$，⋯，$X_m = (x_{m1}, x_{m2}, \cdots, x_{mn})$，令 $y_{0i} = \frac{1}{n}\sum_{k=1}^{n} y_{0i}(k), y_{0i}(k) = \frac{\min\limits_i \min\limits_k |x_{0k} - x_{ik}| + \xi \max\limits_i \max\limits_k |x_{0k} - x_{ik}|}{|x_{0k} - x_{ik}| + \xi \max\limits_i \max\limits_k |x_{0k} - x_{ik}|}$。其中，$i$（=1,2,⋯,$m$）为第 i 个系统行为要素，X_0 为系统主行为要素；k（=1,2,⋯,n）表示第 k 个评价单元；ξ 为分辨系数，这里取 $\xi = \frac{1}{2}$。则称 γ_{0i} 为系统行为要素 X_i 与系统主行为要素 X_0 的灰色关联度。它反映了系统行为要素 X_i 对系统主行为要素 X_0 的影响程度或要素对主行为的贡献程度。为了消除量纲的影响，需先对初始数据进行标准化，我们选取初值标准化方法，运用 Matlab 软件运行得到。

三、研究结果与分析

1. 生态效率评价结果及分析

运用 Frontier 4.1 软件，得到模型（5-23）的估计结果（表 5-4 和表 5-5）。

表 5-4　模型（5-23）最大似然估计结果

变量	参数	参数值	变量	参数	参数值
常数项	β_0	−2.574 6 （−2.505 0）***	ln（FSPF）	β_6	0.149 1 （1.374 2）**
ln（CYRR）	β_1	−0.319 2 （−1.467 1）*	ln（SO2PF）	β_7	−0.109 6 （−0.958 0）**
ln（NYXF）	β_2	1.284 2 （13.701 9）***		σ_2	0.029 8 （2.000 4）**
ln（YSZL）	β_3	0.389 5 （2.521 0）**		γ	0.779 3 （7.376 1）***
ln（GDMJ）	β_4	0.038 3 （0.344 3）		μ	0.304 8 （1.925 7）*
ln（GFPF）	β_5	−0.020 1 （−1.514 6）		η	0.047 2 （2.129 8）**
单边 LR 检验			59.613 1***		

***、**和*分别表示在 1%、5%和 10%水平上显著

注：括号内数据是参数估计的 t 值；LR 为似然比统计量，此处符合混合卡方分布（mixed Chi-squared distribution）

表 5-5 中部六省 2002~2011 年区域生态效率评价水平

年份	河南	江西	安徽	湖南	湖北	山西	平均
2002	0.527 4	0.848 3	0.568 9	0.517 5	0.418 5	0.421 2	0.550 3
2003	0.543 2	0.854 8	0.583 8	0.533 4	0.435 6	0.438 3	0.564 9
2004	0.558 7	0.861 0	0.598 5	0.549 1	0.452 6	0.455 3	0.579 2
2005	0.573 9	0.866 9	0.612 8	0.564 5	0.469 5	0.472 1	0.593 3
2006	0.588 8	0.872 6	0.626 8	0.579 6	0.486 1	0.488 7	0.607 1
2007	0.603 4	0.878 1	0.640 5	0.594 3	0.502 6	0.505 1	0.620 7
2008	0.617 6	0.883 4	0.653 8	0.608 8	0.518 8	0.521 3	0.633 9
2009	0.631 5	0.888 4	0.666 7	0.622 9	0.534 7	0.537 2	0.646 9
2010	0.645 0	0.893 3	0.679 3	0.636 6	0.550 4	0.552 8	0.659 6
2011	0.658 1	0.898 0	0.691 5	0.650 0	0.565 7	0.568 1	0.671 9

由表 5-4 可以看出，LR=59.613 1，通过了 1%的显著性水平检验，说明模型的误差显著受到技术非效率的影响，因此有必要使用 SFA 模型；模型（5-23）中的 σ^2 和 γ 的检验显著性水平均高于 1%，γ=0.779 3，说明在随机误差项中有 77.93%的来自技术非效率的影响，只有 22.07%的影响来自系统误差等外部影响因素，进一步说明了使用 SFA 方法分析区域生态效率是十分必要的。

由表 5-5 可以看出：第一，从总体来看，中部六省这 10 年的平均生态效率水平偏低，仅为 0.612 8，说明中部六省实际产出与前沿生产面的差距较大，资源环境利用效率还有很大的挖掘空间。中部六省应着力转变生产方式，在“节约资源，控制污染”上下功夫，有效提高资源环境的利用效率。第二，从各年度来看，无论是中部各个省域的生态效率水平还是六省的平均值都呈现出逐年稳步上升的趋势。中部六省平均生态效率从 2002 年的 0.550 3 增加到 2011 年的 0.671 9，涨幅为 22.1%；生态效率涨幅最大的是湖北，十年间增加了 35.2%。这说明在经济发展的过程中，资源环境各投入要素的使用效率在逐年提高，实际产出与前沿面的距离不断缩小。第三，从各省域来看，中部六省域间生态效率存在显著差异，但这种差异在逐年缩小。生态效率水平最高的是江西，2011 年达到 0.898 0；河南、安徽、湖南三省居中，2011 年生态效率水平在 0.6~0.7；而生态效率水平较低的是湖北和山西两省，2011 年湖北省的评价值仅为 0.565 7，江西几乎是它的 1.6 倍。省域的生态效率的差异呈逐年递减的趋势，2001 年中部六省生态效率评价值最高者与最低者相差 0.429 8，到 2010 年这一数据缩小为 0.332 3。

2. *灰色关联度分析结果*

将中部六省资源环境经济系统作为研究对象，以各省域生态效率评价值作为系统主行为要素 X_0。评价产业结构对生态效率的影响，选取以下三个指标作为系统行为相关要素：X_1 第一产业占 GDP 比重（简称一产占比）；X_2 第二产业占 GDP 比重（简称二产占比）；X_3 第三产业占 GDP 比重（简称三产占比）。

选取 2002~2011 年六省域的截面数据共 60 个样本进行评价。得到 γ_{01}=0.587 483，γ_{02}=0.729 11，γ_{03}=0.653 255。由以上结果可以看出 $\gamma_{02}>\gamma_{03}>\gamma_{01}$，即把中部六省作为一个整体来看，二产占比对生态效率的影响最大，其次是三产占比，最后是一产占比。因此，要改善中部六省的生态效率水平，对第二产业进行升级重组效果最显著。

分别对安徽、河南、湖北、湖南、江西、山西六个省域 2002~2011 年的 10 个样本数据进行评价，得到各省域产业结构与生态效率水平的关联度（表 5-6）。由表 5-6 可知：

江西、湖北两省三产占比与生态效率的关联度差别不大，而河南、湖南、山西和安徽四省二产占比对生态效率的影响显著高于一产占比和三产占比，河南省二产占比的关联度甚至达到了 0.926 6，这说明第二产业内部资源利用水平和污染物排放治理对生态效率的提高举足轻重。江西的三个关联度中，三产占比的关联度最大，二产占比其次，一产占比关联度最小；其余五个省份均遵循 $\gamma_{02}>\gamma_{03}>\gamma_{01}$ 的规律。江西第三产业占比对生态效率的关联度超过了二产占比，所以要提高该省的生态效率，就要大力发展第三产业。

表 5-6　灰色关联度分析结果

省份	河南	江西	安徽	湖南	湖北	山西
γ_{01}	0.523 5	0.539 2	0.533 8	0.535 4	0.574 9	0.565 5
γ_{02}	0.926 6	0.541 0	0.872 5	0.908 1	0.752 4	0.914 3
γ_{03}	0.691 2	0.652 1	0.772 2	0.741 8	0.648 7	0.607 1

四、研究结论与政策建议

通过对中部六省的区域生态效率评价的实证研究以及对三次产业与生态效率灰色关联度的分析，我们得出以下结论。第一，2002~2011 年中部区域生态效率水平整体有所上升，但整体水平偏低，省域间生态效率差异显著。第二，三次产业占比与区域生态效率的关联度由大到小依次为：二产占比，三产占比，一产占比；河南、湖南、山西和安徽四省二产占比与生态效率关联度显著高于一产占比和三产占比；江西三产占比对生态效率的关联度在三次产业中最高。由于经济发展中的产业结构效应是影响区域生态环境变化的关键因素，特定的产业结构及不同行业的技术水平决定了区域生态效率水平，要提高区域生态效率水平，就必须逐步调整产业结构。从生态效率的角度出发，中部地区产业结构调整和优化的方向应包括以下几点：

（1）加速区域产业结构的优化升级。中部六省产业结构还很不合理，二产占比呈上升态势，2010 年中部六省有四省域二产占比超过了 50%；而三产占比呈明显下降趋势，河南 2010 年三产占比仅有 28.6%，10 年间下降了 11.4%，中部六省三产占比最高的是湖南，但也只有 39.7%。严重扭曲的产业结构势必是造成总部六省生态效率偏低的首要因素。因此要提高区域生态效率，必须适度降低二产占比，改变传统的粗放型经济，加速发展对环境影响较小的第三产业，特别是高技术产业、文化产业。

（2）加强第二产业内部产业升级重组。中部六省二产占比偏高，二产占比对生态效率的关联度在三次产业中又是最大的，因此要提高生态效率水平，就要在第二产业上下功夫。首先要对传统产业进行技术创新，加大科研投入提高产品的资源利用效率，发展先进制造业消除结构性污染；其次要对现有产业，特别是“高投入、高能耗、高污染、低产出”的产业或产品进行淘汰或重组，发展循环经济，促进产业发展。

第六章

资源环境与经济发展模型和案例分析

第一节　资源环境问题

在经济发展过程中，资源问题和环境问题愈发受到社会关注。不惜消耗过量资源，破坏生态环境以换取经济发展的盲目扩张的方式只会走向另一个极端。“资源诅咒效应”醒示我们在生产过程中要走可持续道路，创建资源节约型、环境友好型社会。目前关于资源环境与经济发展的研究模型主要有投入产出模型和资源尾效模型等，本章将对这两个模型进行详细讲述，并利用案例进行分析。

第二节　资源环境与经济发展模型

一、生态系统服务价值评估

（一）模型简介

生态系统服务的价值包括生态价值、社会文化价值和经济价值，也可分为使用价值和非使用价值。近年来，对生态系统服务价值进行评估已成为一项研究热点。开展生态系统服务价值评估可以以定量的方式来衡量生态系统对社会经济系统的主要贡献，同时有利于生态补偿机制的建立。

（二）模型建立

对生态系统服务价值进行评估主要涉及五个步骤[①]：①估价对象以及研究范围的确定；②生态系统服务分类体系的确定；③生态服务类型的估价；④价值的比较和处理；⑤利益相关者分析。

1. 估价对象以及研究范围的确定

估价的直接对象为生态系统服务，即人类在各种生态系统中获得的利益，包括产品和服务。研究范围的划定也是生态系统服务估价空间范围的确定。

2. 生态系统服务分类体系的确定

2001 年联合国发起千年生态系统评估（the millennium ecosystem assessment，MA）是世界上首个针对全球陆地和水生生态系统开展的综合性、多尺度评估项目，这个分类体系也被广大学者采用。在这个分类体系中，生态系统服务可分为四类，即支持服务、供给服务、调节服务、文化服务。其中，支持服务是其他三者的支撑，主要包括土壤形成、养分循环、水分循环等。供给服务主要是指从生态系统中获取的各种资源和产品，调节服务是指从生态系统过程的调节作用中得到的相关利益，而文化服务则是非物质收益。

3. 生态服务类型的估价

在对各类生态系统服务价值进行评估时，首先要保证该服务由公众认可且具市场价值。当前生态系统服务价值评估以瞬时静态为主，评估方法主要有经济学方法和收益转移法。

经济学方法着重从消费者偏好和生态系统服务的市场交换价值角度出发，如市场评估法和非市场评估法。市场评估法一般评估直接利用价值，如生态系统产品（如农产品、林产品等）和旅游文化价值；非市场评估法衡量对生态系统服务使用或损失的支付意愿或者接受补偿的意愿，它基于替代市场和假想市场进行，替代市场反映影子价格和消费者剩余，假想市场则反映支付意愿。非市场价值评估方法多种多样，主要分为展示偏好法和陈述偏好法，前者如享乐价格法和旅行费用法等，后者包括条件价值法和替代费用法等。不足的是，经济学评估方法没有充分考虑生态系统内部的生态学机制和公共服务性，往往低估了生态系统保护的效益价值。

生态学者强调生态系统内部的相互作用，发展了基于能值理论的能值分析法：运用生产成本法将生产生态系统产品或服务的价值用所消耗的太阳能焦耳总量来表示，或者将能值转化为相应的交换价值来表示。

收益转移法，是一种将对生态系统服务有效的评估结果运用到不同社会经济背景下相同或相似资源评估中的方法。此方法一般适用于难以应用非市场价值评估法的大尺度区域，但其结果的准确性争议较大。由于受价值来源地与转移目的地间生物物理属性相似度、服务人群等社会、经济、环境因素的差异影响，评估结果往往需要经过修正和有效性检验。

---

① 戴君虎，王焕炯，王红丽，等. 生态系统服务价值评估理论框架与生态补偿实践[J]. 地理科学进展，2012，31（7）：963-969.

4. 价值的比较和处理

一般来说，不同类型的价值，如直接使用价值、间接使用价值、未使用价值可直接加总。但也可根据实际情况确定价值的优次，对比不同生态系统服务价值的比重从而进行价值汇总处理。

5. 利益相关者分析

生态系统尺度范围不尽相同，生态系统的功能来源于不同时空尺度上所发生的所有地球系统过程。因此，生态系统服务涉及所有的生态学尺度。例如，生物固氮是在个体尺度上增强了土壤肥力，而碳汇却在全球尺度影响了气候。另外，生态系统服务又提供给了各种不同尺度的利益相关者。

二、资源尾效模型

（一）模型简介

资源尾效是指在资源限制情况下经济增长的速度比无限制条件下经济增长速度降低的程度。例如，土地资源尾效代表在土地资源一定时，经济增长因其限制无法充分利用其他资源导致整体生产率下降的影响。目前，国内外学者大多对经济增长路径进行实证研究，并主要基于新古典经济增长理论基础来分析资源环境约束导致的增长尾效。

（二）模型假设

（1）所研究的经济体封闭，同时存在“规模报酬不变性”，也就是说，在经济体中每个个体的生产和消费都是一样的。

（2）个体消费的高低直接影响到社会公民的福利，因此每个人追求效用最大化；而整个社会计划者追求社会效用函数最大化。

（3）假定产出是关于投入的增函数且边际生产力递减。

（4）只生产一种产品，且自然资源只有水、土、能源三种，其他资源包括人力资本、资本、劳动力，同时人力资本能有效作用于劳动力，要素间满足索洛中性。

（5）长期发展过程中人均资源存量呈现非负增长，将自然资源分为两类，人均资源存量随时间保持不变的不可再生资源，以及随时间而增加的可再生资源。

（三）模型建立

根据定义我们就可简单得到资源尾效的模型：

$$\text{Drag} = g_{Y/L}^{\text{bgp}'} - g_{Y/L}^{\text{bgp}} \tag{6-1}$$

其中，Drag 表示资源尾效；$g_{Y/L}^{\text{bgp}'}$ 和 $g_{Y/L}^{\text{bgp}}$ 分别表示无资源限制情况下的人均经济增长率和有资源限制情况下的人均经济增长率。

经典索洛模型考虑了四大要素，即产出 $Y(t)$、资本 $K(t)$、知识 $A(t)$ 和劳动力 $L(t)$，t 表示时间：

$$Y(t)=F\left[K(t),\ A(t), L(t)\right] \tag{6-2}$$

该模型假设资本和有效劳动是规模报酬不变，但此模型中没有考虑自然资源、环境等因素。在 2001 年，Romer 对索洛模型进行扩展，引入自然资源和土地资源并利用 C-D 生产函数进行分析：

$$Y(t)=K(t)^{\alpha}R(t)^{\beta}T(t)^{\gamma}[A(t),L(t)]^{1-\alpha-\beta-\gamma},\ \alpha>0,\beta>0,\gamma>0,\alpha+\beta+\gamma<1 \tag{6-3}$$

其中，R 表示在生产中可以利用的资源量；T 表示土地资源量；α 表示资本的产出弹性；β 表示资源的产出弹性；γ 为土地资源的产出弹性。

在我国经济发展过程中，土地资源一直扮演十分重要的角色，分析土地资源对经济增长的影响具有重要意义。以下我们将着重介绍土地资源的资源尾效效应，同时为简化模型，我们在 C-D 生产函数的基础上只考虑土地资源的影响。构建模型如下：

$$Y(t)=K(t)^{\alpha}T(t)^{\beta}[A(t),L(t)]^{1-\alpha-\beta} \tag{6-4}$$

其中，T 表示土地资源量；β 表示土地资源的产出弹性。因为土地资源限制，土地资源量不会增长，因此土地资源的增长率为零，即 $\dot{T}(t)=0$ 。

而根据索洛模型我们得到

$$\dot{K}(t)=sY(t)-\delta K(t);\dot{L}(t)=nL(t);\frac{\dot{K}(t)}{K(t)}=\frac{sY(t)}{K(t)}-\delta;\dot{A}(t)=gA(t) \tag{6-5}$$

其中，s 表示储蓄率；δ 表示折旧率；n 表示人口增长率；g 则为技术进步增长率。之前我们讨论过稳态条件下各变量以不变的速度增长，在该模型中我们已得到 $T(t)$ 、$L(t)$ 、$A(t)$ 增长速率不变，要得到经济增长的平稳路径说明 $Y(t)$ 和 $K(t)$ 都要以不变的速度增长。

因此对式（6-5）两边分别取对数并对时间进行求导，得

$$g_Y(t)=\alpha g_K(t)+\beta g_T(t)+(1\text{-}\alpha\text{-}\beta)[g_A(t)+g_L(t)] \tag{6-6}$$

$$g_T(t)=0,\quad g_A(t)=g,\quad g_L(t)=n \tag{6-7}$$

$g_Y(t)$、$g_K(t)$、$g_T(t)$、$g_A(t)$ 和 $g_L(t)$ 分别表示产出增长率、资本增长率、土地资源增长率、技术增长率和劳动增长率，另外要达到经济增长平衡路径还需满足 $g_Y(t)=g_K(t)$，综上我们可以得到

$$g_Y^{\text{bgp}}=\frac{(1-\alpha-\beta)(g+n)}{1-\alpha} \tag{6-8}$$

因而人均经济增长率可表示为

$$\begin{aligned}g_{Y/L}^{\text{bgp}}(t)&=g_Y^{\text{bgp}}(t)-g_L^{\text{bgp}}(t)\\&=\frac{(1-\alpha-\beta)(g+n)}{1-\alpha}-n\\&=\frac{(1-\alpha-\beta)-\beta n}{1-\alpha}\end{aligned} \tag{6-9}$$

通过式（6-9）我们可以看出，在土地资源有限的情况下，当 $(1-\alpha-\beta)-\beta n>0$ 时，即技术进步带来的经济增长效应大于土地资源的尾效效应时，人均产出增长率才大于零，经济才会增长。人均产出增长率与土地资源产出弹性呈负相关关系，即土地限制会导致人均产出增长率下降。接下来我们来建立无土地资源限制的人均增长率产出模型。

当土地资源可以长时间不断增加时，我们假定人均土地资源量以不变速度增长，其余假定条件不变，即$\dot{T}(t)=nT(t)$。

则按照相同的推算方法我们可得

$$g_{Y/L}^{\text{bgp}\prime}(t)=\frac{(1-\alpha-\beta)g}{1-\alpha} \tag{6-10}$$

因此，在无土地资源限制条件下人均产出增长率与技术进步增长率成正比，并且该条件下生产率的提高主要是依靠技术进步和创新。可见，技术进步是驱动经济增长的重要因素，发展经济必须对重视和加强科技创新和技术进步。

综合式（6-1）、式（6-8）和式（6-10），我们得到土地资源尾效的具体模型：

$$\text{Drag}=g_{Y/L}^{\text{bgp}\prime}-g_{Y/L}^{\text{bgp}}=\frac{\beta n}{1-\alpha} \tag{6-11}$$

由式（6-11）可看出资源尾效效应随土地资源的产出弹性、人口增长率和资本的产出弹性增加而增加，因此经济发展中不能过分依赖土地资源和资本，而应该利用科学技术带动经济增长。另外，人口的盲目增长同样会导致资源尾效的增强，地区经济发展过程中人口政策同样有必要慎重考虑。

第三节 案例分析

◎ 案例一：土地利用变化的社会经济驱动因子对福建生态系统服务价值的影响[①]

一、土地利用变化的社会经济驱动因子问题分析

土地利用是人与自然交叉最为密切的环节，土地利用以及由此导致的土地覆被变化影响着生态系统的结构和功能，从而导致了生态系统服务价值的变化，研究土地利用/覆被变化对生态系统服务价值变化的影响对于了解区域生态环境变化、维持生态平衡、促进区域经济与环境的协调发展，均具有重要意义，因此，近年来国内学者也逐渐开始在这方面加强研究，取得了一系列研究成果，使生态系统服务价值的研究由静态不断地向动态方向发展。然而研究表明在历史时期，土地利用/覆被变化大都是人类通过土地利用活动——人类的社会经济活动所造成的；也就是说人类社会经济发展造成了土地利用/覆被类型变化，从而导致了生态系统服务价值变化。因此不但要研究土地利用/覆被变化对生态系统服务价值的影响，更应探讨社会经济发展各因素对其影响，以便揭示生态系统服务价值变化的根源，从而做到有的放矢地采取措施，促进区域经济与环境的协调发展。影响土地利用/覆被变化的社会经济因素可分为间接因素和直接因素两类，前者包括

① 姚成胜，朱鹤健，吕晞，等. 土地利用变化的社会经济驱动因子对福建生态系统服务价值的影响[J]. 自然资源学报，2009,（2）：225-233.

人口变化、技术发展、经济增长、政经政策等；后者包括城市化程度、土地利用集约化程度、土地权属、土地投入等。

二、研究方法

1. 生态系统服务价值评价方法

1997 年，Costanza①的研究成果使生态系统服务价值评估的原理和方法从科学意义上得以明确，被认为是近年来生态学界最有影响力的科研成果，其所提供的价值系数在生态系统服务价值评价中也得到了广泛的引用。然而 Costanza 等的研究是基于全球平均状况下所得的研究结果，该项研究某些数据存在较大的偏差；鉴于此，国内学者谢高地等在 Costanza 提出的评价模型基础上，对国内 200 位生态学者进行问卷调查，得出了“中国陆地生态系统服务价值当量因子表”，并定义 1 公顷全国平均产量的农田每年自然粮食产量的经济价值为 1，其经济价值量等于全国平均粮食单产市场价值的 1/7，其他生态系统生态服务价值当量因子是指生态系统的各项生态服务相对于农田食物生产服务贡献的大小，由此便可将权重因子表转换成生态系统服务价值表。参照谢高地等②的方法，根据福建省实际情况，依据式（6-12）可以计算得到福建省单位面积农田生态系统提供食物生产服务的经济价值，比照“中国陆地生态系统服务价值当量因子表”得到福建省不同生态系统单位面积的生态服务价值系数表（表 6-1）。

$$E_a = \frac{1}{7}\sum_{i=1}^{n}\frac{m_i p_i q_i}{M} \tag{6-12}$$

其中，E_a 为单位农田生态系统提供食物生产服务的经济价值（元/公顷）；i 为作物种类，福建省粮食作物主要有稻谷、小麦、甘薯、大豆；p_i 为 i 种粮食作物 2002 年的全国平均价格（元/吨）；q_i 为 i 种粮食作物单产（吨/公顷）；m_i 为 i 种粮食作物的播种面积（公顷）；M 为粮食作物播种的总面积。

表 6-1 各种生态系统服务价值系数

生态系统类型	森林	草地	农田	湿地	水体	荒漠
价值系数/[元/（公顷·年）]	21 599	71 517	6 831	61 989	45 441	415

为研究土地利用变化对生态系统服务价值变化的影响，必须得到不同土地利用类型生态系统服务价值系数，参照已有的研究成果，将福建省土地利用类型与表 6-1 划分的生态系统进行对照，如表 6-2 所示。

表 6-2 与土地利用类型相对应的生态系统类型及其生态价值系数

生态系统类型	森林	林地	草地	园地	建设用地	水域	未利用土地
相应生态系统	农田	森林	草地	农田	荒漠	水体和湿地	荒漠
生态价值系数/[元/（公顷·年）]	6 831	21 599	7 157	6 831	415	53 715	415

① Costanza R. The Development of Ecological Economics[M]. Cheltenham：Edward Elgar Publishing，1997.

② 谢高地，周海林，鲁春霞，等. 我国自然资源的承载力分析[J]. 中国人口·资源与环境，2005，15（5）：93-98.

根据表 6-2，可以得到福建省生态系统服务总价值，其计算公式为

$$\mathrm{ESV}_i = \sum_{i=1}^{n} P_i \times A_i \tag{6-13}$$

其中，ESV_i 为 i 年的生态系统服务总价值；P_i 为 i 类型土地单位面积生态系统服务价值系数；A_i 为土地利用类型 i 的面积。

2. 土地利用/覆被数据来源

土地利用/覆被的基础数据来源于福建省国土资源厅 1995~2005 年连续 11 年的土地利用变更详查资料。参照国家通用土地分类系统以及实际情况，将福建省土地分为 7 种类型：耕地；林地；园地；草地，包括牧草地和未利用土地中的荒草地；建设用地，包括居民点、工矿用地和交通建设用地；水域；未利用土地，包括沙地、裸地、盐碱地和其他未利用土地。

3. 生态系统服务价值变化与土地利用变化驱动因子关系分析

如前所述，历史时期社会经济发展是影响土地利用/覆被变化的根本原因，因此探讨典型区域经济快速发展时期，社会经济发展各因素对其生态系统服务价值的影响对于协调区域经济发展和生态环境建设具有极其重要的意义，同时也可以为相似地区提供一定的借鉴。福建省位于我国东南沿海，是我国经济较为发达的地区之一。1995 年以来，福建省社会经济快速发展，其地区生产总值 Y（以 2002 年不变价格计算）由 1995 年的 230 115 亿元上升到 2005 年的 6 164 128 亿元，增长了 3 862 178 亿元，年均增长 15 126%；与此同时其城市化水平也相应地由 18.7%上升到 31.4%，总人口数由 3 237 万上升到 3 535 万。拟从以下两个方面来分析社会经济发展因素对生态系统服务价值的影响。

（1）相关性分析：利用 SPSS 软件分析福建省生态系统服务价值与其地区生产总值 Y、城市化水平和总人口之间的相关关系，以期定量揭示生态系统服务价值与社会经济发展各因子之间的关系。

（2）敏感性分析：根据经济学弹性分析的原理，只要两个变量之间存在着函数关系，我们就可以用弹性来表示因变量对自变量变化反应的敏感程度。因此我们通过定义生态系统服务价值敏感性系数（sensitivity coefficient，SC）来定量揭示生态系统服务价值对社会经济发展各因子的敏感性程度。敏感性系数是指因变量变化百分比与自变量变化百分比之间的比值；如果敏感性系数大于 1，则表明自变量较小的变化能引起因变量较大的变化，因而称因变量对自变量的变化富有敏感性；反之，则称因变量对自变量缺乏敏感性。生态系统服务价值敏感性计算公式为

$$\mathrm{SC}_{ij} = \left|\frac{(\mathrm{ESV}_{i+1} - \mathrm{ESV}_i)/\mathrm{ESV}_i}{(\mathrm{IF}_{(i+1)j} - \mathrm{IF}_{ij})/\mathrm{IF}_{ij}}\right| = \left|\frac{\Delta\mathrm{ESV}_i/\mathrm{ESV}_i}{\Delta\mathrm{IF}_{ij}/\mathrm{IF}_{ij}}\right| \tag{6-14}$$

其中，SC_{ij} 为 i 年的生态系统服务价值相对于影响其变化的 j 种社会经济因素的敏感性系数；ESV_{i+1} 和 ESV_i 分别为 i+1 和 i 年的生态系统服务价值；$\mathrm{IF}_{(i+1)j}$ 和 IF_{ij} 分别为 i+1 和 i 年影响生态系统服务价值变化的 j 种社会经济因素（impacting factors，IF），即我们所分析的总人口数、地区生产总值 Y 和城市化水平。

三、结果与分析

1. 福建省生态系统服务价值变化分析

根据式（6-13）计算得到 1995~2005 年福建省生态系统服务价值，见表 6-3。

表 6-3　1995~2005 年福建省生态系统服务价值（单位：亿元）

年份	耕地	林地	草地	园地	建设用地	水域	未利用土地	合计
1995	131.37	1 803.71	39.98	38.60	1.78	233.84	0.53	2 249.81
1996	129.19	1 804.28	39.08	40.10	1.84	234.71	0.53	2 249.73
1997	127.27	1 804.67	39.20	40.90	1.90	235.18	0.54	2 249.65
1998	126.22	1 805.00	38.76	41.26	1.94	235.64	0.57	2 249.39
1999	125.95	1 804.03	38.56	41.54	1.98	236.35	0.57	2 248.97
2000	125.84	1 802.39	38.36	41.73	2.00	236.37	0.58	2 247.26
2001	125.75	1 800.43	38.62	41.77	2.03	237.08	0.58	2 246.26
2002	125.38	1 800.33	38.48	41.75	2.05	238.37	0.58	2 246.94
2003	124.96	1 799.57	38.11	41.96	2.10	238.05	0.58	2 245.33
2004	124.58	1 797.80	37.79	42.15	2.14	238.74	0.58	2 243.79
2005	124.13	1 796.70	37.09	42.31	2.19	239.14	0.58	2 242.14

从表 6-3 可以看出，在福建省生态系统服务价值的构成中，林地的生态系统服务价值所占比重最大，达到 80%以上；其次分别为水域约占 10.50%，耕地约占 5.50%，园地约占 1.80%，草地约占 1.70%，建设用地约占 0.10%，未利用土地约占 0.03%。1995~2005 年福建省耕地、林地、草地的生态系统服务价值呈明显下降趋势，11 年来其生态系统服务价值分别减少 7.24 亿元、7.01 亿元、2.89 亿元，分别减少了 5.51%、0.39%和 7.23%，可见草地的生态系统服务价值下降最快，耕地次之，林地最慢；而园地、建设用地、水域的生态系统服务价值则呈明显增加趋势，其生态系统服务价值分别增加了 3.71 亿元、0.41 亿元、5.30 亿元，分别增加了 9.61%、23.03%和 2.27%，可见建设用地的生态系统服务价值增加最快，园地次之，水域最慢。由于耕地、林地、草地生态系统服务价值减少的总量为 17.14 亿元，明显高于园地、建设用地、水域、未利用土地生态系统服务价值增加的总量，即 9.47 亿元，因而导致福建省生态系统服务总价值由 1995 年的 2 249.81 亿元下降到 2242.14 亿元，11 年来其总价值减少了 7.67 亿元，年均减少 0.697 亿元。

2. 生态系统服务价值变化与土地利用驱动因子的相关性分析

1995~2005 年福建省人口、地区生产总值和城市化水平如表 6-4 所示。将福建省生态系统服务总价值和总人口数、地区生产总值和城市化水平三个社会经济发展因素输入 SPSS 中进行 Pearson 相关分析后发现，它们之间存在着极为显著的负相关关系，其相关系数分别为−0.941、−0.929 和−0.961；并且它们之间可以用二次多项式方程或线性方程进行很好的拟和，它们之间的相关关系图及其拟和方程分别如图 6-1~图 6-3 所示（图 6-1~图 6-3 中的 y 轴表示 ESV，x 轴分别表示人口、城市化水平和地区生产总值）。

表 6-4 研究时段福建省的人口、地区生产总值和城市化水平

年份	人口/万人	地区生产总值/亿元	城市化水平/%
1995	3 237	2 301.50	18.7
1996	3 261	2 592.82	19.2
1997	3 272	2 962.01	19.6
1998	3 309	3 282.94	19.9
1999	3 356	3 577.93	20.3
2000	3 390	3 869.5	20.6
2001	3 440	4 253.68	21.1
2002	3 466	4 705.89	23.5
2003	3 488	5 207.83	29.7
2004	3 511	5 804.96	30.9
2005	3 535	6 164.28	31.7

注：表中地区生产总值数据为以 2002 年不变价格计算所得结果

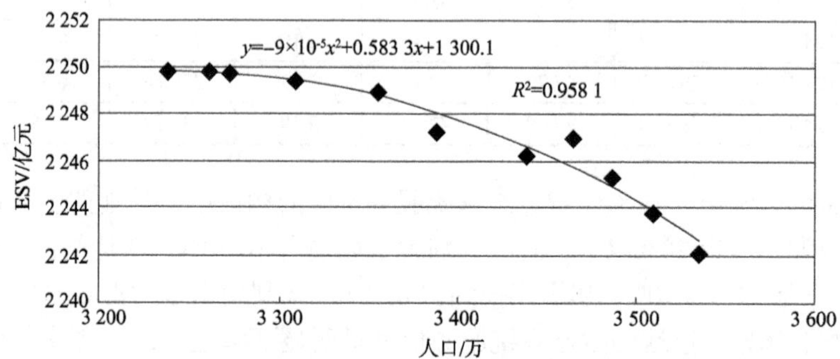

图 6-1 生态系统服务价值与人口增长的相关趋势

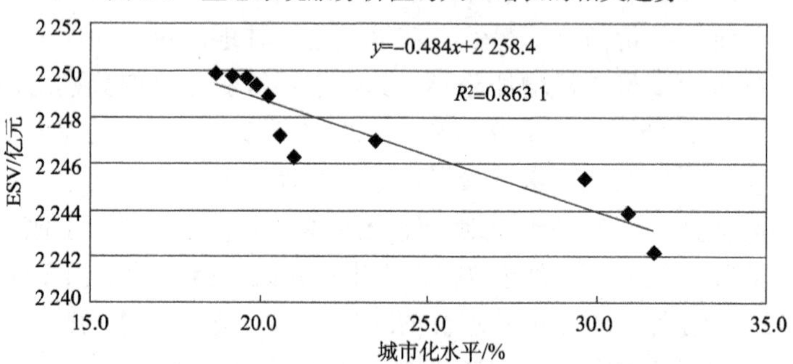

图 6-2 生态系统服务价值与城市化水平发展的相关趋势

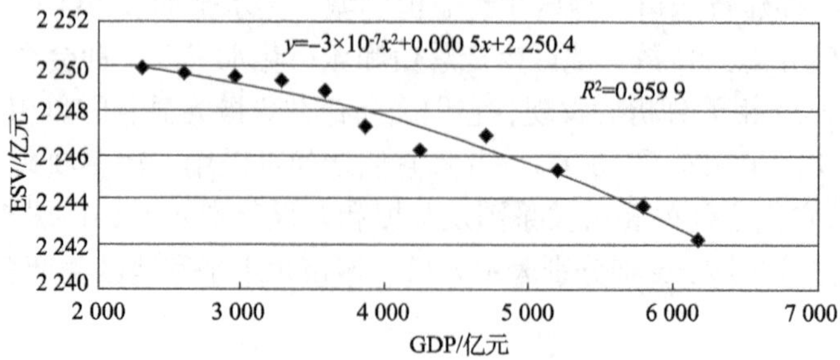

图 6-3 生态系统服务价值与经济增长的相关趋势

从图 6-1~图 6-3 中可以明显看出，福建省在经济快速发展时期，人口增长、经济发展、城市扩展对区域的生态环境具有明显的压力和负面作用。如果生态系统服务总价值能在一定程度上代表区域的生态环境质量，那么就可以得出当前福建省社会经济发展是以生态环境质量的下降为代价的；1995~2005 年，其平均每年下降的生态系统服务价值（0.697 亿元），即为其社会经济发展所付出的生态成本。从生态系统服务价值评估的角度上看，社会经济发展之所以导致生态环境质量的下降，是因为生态价值系数高的林地、耕地、草地不断地向生态价值系数低的园地和建设用地发展；其原因是，1995 年以来福建省亚热带水果种植得到巨大发展，许多林地、草地不断地被开垦为各种类型的果园；同时工业化和城市化的快速发展，又使耕地、草地不断向建设用地发展。1995~2005 年，福建省林地面积由 835 万公顷减少到 831.85 万公顷，减少了 3.15 万公顷；草地面积由 55.86 万公顷减少到 51.82 万公顷，减少了 4.04 万公顷；耕地面积由 192.32 万公顷下降到 181.71 万公顷，减少了 10.61 万公顷；而园地面积则由 56.51 万公顷增加到 61.94 万公顷，增加了 5.43 万公顷，年均增长 0.49 万公顷；建设用地面积由 42.82 万公顷增加到 52.84 万公顷，增加了 10.02 万公顷，年均增加 0.91 万公顷。

3. 生态系统服务价值变化与土地利用驱动因子的敏感性分析

将福建省生态系统服务总价值、总人口数、地区生产总值和城市化水平代入式(6-14)，分别计算得到 1995~2004 年福建省生态系统服务总价值相对于总人口数、地区生产总值和城市化水平变化的敏感性系数，如表 6-5 所示。从表 6-5 中可以看出以下几点：

表 6-5　福建省生态系统服务价值相对于总人口数、地区生产总值和城市化水平的敏感性系

年份	$SC_{总人口数}$	$SC_{地区生产总值}$	$SC_{城市化水平}$
1995	0.004 4	0.000 3	0.001 2
1996	0.010 4	0.000 2	0.001 7
1997	0.010 3	0.001 1	0.007 6
1998	0.013 3	0.002 1	0.009 4
1999	0.035 4	0.004 4	0.024 2
2000	0.030 3	0.004 5	0.018 4
2001	0.040 6	0.002 9	0.002 7
2002	0.085 9	0.006 7	0.002 7
2003	0.104 1	0.006 0	0.017 0
2004	0.107 6	0.011 9	0.028 4
1995~2004	0.037 0	0.002 0	0.004 9

首先，生态系统服务价值变化对人口增长、经济发展和城市扩展均缺乏敏感性（表现在生态系统服务价值对三者的敏感性系数均远小于 1，最大值为 2004 年生态系统服务价值对人口的敏感性系数，其值为 0.107 6），即总人口数、地区生产总值、城市化水平的较大变化，只能引起生态系统服务价值较小的变化，也就是说总人口数、地区生产总值、城市化水平的变化速度要远大于生态系统服务价值的变化速度。人类社会是由人口-

经济–生态环境耦合而成的一个复合系统，人类社会经济的发展过程就是整个复合系统的不断耦合协调的过程。根据系统科学原理，系统在发展过程中存在快驰豫变量和慢驰豫变量两类，其中慢驰豫变量是决定系统相变进程的根本变量，即系统的序参量。系统在由无序向有序的发展过程中，序参量不但左右着系统相变的特征与规律，而且还起着支配其他快驰豫变量的作用。根据生态系统服务价值对总人口数、地区生产总值、城市化水平的敏感性分析可知，在人口–经济–生态环境的复合系统中，生态环境是复合系统的序参量，在复合系统处于非平衡相变过程中，生态环境将对系统的发展起着决定性作用；因此也从另一侧面证实了在社会经济发展的过程中，生态环境的保护必须得到更大的重视，因为作为系统发展的序参量，生态环境一旦恶化便很难或根本无法恢复，使得其所提供的某些生态系统服务功能不断减小或完全散失，因而必将严重制约着社会经济的进一步发展。

其次，总人口数、地区生产总值和城市化水平三个影响生态系统服务价值的因素中，生态系统服务价值变化对人口的增长最为敏感，然后是城市化水平，而对地区生产总值增长反应最不敏感；1995~2004 年生态系统服务价值对三者的敏感性系数依次为 0.037 0、0.004 9 和 0.002 0。福建省生态系统服务价值变化之所以对人口最为敏感是因为：①人口增长使食物、住房、交通、城市建设等各方面需求不断增加，是促使土地利用/覆被变化的根本原因；②福建是人多地少的典型省份，相关研究表明福建省人口总量已远超过了生态环境承载能力，因此相对于其他两个因素来说，人口的较小变化能导致生态系统服务价值的较大变化。城市化的发展，直接使具有较高生态价值的耕地、草地等土地类型向生态价值较低的城镇、交通建设用地等土地类型转变，从而导致生态系统服务价值不断下降，因此生态系统服务价值变化对城市化的发展也具有相对较高的敏感性；而经济发展则综合了第一、第二、第三产业等各个方面的发展情况，因此生态系统服务价值变化对其最不敏感。

最后，不论从总人口数、地区生产总值还是从城市化水平哪个方面来讲，生态系统服务价值变化对三者的敏感性都表现出极为显著的线性增强趋势。1995~2004 年，生态系统服务价值变化对人口的敏感性系数由 0.004 4 上升到 0.107 6，增加了 23.45 倍；对地区生产总值增加的敏感性系数由 0.000 3 上升为 0.011 9，增加了 38.67 倍；对城市化水平的敏感性系数由 0.001 2 上升到 0.028 4，增加了 22.67 倍。生态系统服务价值变化对社会经济各因素变化的敏感性不断增强，其所表明的意义为，不论是单位人口的增长、单位地区生产总值增加还是单位城市化水平的提高，其逐年所付出的生态代价都在急剧上升，其所付出的生态环境代价的大小可以根据公式（6-14）反推得出，其计算公式为

$$\left|\Delta \mathrm{ESV}_i\right| = \mathrm{SC}_{ij} \times \mathrm{ESV} \times (\Delta \mathrm{IF}_{ij} / \mathrm{IF}_{ij}) \tag{6-15}$$

其中，各符号的意义与式（6-14）相同。

根据式（6-15）计算可得，当 $\Delta \mathrm{IF}_{ij} / \mathrm{IF}_{ij}$ 变化量为 1%时，即当人口增加 1%、城市化水平提高 1%、GDP 增长 1%，其所付出的生态系统服务代价在 1995 年分别为 0.10 亿元、0.03 亿元和 0.01 亿元，而到 2004 年则分别上升到 2.41 亿元、0.61 亿元和 0.27 亿元，10 年来分别上升了 23.23 倍、22.07 倍和 44.68 倍。

四、研究结论与政策建议

（1）1995~2005年福建省生态系统服务总价值呈较为明显的下降趋势，并与人口、地区生产总值、城市化水平呈现出极为显著的负相关关系，这表明福建省社会经济发展对区域生态环境具有明显的压力和负作用，社会经济发展是以牺牲一定的生态系统服务为代价而获得的。敏感性分析表明，生态系统服务价值变化对总人口数、地区生产总值、城市化水平三个因素均缺乏敏感性；根据敏感性分析并从系统科学观点看，在人口-经济-生态环境组成的复合系统中，生态环境是系统的序参量，对复合系统的发展起着决定作用；相对来说生态系统服务价值变化对人口增长最为敏感，其次为城市化水平，而对经济发展的敏感性最弱；1995~2005年来，生态系统服务价值变化对总人口数、地区生产总值、城市化水平的敏感性程度均显著增强，表明在获取相同社会经济发展分量时，所付出的生态环境代价在急剧升高。

（2）由于我们在计算各生态系统服务价值变化的过程中，只考虑了其面积因素，没有考虑某些生态系统，如森林、草地等的退化因素，而且各生态系统面积数据是来源于福建省国土资源厅的统计，因此各生态系统服务价值变化的计算结果可能会存在一定的偏差。

（3）研究表明，福建省的人口总量已经超过生态环境的容量，生态系统服务价值对人口增长也最为敏感，因此必须根据实际情况严格控制人口增长，即控制导致生态系统服务价值下降的根本原因，从而达到维护和保持良好生态环境的目的；然后，必须合理规划利用土地，采取切实有效的行政、法律和经济手段，扭转城市、交通建设大量占用耕地、林地、草地等生态系统服务价值高的土地类型，积极实行土地整理，实现耕地的占补平衡，并进一步加强森林的保护力度，积极推进植树造林工作，进一步提高福建省的森林覆盖率。

◎案例二：基于内生经济增长理论的城市化进程中资源环境“尾效”分析①

一、基于内生经济增长理论的城市化进程中资源环境“尾效”问题分析

资源环境是经济发展过程中的基础和必要因素，从可持续发展的角度上讲，自然资源、环境等因素对长期经济增长至关重要。然而，现实世界中，自然资源数量有限，环境容量有度，任何试图进行一味的消耗资源和破坏环境来永久性增加产出的路径是行不通的，注定最终将资源耗尽。所以，资源有限性所施加的限制以及环境污染等问题都有可能构成可持续发展的约束。新经济增长理论将技术内生化，更好地刻画了当代经济增长的动力机制，更符合可持续发展的理论要求。对于资源环境约束导致的增长尾效分析，国内外学者大都将实证研究放在经济增长的路径上，而且是基于新古典经济增长理论进行研究的。20世纪80年代后期内生增长模型的兴起，使一些经济学家开始将自然资源、

① 刘耀彬，杨新梅. 基于内生经济增长理论的城市化进程中资源环境“尾效”分析[J]. 中国人口·资源与环境，2011，21（2）：24-30.

环境污染等因素纳入内生增长模型。

二、研究方法

1. 模型假设

（1）假定经济体是封闭的，并且规模报酬不变。

（2）假设经济产出的高低直接影响到社会公民的福利，对于每个个人就是追求效用最大化；而整个社会计划者，各个效用函数可以累加，该问题就成了追求社会效用函数最大化问题。

（3）资源是经济生产所必需的和基本的要素，即经济学中所谓的“没有免费的午餐”。资源生产要素与经济产出之间满足经济学关于生产要素的基本假设，即 y 是关于 r 的增函数且边际生产力递减。

（4）在经济生产过程中只有一种产品，且只有一类资源，环境污染物也只有一类，这里不考虑消费产生的污染，仅考虑生产过程中资源消耗产生的污染。将生产过程中产生的环境污染物视为生产中资源消耗产生的副产品，从而纳入生产函数成为城市化水平函数的内生变量，对经济产出产生负效应。

（5）长期发展过程中人均资源存量具有非负增长，人均资源存量非负增长意味着人均资源存量随时间保持不变（不可再生资源）或随时间而增加（可再生资源）。

2. 模型推导

（1）经济增长的资源环境消耗“尾效”模型。为了使问题简化，本书假定劳动力为常数，并标准化为 1，每个生产者将以一定的比例 u 的时间来从事生产，如果该生产者从事生产和学习及培训等的时间为一个单位的话，则每个生产者将以 $1-u$ 的比例的时间来从事人力资本建设（如接受教育培训等）。则人力资本变动的方程可以表示为

$$\dot{h} = B(1-u)h \tag{6-16}$$

其中，$\dot{h}$ 为人力资本的变化率；B 为正常数，表示“学习生产率”参数。将资源和环境纳入生产函数并假设生产函数为 Cobb-Douglas 型，这样人均产出可以表示为

$$y = Ak^{\alpha}(uh)^{\beta} r^{\gamma} p^{-\eta} \tag{6-17}$$

其中，A 为技术参数；k 为人均物质资本；r 为人均资源投入；p 为人均污染物。$0<\alpha$，β，γ，$\eta<1$，这里的环境污染对人均产出是负效应，所以其弹性系数 η 前面加上负号。为计算方便，假定规模报酬不变，于是有

$$\alpha + \beta + \gamma - \eta = 1 \tag{6-18}$$

假定人均物质资本满足如下变化方程：

$$\dot{k} = Ak^{\alpha}(uh)^{\beta} r^{\gamma} p^{-\eta} - c - \delta k \tag{6-19}$$

其中，c 为人均消费；δ 为资本折旧率；$\dot{k}$ 为人均资本变化率。

根据假设：资源是经济生产所必需的和基本的要素，即 $r=0$ 时，$y=0$；若 $y>0$，则 $r>0$。这一假设的合理性从经济学角度来看是明显的，即经济学中所谓的“没有免费的午餐”。假定经济产出，即 y 是关于资源生产要素 r 的增函数且边际生产力递减。在保证经济可

持续增长的前提下，由于本书定义长期发展过程中人均资源存量 s 具有非负增长，人均资源存量非负增长意味着人均资源存量随时间保持不变（不可再生资源）或随时间而增加（可再生资源）。所以人均资源存量的变动方程可以表示为

$$\dot{s} = vx - r \tag{6-20}$$

其中，$\dot{s}$ 表示人均资源存量变化率；v 为资源再生率，r 为当期的人均资源投入量。当资源为不可再生资源时，资源再生率 v=0；当资源为可再生资源时，v>0。对于环境约束，本书只考虑生产过程中自然资源开发利用产生的污染，对消费产生的污染暂时不考虑。将生产过程中产生的环境污染物视为生产中资源消耗产生的副产品，从而纳入生产函数成为城市化水平函数的内生变量，对经济产出产生负效应，因此，产出函数是关于环境污染的减函数。假定环境污染流量方程可以表示为

$$p = \sigma^{\lambda} r, \quad \sigma, \lambda > 0 \tag{6-21}$$

其中，p 为环境污染流量；r 为当期人均资源投入消耗量；λ 为资源消耗对环境污染的产出弹性系数。人均资源消耗增多，带来的人均污染物也随之相应增多。

假设经济产出的高低直接影响到社会公民的福利，对于社会计划者，该问题就变为求解效用函数最大化问题，在一般的增长模式中，社会福利只是消费的函数，社会福利最大化也就是消费效用。因此，该问题就变成求解效用函数最大化问题：

$$\max u = \max \int_0^{\infty} \frac{c^{1-\varepsilon}}{1-\varepsilon} \mathrm{e}^{-pt} \mathrm{d}t, \quad \varepsilon, p > 0, \ \varepsilon \neq 1 \tag{6-22}$$

其中，u 为效用；c 为人均消费；p 为效用贴现率；ε 为正数，ε 为跨时替代弹性系数。式（6-22）的约束条件为式（6-19）~式（6-21）。

根据最优控制理论，构造现值 Hamilton 函数：

$$H = \frac{c^{1-\varepsilon}}{1-\varepsilon} + \theta_1 \left[Ak^{\alpha} (uh)^{\beta} r^{\gamma} p^{-\eta} - c - \delta k \right] + \theta_2 (vs - r) + \theta_3 (1-u) Bh \tag{6-23}$$

其中，p 可以被 σr^{λ} 替代，则 Hamilton 函数变为

$$H = \frac{c^{1-\varepsilon}}{1-\varepsilon} + \theta_1 \left[Ak^{\alpha} (uh)^{\beta} r^{\gamma} \sigma^{-\eta} r^{-\lambda\eta} - c - \delta k \right] + \theta_2 (vs - r) + \theta_3 (1-u) Bh \tag{6-24}$$

控制变量 $c \geqslant u[0,\ 1]$、$r \geqslant 0$ 与状态变量 k、s、h 的一阶条件为

$$\partial H / \partial c = c^{-\varepsilon} - \theta_1 = 0 \tag{6-25}$$

$$\partial H / \partial u = \beta \theta_1 A k^{\alpha} u^{\beta-1} h^{\beta} r^{\gamma-\lambda\eta} \sigma^{-\eta} - \theta_3 Bh = 0 \tag{6-26}$$

$$\partial H / \partial r = (\gamma - \gamma\eta) \theta_1 A k^{\alpha} (uh)^{\beta} r^{\gamma-\lambda\eta-1} \sigma^{-\eta} - \theta_2 = 0 \tag{6-27}$$

$$\dot{\theta}_1 = p\theta_1 - \partial H / \partial k = p\theta_1 - \theta_1 \left[\alpha A k^{\alpha-1} (uh)^{\beta} r^{\gamma-\lambda\eta} \sigma^{-\eta} - \delta \right] = 0 \tag{6-28}$$

$$\dot{\theta}_2 = p\theta_2 - \partial H / \partial s = p\theta_2 - v\theta_2 \tag{6-29}$$

$$\theta_3 = p\theta_3 - \beta \theta_1 A k^{\alpha} u^{\beta} h^{\beta-1} r^{\gamma-\lambda\eta} \sigma^{-\eta} + \theta_3 B(1-u) \tag{6-30}$$

其中，θ_1、θ_2 和 θ_3 分别为人均物质资本、人均资源和人均人力资本的影子价格，其横截性条件为

$$\begin{cases} k(t) \geqslant 0,\ s(t) \geqslant 0,\ h(t) \geqslant 0 \\ \lim\limits_{t\to\infty} u_1(t)k(t)\mathrm{e}^{-pt} = 0 \\ \lim\limits_{t\to\infty} u_2(t)s(t)\mathrm{e}^{-pt} = 0 \\ \lim\limits_{t\to\infty} u_3(t)h(t)\mathrm{e}^{-pt} = 0 \end{cases} \tag{6-31}$$

为方便求出均衡解和运算，本书令 g_I 各个变量的增长率，即 $g_I = \dfrac{\dot{I}}{I}$ 则有

$$g_h = \frac{\dot{h}}{h},\ g_s = \frac{\dot{s}}{s},\ g_k = \frac{\dot{k}}{k},\ g_{\theta_1} = \frac{\dot{\theta}_1}{\theta_1},\ g_{\theta_2} = \frac{\dot{\theta}_2}{\theta_2},\ g_{\theta_3} = \frac{\dot{\theta}_3}{\theta_3} \tag{6-32}$$

根据动态优化理论，经济社会最优增长路径下，各经济变量的增长速度呈现均衡增长的特性。显然根据各个变量的约束方程可以求得各变量在稳态中的增长率，进而分析各种参数如何影响这些增长率,可以发现怎样才能实现资源环境和城市化的可持续发展。

由式（6-19）~式（6-21）分别可以得到人均人力资本增长率 g_h、人均物质资本增长率 g_k 和人均资源投入增长率 g_s:

$$g_h = \frac{\dot{h}}{h} = B(1-u) \tag{6-33}$$

$$g_k = \frac{\dot{k}}{k} = Ak^{\alpha-1}(uh)^{\beta} r^{\gamma-\lambda\eta}\sigma^{-\eta} - \frac{c}{k} - \delta = \frac{y}{k} - \frac{c}{k} - \delta \tag{6-34}$$

$$g_s = \frac{\dot{s}}{s} = v - \frac{r}{s} \tag{6-35}$$

由于稳态下各变量的增长率为常量，y/k 为常数，c/k 为常数，r/s 为常数，即

$$g_y = g_k = g_c \tag{6-36}$$

$$g_r = g_s \tag{6-37}$$

再将 $y = Ak^{\alpha}(uh)^{\beta} r^{\gamma} p^{-\eta}$ 两边同时对时间求导得

$$g_y = \alpha g_k + \beta g_h + (\gamma - \lambda\eta)g_r \tag{6-38}$$

由式（6-31）和式（6-33）可继续推出：

$$(1-\alpha)g_y = \beta g_h + (\gamma - \lambda\eta)g_r,\ g_y = \frac{\beta g_h + (\gamma - \lambda\eta)g_r}{1-\alpha} \tag{6-39}$$

由式（6-26）~式（6-32）可求得

$$g_{\theta_1} = \frac{\dot{\theta}_1}{\theta_1} = -\varepsilon\frac{\dot{c}}{c} = -\varepsilon g_c \tag{6-40}$$

$$g_{\theta_1} = \alpha g_k + (\beta - 1)g_h + (\gamma - \lambda\eta)g_r = g_{\theta_3} \tag{6-41}$$

$$g_{\theta_1} + \alpha g_k + \beta g_h + (\gamma - \gamma\eta - 1)g_r = g_{\theta_2} \tag{6-42}$$

$$g_{\theta_3} = \frac{\dot{\theta}_3}{\theta_3} = p - B(1-u) - \frac{\theta_1\beta y}{h\theta_3} \tag{6-43}$$

$\Rightarrow \dfrac{\theta_1 y}{h\theta_3}$ 为常数，对其求导整理可得

$$g_{\theta_1}+g_y=g_h+g_{\theta_3} \tag{6-44}$$

$$g_{\theta_2}=\frac{\dot{\theta}_2}{\theta_2}=p-v \tag{6-45}$$

由式（6-34）、式（6-38）、式（6-40）~式（6-45）可求得

$$g_y=\frac{(\gamma-\lambda\eta)(v-p)+\beta g_h}{(1-\alpha)-(1-\varepsilon)(\gamma-\lambda\eta)} \tag{6-46}$$

从式（6-46）可知，纳入人力资本的内生增长模型存在均衡解，模型在长期内趋于稳定，故探讨该模型在长期内的“增长尾效”有意义。为了进一步探讨内生经济增长下的“尾效”，考虑平衡增长路径，由式（6-38）得到

$$g_y=\frac{\beta g_h+\gamma g_r-\eta g_p}{1-\alpha} \tag{6-47}$$

从式（6-47）可以看出，人均产出的增长率与物质资本的弹性系数 α、资源消耗弹性系数 γ 和人力资本弹性系数 β 与人力资本增长率 gh 成正比，与环境污染的弹性系数 η 成反比。

作为一种简化，假定经济增长中总的“尾效”等于自然资源和环境污染对经济增长“尾效”之和。如果考察经济增长中资源环境要素包括能源、土地、水资源和环境污染，相应的资源 r 的弹性系数 γ 可以分成表述为 γ_e，γ_t，γ_w。根据经济学分析方法，这种简化当然包括二种情形：一是从长期看，假设单位劳动力拥有土地和水资源始终保持不变，总的能源数量不变，得到能源对经济增长的尾效，即能源不受限制与能源受到限制情形下的单位劳动力产出增长率之差，有 $\text{Drag}_e^g=\frac{\beta g_h+\beta g_L+\gamma_e n}{1-\alpha}-\frac{\beta g_h+\beta g_L}{1-\alpha}=\frac{\gamma_e n}{1-\alpha}$，同理可得土地资源的尾效为 $\text{Drag}_t^g=\frac{\beta g_h+\beta g_L+\gamma_t n}{1-\alpha}-\frac{\beta g_h+\beta g_L}{1-\alpha}=\frac{\gamma_t n}{1-\alpha}$，水资源的尾效为 $\text{Drag}_w^g=\frac{\beta g_h+\beta g_L+\gamma_w n}{1-\alpha}-\frac{\beta g_h+\beta g_L}{1-\alpha}=\frac{\gamma_w n}{1-\alpha}$；二是假设人均劳动力环境污染量增长与人均劳动力污染量不变的情况下，得到污染不受限制与受到限制情形下的单位劳动力增长率之差，有 $\text{Drag}_p^g=-\left(\frac{\beta g_h+\beta g_L+\eta n}{1-\alpha}-\frac{\beta g_h+\beta g_L}{1-\alpha}\right)=-\frac{\eta n}{1-\alpha}$。由此可得能源、水资源、土地资源、环境污染对经济增长的尾效之和为

$$\text{Drag}_{ewp}^g=\frac{(\gamma_e+\gamma_t+\gamma_w+\eta)n}{1-\alpha} \tag{6-48}$$

（2）城市化进程中的资源消耗尾效模型。为了进一步研究城市化进程中的资源消耗“尾效”，需要建立城市化与经济增长之间的联系方程。从经济角度看，城市化是在空间体系下的一种经济转换过程。人口和经济向城市集中是集聚经济和规模经济作用的结果，经济增长必然带来城市化水平的提高，而城市化水平的提高无疑又加速经济增长。因此，城市化与经济发展之间具有极为密切的关系。大量跨国和时间序列数据证实，国家或地区的城市化水平与经济增长之间的关系既不符合线性相关，也不符合双曲线模式，而是一种十分明显的半对数曲线关系。对此，也得到充分的理论推导和验证。于是，该含义

可以写成公式：

$$U = a + b\ln y + \xi,\ a < 0, b > 0 \tag{6-49}$$

其中，U 为城市化水平；y 表示人均产出。为了便于与人均产出增长率[式（6-47）]相衔接，我们令 $a = \frac{\ln\bar{\omega}}{\pi}$，$b = \frac{1}{\pi}$，并将其代入式（6-49），得到

$$y = \bar{\omega}e^{\pi U}e^{\xi},\ \bar{\omega} > 0, \pi > 0 \tag{6-50}$$

对式（6-50）进一步求导和变形，得

$$\dot{U} = \frac{1}{\pi}g_y \tag{6-51}$$

其中，$\dot{U}$ 表示城市化水平的年增长率；π 为城市化对人均产出的弹性值：$\pi = \frac{\mathrm{d}y/y}{\mathrm{d}u}$，将式（6-46）代入式（6-51）得到城市化水平的年增长的关系方程：

$$\dot{U} = \frac{1}{\pi}\frac{(\gamma - \lambda\eta)(v - p) + \beta gh}{(1-\alpha) - (1-\varepsilon)(\gamma - \lambda\eta)} \tag{6-52}$$

联立式（6-47）和式（6-52），得资源环境对城市化水平的增长尾效为

$$\mathrm{Drag}_{ewp}^{U} = \frac{1}{\pi}\frac{(\gamma_e + \gamma_t + \gamma_w + \eta)n}{1-\alpha} \tag{6-53}$$

三、结果与分析

（一）数据来源与处理

所有数据均来自于《江西统计年鉴》（1979~2009 年）、《江西五十五年统计资料汇编》和《江西省水利公报》（2000~2009 年）。从这些资料中采集得到 1978~2008 年江西省生产总值（Y）、总用水量（W）、能源消耗量（E）、环境污染量（P）、人力资本（H）等数据。考虑到数据的获取性，本书以工业二氧化硫的排放量作为环境污染量（P）的数据，这种方法也被很多学者应用，具有易操作性的优点，也有代表性。同时，考虑到城市化是农村地区转变为城市地区的过程，因此用耕地面积简便代替土地资源面积（T）。其中，为了统一数据口径，书中用到的人均数据都是除以江西省各年的劳动力人口数得到的。Y 是以 1978 年为基准的缩减指数折算变成不变价，人力资本是运用平均教育年限法计算出来的。

统计年鉴中并没有历年的固定资本存量的数据，因此需要对于 K 值进行估算。对于 K 值的测算，普遍采用的是永续盘存法。考虑到资料的可获得性，借鉴众多学者研究的成果，本书采用了递推公式来计量江西省固定资本，即

$$K_t = K_{t-1} + \Delta K_t - S_t \tag{6-54}$$

其中，K_t 表示当年固定资本存量；K_{t-1} 表示上年固定资本存量；ΔK_t 表示形成当年固定资本形成量；S_t 表示当年固定资本折旧量。因为公式中涉及不同年份的固定资本价值，一般不用当年价，而是用可比价计算。

（二）数据平稳性和协整性检验

时间序列数据的统计规律常常会因某种原因随时间的推移而变化，出现非平稳时间序列，如果对非平稳时间序列数据直接进行回归，可能产生“伪回归”现象，高斯–马尔科夫定理不再成立，用 OLS 估计的参数不再是一致的，因而在时间序列数据进行回归之前，需对数据平稳性进行检验。本书采用 ADF 检验进行平稳性检验，结果表明模型的原序列都不平稳，经一阶差分之后都变成平稳序列（在 5%显著水平下）。于是，可以认为 lnrjy、lnrje、lnrjh、lnrjk、lnrjp、lnrjt、lnrjw 均为一阶单整的，即为 I（1）类型。

由于 lnrjy、lnrje、lnrjh、lnrjk、lnrjp、lnrjt、lnrjw 均是一阶单整的，它们之间可能存在协整关系。通过 Johansen 协整检验，比较迹统计量与 1%、5%、10%显著性水平下的临界值，结果显示 lnrjy、lnrje、lnrjh、lnrjk、lnrjp、lnrjt、lnrjw 在 5%水平下至少存在四个协整关系。

（三）计量结果与分析

1. 经济增长模型的计量分析

鉴于计量模型的最终目标在于准确估计回归因变量的参数，故计量结果与分析的处理中，出发点为准确估计因变量的参数。基于参数最优的思想，对计量模型进行选取和处理：通过对拟用生产函数进行线性化，进而对 lnrjy、lnrjk、lnrjt、lnrjw、lnrje、lnrjp、lnrjh 分别进行单位根检验与综合进行 Johansen 检验，表明各原序列虽不平稳，但都满足一阶差分平稳，相互之间存在各种协整关系，因此可进行进一步对线性化生产函数直接进行最小二乘法回归，检验模型所存在的问题，公式如下：

$$\begin{cases} \text{lnrjy} = c(1)\times\text{lnrjk} + c(2)\times\text{lnrjh} + c(4)\times\text{lnrjt} \\ \qquad + c(5)\times\text{lnrjr} + c(3)\text{lnrjw} + c(6)\times\text{lnrjp} + c(7) \\ c(1)+c(2)+c(3)+c(4)+c(5)+c(6)=1 \end{cases} \tag{6-55}$$

其中，D.W.统计量为 0.768 337，表明序列存在一定的正的自相关；进行 White 检验，显著性水平为 0.107 06，大于 0.05，表明存在一定异方差；进行共线性检验，特征值为 0.016 78，病态指数为 16.285，表明可能存在共线性。为了回避这个问题，本书引入了偏最小二乘法。偏最小二乘法充分利用了最小二乘法，并结合了主成分回归的主成分思想，提取了 t 从而代替了自变量的位置。同时它又与主成分回归不同，偏最小二乘法提取了大量的包含因变量的信息，使估计值更加接近于真实值。偏最小二乘法在第二步中把因变量与各个自变量单独进行回归从而成功地解决了多重共线性问题，而且偏最小二乘法还可以解决多个因变量与自变量的回归问题，只要各个因变量分别做以上步骤即可，这是偏最小二乘法区别于其他回归分析的又一重要特点。通过对序列进行统计分析系统（statistical analysis system，SAS）偏最小二乘回归，得到经济增长的最终方程：

$$\begin{aligned} \text{lnrjy} &= 0.801\times\text{lnrjk} + 0.141\times\text{lnrjh} + 0.014\times\text{lnrjt} \\ &\quad + 0.091\times\text{lnrjr} + 0.004\times\text{lnrjw} - 0.017\times\text{lnrjp} \end{aligned} \tag{6-56}$$

其中，人均资本生产弹性 c（1）为 0.801；人均人力资本弹性 c（2）为 0.141；人均水资源弹性 c（3）为 0.004；人均土地资源弹性 c（4）为 0.014；人均能源弹性 c（5）为 0.091；

人均污染弹性 c（6）为–0.017。

2. 城市化增长模型的计量分析

以单位劳动力人均 GDP 作为产出，以城镇人口占总人口的比重作为城市化水平指标，进行回归拟合，发现存在严重的自相关，D.W.统计量为 1.021 2，进过自相关处理后，回归方程如下：

$$\begin{aligned} u = &\ 1.901\,323 \ +11.474\,21\times \ln \mathrm{rjy} \\ &[-2.536\,892] \quad [4.279\,218] \\ &\ 0.017\,3 \qquad\quad 0.000\,2 \\ R^2&=0.404\,128,\ \mathrm{D.W.}=1.523\,069 \end{aligned} \tag{6-57}$$

经 White 检验，不存在异方差。由此，可得城市化对单位劳动力人均 GDP 产出的弹性值为 0.087 151 97。

3. 城市化进程的“资源尾效”结果分析

根据劳动力增长率的计算公式 $n=(I_{2008}/I_{1978}-1)^{-30}$，得劳动力的增长率为 0.021 9，计算可得土地、能源、水资源和环境污染对江西经济增长的尾效分别为 0.001 540 70、0.010 014 57、0.000 440 20 和 0.001 870 85，而它们对江西省城市化的尾效分别为 0.017 678 315、0.114 909 279、0.005 050 95 和 0.021 466 53。

四、研究结论与政策建议

以上研究结果显示：江西省土地、能源、水资源和环境污染对城市化进程的“增长阻力”分别为 0.017 678 315、0.114 909 279、0.005 050 95 和 0.021 466 53，总的阻力为 0.159 105 074。比较可知，能源对城市化进程的阻尼作用是最为显著的，其余依次是环境污染、土地和水资源，这说明能源是江西省城市化发展面临的最大瓶颈。依次从资源环境对经济增长和城市化进程的“资源尾效”模型可知，其尾效大小不仅与物质资本生产弹性系数 α 和城市化对人均产出的弹性值 π 密切相关，还与能源生产弹性系数和环境污染弹性系数的绝对值大小成正比。由此可见，江西省城市化进程中的能源尾效和环境污染尾效主要原因在于江西省高耗能和高污染的工业生产模式，这导致了能源生产弹性系数和环境污染弹性系数的绝对值偏大。然而，资源弹性的下降和环境污染弹性系数的下降，都只有依赖技术进步和人们节约资源和保护环境的消费生活习惯的形成，可见要降低资源环境对城市化水平的增长尾效大小，必须大力提高技术水平和转变生产方式，将粗放型经济增长方式转变成资源节约型的经济增长方式上来，努力提高资源开发利用的技术水平。由此，可以进一步得到如下政策启示：

首先，就能源尾效来看，江西省应继续推进新型工业化和节能减排战略，提高能源利用效率。通过减少高耗能、高污染工业流程，以新型工业化来推动城市化，在产品生产、产业选择等方面进行统筹考虑，坚持按可持续发展的理念，实现“资源—产品—再生资源”的多重闭环反馈式循环的经济运行模式，利用最少的资源与能源消耗，使该省城市化进程走上“人–地”和谐共生的道路。

其次，土地资源利用方面，江西省应坚持合理规划城市用地，改善江西省城市体系不完善、工业分散、布局不合理、环境污染面大等现象，着力缓解城市扩展对有限土地容量的依赖。坚持制定更符合生态规律的城市体系规划，建立相对集中的工业（园）区和生活区格局。

再次，为了进一步提高水资源的利用效率，江西省应强化水资源管理，实行量水发展，避免城市化发展过程中的“水阈值效应”。可以通过优化产业结构和用水结构，淘汰、压缩、改造耗水高、污染重的项目和行业，全力发展生态产业和循环经济；大力推广工业节水新技术，降低万元工业增加值耗水量；严厉查处违法取水和污染、破坏水资源等违法行为。

最后，为减少环境污染对城市化水平的尾效，江西省应坚持防范与治理相结合，立足于从源头上控制环境污染，加强污染治理、监测和监管，严格控制主要污染物排放总量，减少二氧化硫排放量，建立完善以生态补偿为主要内容的利益补偿机制，严格推进企业开展环境管理体系认证。通过依法实施建设项目环境影响评价、环保“三同时”、排污许可制度，促进建设布局与环境保护相协调；坚持合理确定城市的发展规模，明确好城市分工，加强城市生态功能区划，降低环境污染对城市化进程的阻滞。

第七章

金融与经济发展模型和案例分析

第一节　金融发展问题

目前，一个初具规模、分工明确的金融市场体系已经基本形成，金融市场不仅成为社会主义市场经济体系的重要组成部分，也在加快资金融通，促进社会主义市场经济发展等方面发挥了重要作用。金融市场在我国起步较晚，出现了很多问题，类似的有金融监管不足导致信息不对称，从而资本市场出现动荡等这样的问题，早在 20 世纪 70 年代，美国经济学家麦金农和肖把发展中国家的金融问题作为研究对象，认为在发展中国家存在着严重的金融约束和金融压抑现象。在金融深化的条件下，发展中国家经济建设资金不足的局面可以得到缓解。同时随着互联网金融的发展和金融创新，必须加强金融监管的力度与完善信贷机制。

第二节　金融与经济发展模型

一、向量自回归模型

（一）模型简介

向量自回归（vector autoregressive，VAR）常用于预测相互联系的时间序列系统以及分析随机扰动对变量系统的动态影响。VAR 方法通过把系统中每一个内生变量，作为系统中所有内生变量的滞后值的函数来构造模型，从而回避了结构化模型的要求。

Engle 和 Granger[①]指出两个或多个非平稳时间序列的线性组合可能是平稳的。假如这样一种平稳的线性组合存在，这些非平稳（有单位根）时间序列之间被认为是具有协整关系的。这种平稳的线性组合被称为协整方程且可被解释为变量之间的长期均衡关系。

VAR 模型对于相互联系的时间序列变量系统是有效的预测模型，同时，VAR 模型也被频繁地用于分析不同类型的随机误差项对系统变量的动态影响。如果变量之间存在滞后影响，不存在同期影响关系，则适合建立 VAR 模型，因为 VAR 模型实际上是把当期关系隐含到了随机扰动项之中。

（二）模型假设

VAR 模型最早由 Sims[②]提出。他认为，如果模型设定和识别不准确，那么模型就不能准确地反映经济系统的动态特性，也不能很好地进行动态模拟和政策分析。因此，VAR 模型通常使用最少的经济理论假设，以时间序列的统计特征为出发点，通常对经济系统进行冲击响应（impulse-response）分析来了解经济系统的动态特性和冲击传导机制。VAR 模型侧重于描述经济的动态特性，因而它不仅可以验证各种经济理论假设，而且在政策模拟上具有优越性。VAR 模型主要用于替代联立方程结构模型，提高经济预测的准确性。用联立方程模型研究宏观经济问题，是当前世界各国经济学者的一种通用做法，它把理论分析和实际统计数据结合起来，利用现行回归或非线性回归分析方法，确定经济变量之间的结构关系，构成一个由若干方程组成的模型系统。联立方程模型适合于经济结构分析，但不适合预测；联立方程模型的预测结果的精度不高，其主要原因是需要对外生变量本身进行预测。与联立方程模型不同，VAR 模型相对简洁明了，特别适合于中短期预测。目前，VAR 模型在宏观经济和商业金融预测等领域获得了广泛应用。

（三）模型建立

VAR 模型把系统中的每一个内生变量作为系统中左右内生变量的滞后值的函数来构造模型，从而将单变量货柜模型推广到由多元时间序列变量组成的“向量”自回归模型。以 $\text{VAR}_{(p)}$ 模型为例，可以写成为

$$Z_t = \boldsymbol{c} + \boldsymbol{A}_1 Z_{t-1} + \boldsymbol{A}_2 Z_{t-2} + \cdots + \boldsymbol{A}_p Z_{t-p} + \boldsymbol{\varepsilon}_t \tag{7-1}$$

或：

$$A(L) Z_t = \boldsymbol{\varepsilon}_t,\ A(L) = I - \boldsymbol{A}_1 L - \cdots - \boldsymbol{A}_p P^p \tag{7-2}$$

其中，$\boldsymbol{c}$ 为 $n \times 1$ 常数向量；$\boldsymbol{A}_i$ 为 $n \times n$ 矩阵；p 为滞后阶数；$A(L)$ 为滞后多项式矩阵；L 为滞后算子。$\boldsymbol{\varepsilon}_t$ 为 $n \times 1$ 误差向量，满足：①误差项的均值为 0。② $E(\boldsymbol{\varepsilon}_t \boldsymbol{\varepsilon}_t^{\mathrm{T}}) = \boldsymbol{\Omega}$ 误差项的协方差矩阵为 $\boldsymbol{\Omega}$（一个 $n \times n$ 的正定矩阵）。③ $E(\varepsilon_t \varepsilon'_{t-p}) = 0$（对于所有不为 0 的 p 都满足），误差项不存在自相关。

---

① Engle R，Granger C. Cointegration and error correction：representation，estimation and testing[J]. Econometrica，1987，55：251-276.

② Sims C. Macroeconomics and reality[J]. Economitrica，1980，48：1-48.

虽然从模型形式上来看比较简单，但在利用 VAR 模型进行分析之前，对模型的设定还需要注意以下两点：

一是变量的选择。理论上来讲，既然 VAR 模型把经济作为一个系统来研究，那么模型中包含的变量越多越好。而在实际应用中，模型中包含的变量并不是越多越好。变量个数太多会对模型估计的有效性产生影响，而且使冲击的识别更加困难，但模型中包含的变量也不能太少，太少不足以揭示经济变量之间的动态关系。因此，在使用 VAR 模型时，我们应根据研究问题的重点及数据样本的规模选择合适的变量个数。如果要从纯统计技术上选择变量的个数，那么我们可以利用前文介绍的似然函数比方法和信息判据方法来进行变量的筛选。

二是滞后阶数的选择。对于一个包含 n 个变量的 VAR 模型，每增加一个滞后阶数，模型 n^2 中的参数就增加，增加的速度非常快，因此我们必须选择合适的滞后阶数。通常我们用信息判据方法、似然函数比方法及约束检验方法来选择模型的滞后阶数。在模型设定后，VAR 模型的估计比较简单，通常采用 OLS 法及极大似然方法来估计模型中的参数。

1. 冲击响应分析

在满足稳定性条件下，可以将上面的 VAR 模型进行变换得到移动平均形式：

$$Z_t = B(L)\ \boldsymbol{\varepsilon}_t\ ,\quad B(L) = A(L)^{-1} \tag{7-3}$$

由此可以得

$$E_t\left(Z_{t+s}\right) = \boldsymbol{B}_s\ \boldsymbol{\varepsilon}_t + \boldsymbol{B}_{s+1}\ \boldsymbol{\varepsilon}_{t+1}$$

$$\frac{\partial E_t(Z_{t+s})}{\partial \boldsymbol{\varepsilon}_t} = \boldsymbol{B}_s\ ,\quad \boldsymbol{B}_0 = I \tag{7-4}$$

如果 $\boldsymbol{\varepsilon}$ 确实对应实际中我们感兴趣的冲击，那么就可以利用式（7-4）进行冲击响应分析。根据式（7-4），假设在 t 期经济系统受到一个单位的暂时冲击，那么系统对该冲击的响应就可以通过矩阵 $\boldsymbol{B}_s$ 来刻画。如果经济系统自 t 期以后每期都受到一个单位的冲击，那么系统对该冲击的响应可通过矩阵 $\sum_{j=0}^{s} = \boldsymbol{B}_j$ 来刻画。因此，通过了解系统对各种冲击的响应，我们可以详细了解系统的动态特性。

2. 误差分解

对于 VAR 模型，我们还可以通过误差分解了解各个冲击对经济系统的影响程度。从上面的公式可得到

$$Z_{t+s} - E_t\left(Z_{t+s}\right) = \boldsymbol{\varepsilon}_{t+s} + \boldsymbol{B}_1\ \boldsymbol{\varepsilon}_{t+s-1} + \cdots + \boldsymbol{B}_{s-1}\ \boldsymbol{\varepsilon}_{t+1} \tag{7-5}$$

从而：

$$E[\left(Z_{t+s} - E_t Z_{t+s}\right)\left(Z_{t+s} - E_t Z_{t+s}\right)^{\mathrm{T}}] = \boldsymbol{V} + \boldsymbol{B}_1 \boldsymbol{V} \boldsymbol{B}_1^{\mathrm{T}} + \cdots + \boldsymbol{B}_{s-1} V B_{s-1}^{\mathrm{T}} \tag{7-6}$$

其中，矩阵 $\boldsymbol{V}$ 为误差向量 $\boldsymbol{\varepsilon}$ 的协方差矩阵。

从这里可以看出，各个冲击对系统的预测误差影响程度是不同的，我们通过误差分解，可以详细了解各个冲击在预测误差中的贡献度，从而了解各个冲击在动态分析中的重要性；而且我们可以针对不同的预测区间进行预测误差分解，从而更进一步地了解各

个冲击在不同时期对系统影响的重要性。

（四）VAR 模型的特点

（1）不以严格的经济理论为依据，在建模过程中只需明确：VAR 模型中包含哪些变量和滞后期 p。

（2）VAR 模型对参数不施加零约束，即参数估计值显著与否都被保留在模型中。

（3）VAR 模型估计的参数较多，当样本容量较小时，多数参数的估计量误差较大。

（4）VAR 模型的解释变量中不包括任何当期变量。

（5）非限制性 VAR 模型的应用之一是预测。模型右侧不含当期变量，用于预测时不必对解释变量在预测期内的取值作任何预测。

二、金融发展经济增长模型

（一）模型简介

金融发展经济增长模型的核心是资本形成，这与哈罗德-多马模型的分析是一致的。金融发展理论中，其经济增长模型始终紧紧围绕资本形成这一核心进行分析，即分析发展中国家普遍存在的金融抑制（financial repression）如何阻碍了资本形成，以及采用何种经济政策消除金融抑制，推动资本形成，提高资金配置效率，以促进经济发展。其分析思路不同于新古典主义、新剑桥学派的增长模型，也不同于新经济增长理论。新古典主义模型从要素之间的相互替代性出发，分析要素价格的调整对资本产出比率的影响，认为经济增长由资本、劳动和技术进步等多种因素决定，并研究了各因素对经济增长的贡献率。新剑桥学派则分析不同阶层储蓄行为的差异，强调收入通过对储蓄产生作用进而对经济增长产生影响。当代新经济增长理论（内生增长理论）则认为，经济增长是经济内生因素作用的结果，突出内生的技术是推动经济增长的决定因素。因此，强调资本在经济增长中的作用，是金融发展经济增长模型和哈罗德-多马模型的共同点①。

金融发展经济增长模型强调发展中国家经济金融制度的特殊性，对新古典货币模型所依赖的前提假设进行了修正，在此基础上阐明其经济增长模型。金融发展经济增长模型本质上是货币经济增长模型，它注重货币金融因素在资本形成，进而在经济增长中的重要作用，与新古典的货币经济增长模型的分析一脉相承，具有浓厚的新古典经济学特征。

（二）模型假设

（1）一国商品市场和货币市场是完善的。

（2）存在衡量所有资产收益水平的单一利率，且名义利率能准确反映预期的通货膨胀率。

---

① 张旭. 金融发展理论中的经济增长模型分析[J]. 青岛大学学报，1999，（3）：71-73.

（3）企业投资主要依靠外源融资。

（4）实际货币与实质资本是相互竞争的替代品等。

（三）模型建立

金融发展经济增长模型的核心是资本形成，这与哈罗德–多马模型的分析是一致的。哈罗德–多马模型认为，实际产出水平 Y 取决于资本产出比率 σ 和实际资本存量 K，即

$$Y = \sigma K \tag{7-7}$$

设 σ 为常数，则

$$\mathrm{d}Y / \mathrm{d}t = \sigma I \tag{7-8}$$

则收入增长率

$$g = (\mathrm{d}Y / \mathrm{d}t) / Y = \sigma s \tag{7-9}$$

因此，收入（经济）增长率 g 取决于资本产出比率 σ 和储蓄率 s。

20 世纪 70 年代，美国经济学家麦金农和肖提出了金融深化理论，这标志着金融发展经济增长模型的形成。首先，麦金农强调了发展中国家金融制度的特殊性，认为新古典货币增长模型并不适合于发展中国家。他认为，发展中国家经济货币化程度低，缺乏完善的金融市场，存在与二元经济结构相联系的"金融二元性"（financial dualism）。企业以内源融资为主，在实际利率的一定范围内，实际货币余额与实物资本之间不是替代关系，而是互补关系。政府对利率和信贷严格管制，实行高储备率和通货膨胀政策，造成了严重的金融抑制。若采用扩张性的货币政策，降低实际货币余额的收益，只会减少社会（实物）投资规模，影响经济增长。只有实行金融深化（financial deepening）政策，使实际利率自动趋向均衡利率，才能增加储蓄和投资，改善资金配置效率，推动经济增长。肖则从另一角度提出了债务中介论，认为货币和资本间并不存在互补关系，但政府实行银行同业竞争和自由准入等金融自由化政策，可降低中介成本，提高投资收益，增加储蓄与投资的动机，促进经济增长。

其次，麦金农和肖修正了哈罗德–多马模型，提出金融发展经济增长模型。

麦金农和肖认为，哈罗德–多马模型中储蓄倾向不变的假定是不确切的。在经济增长中，资产组合效应将对储蓄产生影响。故储蓄倾向是可变的，它是经济增长率的函数，同时，也受持有货币的实际收益率等其他许多变量的影响，即

$$s = s(g, \rho) \tag{7-10}$$

其中，$0 < s < 1; s/g > 0; s/\rho > 0, \rho$ 表示持有货币的实际收益率等其他许多变量。因此，哈罗德–多马模型被修正为

$$g = \sigma s(g, \rho) \tag{7-11}$$

当 ρ 为外生变量时，经济增长率 g 取决于资本产出比率 σ、包含经济增长和金融深化因素的储蓄倾向 $s(g,\rho)$ 的共同影响。

麦金农认为，金融抑制的解除即货币实际收益的提高，不仅直接刺激储蓄、提高收入，而且，经济增长也可进一步增加储蓄。收入开始增长后，还会经过"有组织"金融过程传送更多的储蓄，即可直接提高储蓄倾向，从而增加投资，最终形成储蓄与经济增

长的良性循环。肖也认为，金融深化可产生持续的收入效应、储蓄效应、投资效应和就业效应，推动经济增长。

第三节　案例分析

◎ 案例一：后金融危机下中国股市独立性分析[①]

一、后金融危机下中国股市问题分析

2007 年，美国次贷危机全面爆发，并波及世界主要的金融市场。从 2008 年底到 2010 年 2 月 9 日中国春节假期前，中国股市走出了一年多的独立行情。股市的健康发展是一个国家经济是否正常发展的标志，而对于股市是否独立于其他国家股市波动的影响，可以衡量中国的经济是否复苏并影响世界经济，这对我们制定相关金融市场政策有很大作用。

Engle 和 Granger 提出的 VAR 模型及误差修正模型（error correction model，ECM）已被广泛应用于衡量不同股市之间的关系；Hilliard 研究了美国等 10 个国家和地区股票市场每日收盘价的同期相关性和滞后期相关性。本书采用 VAR 模型检验我国股市的独立性。

二、研究方法

1. 数据选取

从 2008 年中国政府实施积极的经济刺激政策以来，到 2009 年初，中国经济已经走出下行的趋势，得到先行复苏，经济的复苏必然带动股市的变动。本书选取的数据是从 2009 年 1 月 5 日到 2009 年 2 月 9 日这段时期中国内地、中国香港、美国三地的中国沪深 300 指数、中国香港恒生指数、美国道琼斯工业指数的每日收盘价进行对数差分处理，得到每日收益率，分别用 $RCZ_{(t)}$、$RHZ_{(t)}$、$RAZ_{(t)}$ 表示，$RCZ_{(t)}$ 的计算：

$$RCZ(t) = Log(CT_t) - Log(CZ_{t-1}) \tag{7-12}$$

$RHZ_{(i)}$、$RAZ_{(t)}$ 的计算和 $RCZ_{(t)}$ 一样，其中 CZ、HZ、AZ 为中国沪深 300 指数、中国香港恒生指数、美国道琼斯工业指数的每日收盘价，为了样本数据的一致性，只保留三地都有交易日的数据，共获得 254 个数据。

2. 数据平稳性检验

这里采用 ADF 检验，ADF 方法通过在回归方程加入因变量 $y_{(t)}$ 的滞后差分项来控制高阶序列相关，原假设是序列存在一个单位根。检验结果如表 7-1 所示。

---

① 夏永辉. 后金融危机下中国股市独立性分析[J]. 热点关注，2010，(6)：11-13.

表 7-1 序列 $RCZ_{(t)}$、$RHZ_{(t)}$、$RAZ_{(t)}$的平稳性检验

序列	ADF 统计值	临界值（1%）	临界值（5%）	临界值（10%）	检验结果
RCZ	−15.39	−4	−3.43	−3.14	平稳
RHZ	−14.88	−4	−3.43	−3.14	平稳
RAZ	−17.34	−4	−3.43	−3.14	平稳

根据表 7-1 中数据可知，RCZ、RHZ、RAZ 在 1%、5%、10%显著性水平下都是平稳的。

3. VAR 模型分析

VAR 模型把系统中每一个内生变量作为系统中所有内生变量的滞后值的函数来构造模型，从而将单变量自回归模型推广到由多元时间序列变量组成的 VAR 模型。三变量的表示式：

$$\begin{aligned}\mathrm{RCZ}_T=&\alpha+\beta_1\times \mathrm{RCZ}_{t-1}+\beta_2\times \mathrm{RCZ}_{t-2}+\beta_3\times \mathrm{RHZ}_{t-1}\\&+\beta_4\times \mathrm{RHZ}_{t-2}+\beta_5\times \mathrm{RAZ}_{t-1}+\beta_6\times \mathrm{RZT}_{t-2}+\mu\end{aligned} \tag{7-13}$$

$$\begin{aligned}\mathrm{RHZ}_T=&\alpha+\beta_1\times \mathrm{RCZ}_{t-1}+\beta_2\times \mathrm{RCZ}_{t-2}+\beta_3\times \mathrm{RHZ}_{t-1}\\&+\beta_4\times \mathrm{RHZ}_{t-2}+\beta_5\times \mathrm{RAZ}_{t-1}+\beta_6\times \mathrm{RZT}_{t-2}+\mu\end{aligned} \tag{7-14}$$

$$\begin{aligned}\mathrm{RAZ}_T=&\alpha+\beta_1\times \mathrm{RCZ}_{t-1}+\beta_2\times \mathrm{RCZ}_{t-2}+\beta_3\times \mathrm{RHZ}_{t-1}\\&+\beta_4\times \mathrm{RHZ}_{t-2}+\beta_5\times \mathrm{RAZ}_{t-1}+\beta_6\times \mathrm{RZT}_{t-2}+\mu\end{aligned} \tag{7-15}$$

经过几次回归比较，得到当滞后 2 期的赤池信息准则（Akaike information criterion，AIC）和施瓦兹信息准则（Schwarz criterion，SC）的值均最小，所以确定应用 VAR（2）模型回归。回归结果如表 7-2 所示。

表 7-2 序列 $RCZ_{(t)}$、$RHZ_{(t)}$、$RAZ_{(t)}$的 VAR（2）模型回归结果

序列	RAZ	RCZ	RHZ
$RAZ_{(-1)}$	−0.183 816	0.324 952	0.674 445
	−0.069 59	−0.096 85	−0.085 59
	[−2.641 32]	[3.355 25]	[7.879 93]
$RAZ_{(-2)}$	−0.051 664	0.155 176	0.346 55
	−0.075 65	−0.105 27	−0.093 03
	[−0.682 98]	[1.474 04]	[3.724 96]
$RCZ_{(-1)}$	−0.046 493	0.038 989	−0.053 884
	−0.054 82	−0.076 3	−0.067 43
	[−0.848 05]	[0.511 02]	[−0.799 15]
$RCZ_{(-2)}$	0.061 593	0.071 97	0.095 081
	−0.054 31	−0.075 58	−0.066 8
	[1.134 05]	[0.952 18]	[1.423 40]
$RHZ_{(-1)}$	0.137 702	−0.185 607	−0.193 216
	−0.064 94	−0.090 37	−0.079 87
	[2.120 52]	[−2.053 83]	[−2.419 26]
$RHZ_{(-2)}$	−0.003 212	−0.107 753	−0.176 446
	−0.058 81	−0.081 84	−0.072 33
	[−0.054 61]	[−1.316 55]	[−2.439 44]

续表

序列	RAZ	RCZ	RHZ
C	0.000 478	0.001 831	0.000 95
	–0.000 97	–0.001 34	–0.001 19
	[0.494 80]	[1.362 96]	[0.800 68]
R^2	0.039 446	0.050 708	0.217 038
调整的 R^2	0.015 826	0.027 365	0.197 785

由表 7-2 内数据可知，回归得到的 F 值大多不显著，T 值只有部分显著，调整后的 R^2 分别只有 0.015 826、0.027 365 和 0.197 785，说明回归的总体效果不显著。沪深 300 指数 $RCZ_{(t)}$ 受到最大的影响是滞后一期的道琼斯工业指数 $RAZ_{(-1)}$ 是 0.324 952，也就是当前一天的道琼斯工业指数变动一个点，沪深 300 指数当天就会变动 0.324 952 个点；次之是受滞后一期的香港恒生指数 $RHZ_{(-1)}$ 的影响为–0.185 607，显著负相关。而滞后一期的沪深 300 指数 $RCZ_{(-1)}$ 对恒指和道琼斯工业指数的影响分别是–0.053 884 和–0.046 493，影响关系不显著、负相关；滞后二期的沪深 300 指数 $RCZ_{(-2)}$ 对恒指和道琼斯工业指数的影响分别是 0.095 081 和 0.061 593，不是很显著的正相关。

4. VAR 模型检验

本书应用 Granger 因果检验对 VAR 模型的最初假定进行检验。Granger 因果检验是检验一个变量的滞后变量是否可以引入其他变量方程中。一个变量如果受到其他变量的滞后影响，则称它们具有 Granger 因果关系。下面表 7-3 是基于 VAR（2）的 Granger 因果检验结果。

表 7-3　$RCZ_{(t)}$、$RHZ_{(t)}$、$RAZ_{(t)}$ 的 Granger 因果关系检验结果

方程	原假设	Chi-sq 统计量	自由度	P 值	结论
RAZ 方程	RHZ 不能 Granger 引起 RAZ	3.876 3	2	0.144	不拒绝
	RCZ 不能 Granger 引起 RAZ	1.211 5	2	0.545 7	不拒绝
	RHZ、RCZ 不能同时 Granger 引起 RAZ	4.539 8	4	0.337 9	不拒绝
RHZ 方程	RAZ 不能 Granger 引起 RHZ	56.598 5	2	0	拒绝
	RCZ 不能 Granger 引起 RHZ	2.568	2	0.276 9	不拒绝
	RAZ、RCZ 不能同时 Granger 引起 RHZ	60.560 3	4	0	拒绝
RCZ 方程	RAZ 不能 Granger 引起 RCZ	8.684 3	2	0.013	拒绝
	RHZ 不能 Granger 引起 RCZ	4.736 2	2	0.093 7	不拒绝
	RAZ、RHZ 不能同时 Granger 引起 RCZ	10.030 1	4	0.039 9	拒绝

根据表 7-3 数据和结果，可以清楚地看出道琼斯工业指数的独立性，RHZ 和 RCZ 都不能 Granger 引起 RAZ 的变化；而香港恒生指数就能由道琼斯工业指数引起，而且是显著引起。说明香港恒生指数对道琼斯工业指数的依存度高；而沪深 300 指数是道琼斯工业指数 RAZ 的 Granger 原因，相对独立于香港恒生指数。这和 VAR 模型回归结果一

致，说明 VAR 模型对于这个问题的有效解释。

三、研究结果与分析

本书的研究结果表明中国沪深两地股市不但没有独立的趋势，还有受美国股市波动影响越来越大的趋势。其中原因之一是越来越多的在 A 股上市的企业到中国香港 H 股上市，中国香港股市受美国股市波动影响非常显著，而 A 股受 H 股波动影响也有加大的趋势。这就形成了一个传导机制，说明我们的经济还受国际经济显著影响，还没有表现出独领世界经济的能力。政策建议：首先对于我国股市表现出越来越受美股波动的影响，防范波动的传导对于目前稳定国内金融市场有很大的必要性。其次要阻止这种传导机制，也是另一种防止大量的热钱流入的方法，这对于目前国内股市已经出现的泡沫有一定的正面作用。

股市是经济的风向标，但也并不是都能真实反映经济的变化的，目前股市表现出来的独立行情很大程度是由于政府的扩张性的货币政策带来的短暂的波动，而不是由于实体经济增长带来的健康的股市行情。

◎ 案例二：金融发展与经济增长关系的实证研究①

一、江西金融发展与经济增长问题分析

改革开放这 30 多年来，江西的金融业经历了巨大的发展，也遇到了前所未有的发展机遇，江西金融业的发展为江西经济的腾飞注入了强大的动力，已经成为影响江西经济发展的一个重要因素。怎样更好地发展金融业，以使其更好地为经济发展服务，是摆在我们面前的一个难题。

从目前的状况来看，江西的社会经济发展对金融发展的依赖性很强，很多关系到国计民生的项目都离不开金融部门的支持和配合。例如，南昌地铁建设的先期投入资金就有不少是来自于金融部门的贷款，这能很好地提升南昌在全国的经济地位，促进其经济发展。金融业的发展已经成为衡量一个地区经济发展的重要指标，处在经济发展前列的浙江 2008 年金融机构本外币存贷款余额已经突破了 60 000 亿元，广东突破了 90 000 亿元大关。在国家大力发展经济的有利背景下，江西应该抓住机遇，发展金融，加快金融体制的深化改革，以使其更好地为经济发展服务，实现江西在中部地区的率先崛起。

---

① 刘雪斌，王森林. 金融发展与经济增长关系的实证研究——基于江西省的实证分析（1978—2008 年）[J]. 南昌大学学报（人文社会科学版），2009，（5）：87-91.

二、研究方法

（一）指标获取与数据来源

1. 地区生产总值 *Y* 指数

地区生产总值 *Y* 指数是一个比较能反映一个地区的经济发展能力的综合指标，并且它已经扣除了物价因素，更能真实地反映一个地区的实际情况。本书选择江西 1978~2008 年的地区生产总值 *Y* 指数，用 RY 表示。

2. 金融相关比率

金融相关比率（FIR）由戈德史密斯最先提出来，是用一国或者一个地区的金融资产除以该地区的生产总值得出来的数值，由于一个地区金融资产的数据难以取得，在这里用存款（*D*）、贷款（*L*）之和来代替该地区的全部金融资产，即 FIR=（*D*+*L*）/地区生产总值 *Y*。

3. 人均地区生产总值 *Y* 指数

人均地区生产总值 *Y*（AY）指数最能反映一个地区的人均生活、消费水平，反映经济的真实情况，本书选取其作为一个变量。

本书全部数据根据《江西统计年鉴》（2008 年）、《江西省 2008 年国民经济和社会发展统计公报》及《新中国 50 年统计资料汇编》计算求得，且为剔除了物价因素后的实际可比数据。

（二）模型建立

对数据取对数可以消除其异方差性但是并不改变它们之间的协整关系，因此，本书对各个变量取对数，采用的模型为

$$\ln\mathrm{RY}_T=\boldsymbol{\beta}_0+\sum_{i=1}^{n}\boldsymbol{\beta}_{1i}\ln\mathrm{FIR}_{t-i}+\sum_{i=1}^{n}\boldsymbol{\beta}_{2i}\ln\mathrm{AY}_{t-i}+v_t \tag{7-16}$$

$$\ln\mathrm{FIR}_t=\boldsymbol{\alpha}_0+\sum_{i=1}^{n}\boldsymbol{\alpha}_{1i}\ln\mathrm{RY}_{t-i}+\sum_{i=1}^{n}\boldsymbol{\alpha}_{2i}\ln\mathrm{AY}_{t-i}+\sigma_t \tag{7-17}$$

其中，RY 为以向量形式表示的江西的地区生产总值指数；FIR 为以向量形式表示的江西省金融的存贷总量占 *Y* 的比率；AY 为以向量形式表示的江西省人均地区生产总值指数；u、v 表示白噪声序列；$\boldsymbol{\beta}_0$、$\boldsymbol{\beta}_{1i}$、$\boldsymbol{\beta}_{2i}$、$\boldsymbol{\alpha}_0$、$\boldsymbol{\alpha}_{1i}$、$\boldsymbol{\alpha}_{2i}$ 分别为各变量的向量系数矩阵；t 表示时间。

三、研究结果与分析

（一）单位根检验

变量间协整的前提条件是各变量的单整阶数相同，即都是 $I_{(d)}$，为了防止“伪回归”，需要对各变量的平稳性进行检验。在这里，我们使用的是 ADF 单位根检验法，检验结果见表 7-4。

表 7-4 变量的 ADF 检验

变量	检验类型 (c, t, z)	ADF 统计量	临界值	结论
LnAY	$(c, t, 0)$	1.56	–2.96	非平稳
LnRY	$(c, t, 0)$	–2.13	–3.57	非平稳
LnFIR	$(c, 0, 0)$	–2.23	–2.96	非平稳
ΔlnAY	$(c, 0, 2)$	–4.6	–2.97	平稳
ΔlnAY	$(c, 0, 2)$	–4.75	–2.96	平稳
ΔlnFIR	$(c, 0, 0)$	–4.54	–2.97	平稳

注：表中的临界值均是在 5%水平取得的；c、t、z 分别表示常数项、时间趋势和滞后阶数，加入滞后项的作用是使残差序列为白噪声，滞后项采用 AIC 和 SC 最小的原则来取得，Δ 表示差分算子

（二）协整检验

因为 lnRY、lnFIR、lnAY 都是一阶单整变量，所以可以用 EG 两步法进行协整回归并且检验是否存在长期协整关系，用 Eviews 5.0 得出结果如下：

$$\ln RY_t = -0.176 + 0.176 \ln FIR_t + 1.056 \ln AY + \hat{u}_t \text{adj-} R^2 = 0.999\ 5 \qquad (7\text{-}18)$$

各变量前的系数都通过了显著性检验，只要方程的残差序列是平稳的，则各变量间就有长期的协整关系。对协整方程的残差序列 $\hat{u}_t$ 进行平稳性检验的结果如表 7-5 所示。

表 7-5 残差序列的 ADF 检验

变量	检验形式	ADF 统计量	5%临界值	D.W.值	平稳性
$\hat{u}_t$	(0, 0, 0)	–2.02	–1.95	1.618	平稳

由表 7-5 我们可以看出 ADF 统计量的值–2.02 小于 5%临界值–1.95，可以得到残差序列是平稳的，lnRY、lnFIR、lnAY 之间存在长期的协整关系。

从方程（7-18）可以看出，金融相关比率每增加 1 个百分点，就可以促进地区生产总值指数变化 0.176 个百分点，并且这种关系是正向的。人均地区生产总值指数每增加 1 个百分点，能促进地区生产总值指数增加 1.056 个百分点，这说明江西经济的增长对金融发展的依赖性比较强。同时又可以看出江西的经济发展对人均地区生产总值的依赖性也很强，这可能是因为江西金融的支持力度还不够，人均储蓄进而转化为投资的能力有限，从而使其对江西的发展将在未来一段时期内占据着一定的作用和地位。

（三）Granger 关系检验

它是 Granger 提出的一种检验变量间因果关系的检验方法。本书选用 Granger 方法来检验金融相关比率和地区生产总值指数之间的因果关系，考虑到 Granger 检验的结果依赖于滞后长度，所以本书选取滞后 2 阶和 4 阶，结果如表 7-6 所示。

表 7-6 Granger 检验结果

零假设	滞后期	P 值	F 值	滞后期	P 值	F 值
lnFIR 不是 lnRGDP 的 Granger 原因	2	0.032	5.96	4	0.696	0.55
lnRGDP 不是 lnFIR 的 Granger 原因	2	0.556	0.601	4	0.31	1.26

从表7-6可以看出：①在短期内江西金融发展和经济增长之间存在单向的因果关系，金融发展能促进其经济增长。②在相对长期内它们之间没有因果关系，原因可能是江西的金融体系不发达，不能长期支持其经济发展。

四、研究结论与政策建议

从上面的实证分析和结果可以看出，江西的人均地区生产总值和金融相关比率都能促进其经济增长，且前者的作用明显大于后者。在短期内后者能作为其经济增长的因素之一，但经过 Granger 因果关系检验，在长期内它并未成为其增长的因素，这说明江西金融发展的潜力还很大，只是现在的金融体系发展可能还不是很完善，只要抓住这个机遇，就能为江西未来的经济发展注入新的血液。为此应该从以下方面着手：

首先，从实证分析可以看出人均地区生产总值能够促进其经济的增长。为此，应着力增加城乡居民的实际收入，依靠内需带动江西经济的发展，尤其是针对江西这样一个贸易不发达的省份，其意义更加重大。在此思路下，重点应该是大力增加农民的人均收入，因为其基数小，增长空间大。应实行以工带农、以城促乡的发展道路，加快江西的发展步伐。

其次，应该大力发展金融业，建立多层次的现代金融体系，以使其长期为江西的经济发展服务。推动江西的金融业深入发展，就应该大力引进外来金融机构，形成以银行、证券、保险为主体，其他金融机构并存的现代金融系统，加快金融机构的市场竞争力度。必须引进外部竞争机制，为此必须鼓励外资金融机构和国内有竞争力的银行进驻江西，利用其资金承建一些关系到国计民生的大项目。要尽量发展本地金融机构，创造条件使其做大做强。充分发挥南昌银行在促进江西经济发展中的作用。再有就是应该大力发展农村金融，加快农村信用体系的建设，促进农村经济的发展。

再次，应该健全法律机制，规范金融行业的各项业务。改变目前江西金融业务单一、主要以存贷差为主营业务收入的局面，鼓励地方银行的发展，并争取让其上市，这些都离不开法律和政府的支持，这一点目前已经取得了一定的成效，南昌银行的上市、九江银行营业网点的增多充分见证了这一点。健全法制机制、规范市场经济行为，并不意味着回到过去的计划分配时代，让政府来完全地主导资本分配，而是在让市场实现资源的优化配置的前提下，弥补其不足，以便更好地为金融发展服务，发挥促进金融发展使之进入良性循环轨道，长期为经济的发展服务。

最后，应该发挥好江西的区位优势。要充分发挥江西自然资源和基础条件的优势，促进江西经济又好又快的发展，从而加强其对金融服务的需求，并促使银行创新其业务或者提高其业务服务水平，形成多品种和多形式的金融服务体系，分散风险，从而带动其金融发展，彻底改变江西金融长期滞后的局面。同时要加快道路交通的建设，加速融入长三角地区，充分发挥好赣州毗邻广东的优势，吸纳其资本为江西的经济增长服务。还有就是要发挥好南昌离上海、南京、武汉等发达地区比较近的区位优势，做好与它们的经济文化方面的交流，学习其发展经验，促进南昌经济的发展，从而带动江西经济的发展。

第八章

农业与经济发展模型和案例分析

第一节　农业发展问题

农业是国民经济发展的基础，农业在促进国民经济正常运行中发挥着重要的作用。随着工业化进程的不断加快，农业在三大产业中的比例越来越低，农业生产效益也越来越难以提高。农业经营规模小、农业生产效益低下，农民收入难以提高，因而城乡收入差距不断扩大。因此，农业、农村与农民问题已经成为我国“四化”建设的短板，并得到了党中央的高度重视。随着我国现代化进程的加快，如何加快农业生产要素规模化经营，以提高农业生产收益，进而提高农民收入以缩小城乡差距，已成为我国农业与农村改革和发展的重点[①]。

第二节　农业与经济发展模型

一、刘易斯“二元经济”模型[②]

（一）模型简介

1954 年，美国发展经济学家刘易斯在《曼彻斯特经济和统计研究》上发表了发展经济学的经典之作《劳动无限供给条件下的经济发展》，系统地阐述了发展中国家的二元经

① 鲁静芳，左停，苟天来. 中国农业发展的现状、挑战与展望[J]. 农业世界，2008，(6)：17-19.

② 刘耀彬，姚成胜，白彩全. 产业经济学模型与案例分析[M]. 北京：科学出版社，2015.

济模型。这篇文章的发表标志着二元经济模型超越了思想阶段，而成为一种具有严格内部一致性的经济学理论。刘易斯因为做出了包括二元经济理论模型在内的一系列重要理论贡献而荣获 1979 年度诺贝尔经济学奖。

直到 20 世纪 50 年代，西方经济学关于经济发展问题，还只是从总量的变动，即从经济增长方面加以考察的。哈罗德-多马经济模型和索洛模型探讨的正是这样的总量变动的因素和机制问题。新古典经济学认为，市场是统一的，只受国家疆界的限制。在国内市场上，每种生产要素只有一个价格，这个价格传递着生产要素的供求信息，追求利润最大化的企业根据市场价格做出生产决策。在这个过程中，资源得到了有效配置。然而，发展中国家正处于从农业社会向现代经济转型中，市场刚刚发育，零碎而相互分割，现代企业凤毛麟角。发展中国家所面临的发展问题与新古典经济学所赖以维持的基本假设大相径庭，发展中国家普遍出现城乡二元社会分化，地区经济发展水平极端差异，即使在一国疆域之内市场仍然是相互分割的，不同地区之间缺乏统一的产品市场和要素市场，价格机制也就难以发挥其资源配置的功能。在这种极端情形下，传统经济学理论的适用范围似乎是穷途末路了。

从 20 世纪 50 年代中期开始，刘易斯针对发展中国家贫困及经济发展速度缓慢的内在原因开展了深入的研究，并提出了著名的“二元经济”模型理论来解释发展中国家的经济发展问题。

（二）模型假设

刘易斯的“二元经济”模型三个基本假定如下。

（1）发展中国家经济仅由两个部门组成。

一个是以农业、手工业为主的传统经济部门，主要集中于农村地区。传统部门的技术比较落后，生产规模小，生产的产品主要是为了维持自身生存的需要，用于部门内部的消费。从长期来看，传统经济部门的人均居民收入维持在生存水平上，只能保证人口的再生产。但与此同时，传统部门的人口却过度膨胀，导致大量的失业人口存在。

另一个是以制造业为中心的现代化部门，主要集中于城市之中。现代部门生产和管理技术比较先进，生产规模大，以利润最大化为根本目标，并且资本家将他们获得的大部分利润用于储蓄和投资、扩大再生产。现代部门存在持续的技术进步，劳动生产力迅速提高。

刘易斯认为，发展中国家的经济发展的过程，就是通过不断扩大现代经济部门，为传统部门的剩余劳动力、失业人口提供就业机会的过程。只有当传统部门的失业问题得以妥善解决，发展中国家才能摆脱贫困，实现经济起飞。

（2）劳动力资源是无限供给。

古典经济学的理论体系暗含着这样一个先验性假定，即在维持基本生存需要的收入水平上，社会中存在着无限劳动供给。这个假定与古典经济学的假定基本相似，它意味着现代化工业部门在现行的固定工资水平上，能够购买到它所需要的任何数量的劳动力。

这一假设也暗含了两层要点：一是大量的失业人口的存在，从而为现代工业部门提供充足的劳动力保障；二是劳动力的无限供给以一定的市场价格为经济条件，也即现代工业部门的收入水平要高于农业部门，否则，就无法吸引劳动力到城市中就业。

（3）工资水平保持不变。

如假定（1）中所述，传统部门人均居民收入维持在生存水平上，即取决于维持生存所需要的最低费用，因此是保持不变的。这是因为，如果人均收入水平超过维持生存所需要的最低费用，则必然刺激人口的增长，而人口过多的增长又将降低人均收入水平，结果传统部门的人均收入在等于最低生存费用的水平上达到了均衡。

（三）模型分析

如图 8-1 所示，纵轴 D 代表在一定的资本存量 K 下，一单位劳动产生的边际产品，即对劳动力需求的数量，而横轴 L 表示劳动力供给的数量。WS 代表完全有弹性的劳动力供给。起初，现代工业部门对劳动力的需求曲线是 D_1（K_1），曲边梯形 D_1FL_1O 的面积代表是城市工业部门的总产品，其中，曲边三角形 WD_1F 是资本家的利润，并全部用于再投资，矩形 WFL_1O 是劳动者所获得的收入。当资本家追加投资时，此时资本存量由 K_1 扩大为 K_2，现代工业部门对劳动力的需求曲线也由 D_1（K_1）向外移动至 D_2（K_2），劳动力供给数量也由 L_1 扩大至 L_2，但此时由于劳动力供给函数是完全弹性的，此时工资水平仍然为 W。周而复始，城市工业部门就始终可以按照不变的工资水平 W，雇用到足够多的所需要的劳动力数量，一直到剩余劳动力的吸收完毕为止。随着农村剩余劳动力的逐渐消化，发展中国家的经济也趋于稳定，社会经济步入稳定增长的阶段。

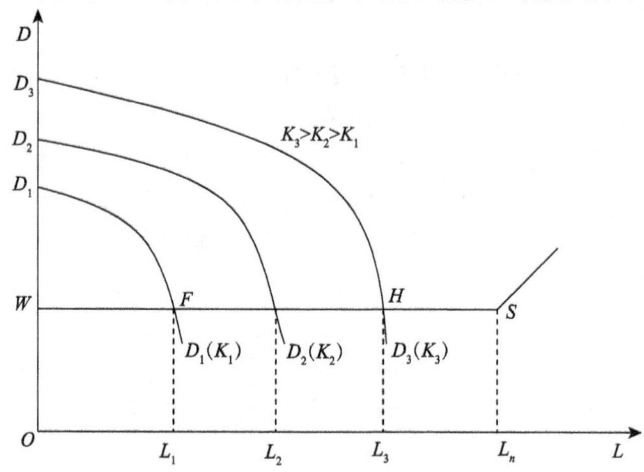

图 8-1 发展中国家劳动力转移和经济发展过程

从模型的基本结论来看，由于土地资源的有限性和农村人口过度增长，农业人口中存在大量的伪装失业和剩余劳动力，而资源闲置的现代工业部门不受土地资源的有限性限制，如果农业剩余劳动力能够向工业转移，则其边际生产力将随之提高，这将导致社会总产出水平的提升。由模型可以看出，刘易斯把工业部门的资本积累看成经济增长和劳动力转移的基本动力，农业部门的作用仅仅为工业扩张提供充足的劳动力供给。

刘易斯“二元经济”模型的提出，从不同产业部门的关系的角度，为研究经济增长问题特别是发展中国家的经济发展问题开辟了新的思路，为结构分析提供了基本框架。

刘易斯模型强调了现代部门与传统部门的结构差异，这种差异体现在两个部门的技术水平、生产的目的、收入水平和剩余人口的多少等诸多方面。但这一模型也引起了较多的争论，导致二元经济模型成为一个发展迅速、备受瞩目的经济学研究领域。

二、产业结构偏离模型

（一）模型简介

1940 年，英国经济学家克拉克在计算了 20 个国家的各部门劳动投入和总产出的时间序列数据之后得出了一个重要结论，即配第-克拉克定理，他指出：随着经济的发展以及人均国民收入水平的提高，第一产业在国民收入的相对比重和劳动力数量在全体就业人口中所占的比重将逐渐下降；而第二产业的相对比重将逐渐上升；随着经济进一步发展，第三产业国民收入和劳动力的相对比重也开始上升。因此，劳动力就业人口将随着经济发展由第一产业向第二产业转移，随着国民收入的进一步提高，劳动力又将由第二产业向第三产业转移。

（二）模型建立

根据配第-克拉克定理，伴随产业结构的转变，就业结构也随之发生变化，总体趋势是劳动力在第一产业中分布减少，在第二、第三产业中增加。本书采用就业产业结构偏离度来衡量劳动力产业间转移的协调程度[①]。计算公式如下：

$$\phi_1=\frac{X_i/X}{Y_i/Y}-1,\phi_2=\left|\sum_{i=1}^{n}(X_i/X-Y_i/Y)\right| \tag{8-1}$$

其中，X_i/X 为第 i 产业 X 产值所占比重；Y_i/Y 为第 i 产业就业人员所占比重。就业产业结构偏离度为正值表明产值比重大于就业比重，其绝对值越小产业结构和就业结构发展越平衡，为零时两者均衡；偏差系数越大，产业结构和就业结构差距越大。

基于偏离份额法产业结构演进过程如下。偏离-份额分析法（shift-share analysis，SSM）是以其所在或整个国家的经济发展为参照系，将区域自身经济总量在某一时期的变动分解为三个分量，即份额分量 N_{ij}，结构偏离分量 P_{ij} 和竞争力偏离分量 D_{ij}。具体计算公式如下[②]：

$$G_{ij}=N_{ij}+P_{ij}+D_{ij}=b_{ij,t}-b_{ij,0},\quad P_{ij}=(b_{ij,0}-b''_{ij,0})R_{ij} \tag{8-2}$$

$$D_{ij}=b_{ij,0}(r_{ij}-R_j),\quad N_{ij}=b'_{ij,0}R_j \tag{8-3}$$

其中，$b_{ij,0}$ 和 $b_{ij,t}(i=1,2,\cdots,n;\ j=1,2,\cdots,n)$ 分别表示区域 i 第 j 个产业部门在初始期与末期的规模；r_{ij} 为区域 i 第 j 个产业部门在[0，t]时间段的变化率；R_j 为所在大区或全国 j 产业部门在[0，t]的变化率；$b'_{ij,0}$ 为以所在大区或全国各产业部门所占的份额按式（8-2）

---

① 杨家伟，乔家君. 河南省产业结构演进与机理探究[J]. 经济地理，2013，（9）：93-98.

② 崔功豪，魏清泉，刘科伟. 区域分析与区域规划[M]. 第二版. 北京：高等教育出版社，2006.

与式（8-3）将区域各产业部门规模标准化，公式为$b'_{ij,0}=(b_{ij,0},\ B_{j,0})/B_0(j=1,2,\cdots,n)$; B_0和B_t表示区域所在大区或全国在相应时期初期与末期经济总规模；$B_{j,0}$与$B_{j,t}$表示在大区或全国初期与末期第j个产业部门的规模。最后计算结果可以分解如下：

$$L=\frac{\dfrac{\sum_{j=1}^{n}K_{j,t}B_{j,t}}{\sum_{j=1}^{n}K_{j,0}B_{j,0}}}{\dfrac{\sum_{j=1}^{n}B_{j,t}}{\sum_{j=1}^{n}B_{j,0}}}=\left[\frac{\dfrac{\sum_{j=1}^{n}K_{j,0}B_{j,t}}{\sum_{j=1}^{n}K_{j,0}B_{j,0}}}{\dfrac{\sum_{j=1}^{n}B_{j,t}}{\sum_{j=1}^{n}B_{j,0}}}\right]\times\left[\sum_{j=1}^{n}\frac{K_{j,t}B_{j,t}}{K_{j,0}B_{j,t}}\right] \tag{8-4}$$

$$=W\times U$$

其中，

$$W=\frac{\dfrac{\sum_{j=1}^{n}K_{j,0}B_{j,t}}{\sum_{j=1}^{n}K_{j,0}B_{j,0}}}{\dfrac{\sum_{j=1}^{n}B_{j,t}}{\sum_{j=1}^{n}B_{j,0}}},\quad U=\frac{\sum_{j=1}^{n}\dfrac{K_{j,t}B_{j,t}}{K_{j,0}B_{j,t}}}{\sum_{j=1}^{n}\dfrac{K_{j,t}B_{j,t}}{K_{j,0}B_{j,t}}}$$

其中，W、U分别表示结构效果指数和区域竞争效果指数。

第三节 案例分析

◎ 案例一：农村劳动力转移对城乡收入差距的影响：基于江西的实证①

一、农村劳动力转移与城乡收入差距问题分析

1978年底开始的农村家庭承包制改革，解决了人民公社制度下因平均分配而长期不能解决的激励问题。改革显著提高了农村的劳动生产率，改善了农民的生活状况。总的来说，改革开放初期我国的收入差距是下降的，这是因为改革始发于农村，农副产品价格的提高以及家庭联产承包责任制带来的产量的上升大大增加了农村居民的收入，进而缩小了城乡收入差距。然而，伴随着经济的发展，收入差距又呈现出上升的态势。江西

① 尹继东，王秀芝. 农村劳动力转移对城乡收入差距的影响：基于江西的实证[J]. 南昌大学学报（人文社会科学版），2008，3：37-44.

也表现出同样的特征。

原始数据来源于《新中国五十年的江西》和 1991~2007 年《江西统计年鉴》。

图 8-2 反映了改革开放以来江西城乡收入差距的变化过程。

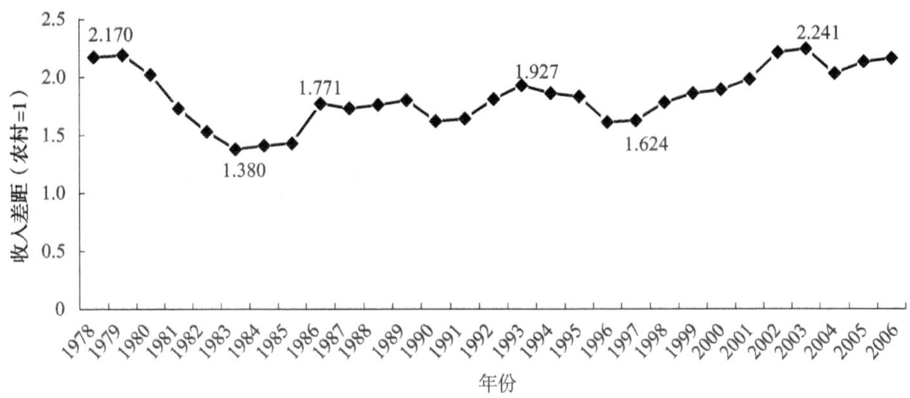

图 8-2　江西的城乡收入差距（1978~2006 年）

由图 8-2 可知，1978~2006 年，江西的城乡相对收入差距在 1.3~2.3 波动。改革开放初期，江西的城乡收入差距较大，但随着农村家庭联产承包责任制的推行，城乡收入差距逐年缩小，由 1978 年的 2.170 降到 1983 年的 1.380，达到最低。然而，伴随着农村改革效应的逐步释放，城乡收入差距又逐渐上升，在 1986 年达到 1.771。1986~1992 年，城乡收入差距在 1.6~1.8 徘徊，1993 年上升至 1.927 后，开始回落，1997 年降到 1.624。之后，城乡收入差距不断增加，在 2003 年达到最高点 2.241，尽管近几年有所下降，但城乡收入差距仍处于较高水平。数据显示，江西城乡收入差距的变化特征与全国基本相似，但总体上略低于全国水平。

城乡不平等在中国的所有地区都是一个普遍现象，一些研究显示，城乡之间的不平等在全社会不平等中具有重要作用，这是造成中国整体不平等的重要原因①。如果能彻底消除城乡差异，中国的区域不平等就可以下降 70%~80%。且这种收入差距与经济发展水平相关，在不同收入水平地区呈现出不一致的态势。

根据 2007 年《中国统计年鉴》和《江西统计年鉴》的数据，2006 年末，我国人均耕地面积为 0.099 公顷，而江西仅为 0.049 公顷。2006 年末，江西的农业人口有 3 178.4 万，占总人口的 73.25%。人多地少的矛盾使江西农村劳动力转移具有较低的机会成本。因此，尽管他们在城市从事的是又脏又累、低工资的强体力劳动，然而比起在家务农，出门打工所能获得的收入通常远高于待在家里。此外，对于一些家庭来说，一部分劳动力离开农业从事非农活动并不会影响家庭的农业经营，由于在外出户中存在着资金对劳动的替代，农村劳动力外出就业并不必然导致农业生产的下降或提高，也并不构成对劳动积累的必然障碍。因此，在农业和非农业之间显著收入差距的作用下，农民离乡进城的愿望依然强烈。

① Kanbur R，Zhang X. Fifty years of regional inequality in China：a journey through central planning，reform and openness [J]. Review of Development Economics，2005，9（1）：87-106.

那么，在这种情况下，江西的农村劳动力转移缩小了城乡收入差距吗？对于中国来说，不同地区的经济发展水平使不同地区的城乡收入差距表现出差异性，而由此对农村劳动力转移产生的影响又会反作用于城乡收入差距，这就增加了对农村劳动力转移和城乡收入差距之间关系研究的复杂性。在此，我们试图通过计量经济模型，对江西的情况进行实证分析。

二、研究方法

陈宗胜和黎德福①构建了一个简单的二元经济模型（简称陈黎模型），从理论上分析了决定中国城乡收入差距的不同因素，并利用我国改革开放以来的数据进行了初步检验。这个模型可以帮助我们分析江西农村劳动力转移对城乡收入差距的影响。

二元经济是研究中国城乡居民收入差距的出发点，尤其对于江西这样一个欠发达地区，从二元经济角度去分析，可能更有其适用性。假定经济由农业部门和非农业部门构成，两个部门的劳动生产率分别为 l_1 和 l_2，分配系数分别为 a_1 和 a_2，表示劳动者从产出中所能得到的比例，每一劳动力所负担的人口分别为 b_1 和 b_2。假设农民完全在农业中就业，城镇居民完全在非农业部门就业。则不存在劳动力转移的城乡收入差距为

$$R=\frac{\frac{a_2 l_2}{b_2}}{\frac{a_1 l_1}{b_1}}=\frac{l_2}{l_1}\frac{\frac{a_2}{a_1}}{\frac{b_2}{b_1}}=\frac{R_l R_a}{R_b} \tag{8-5}$$

其中，$R_l=\frac{l_2}{l_1}$；$R_a=\frac{a_2}{a_1}$；$R_b=\frac{b_2}{b_1}$ 。

将式（8-5）两边分别取（ a_1 ）自然对数（ b_1 ）得到城乡收入差距的对数线性方程：

$$\ln R=\ln R_l+\ln R_a-\ln R_b \tag{8-6}$$

农村劳动力转移后，城乡收入差距将发生变化。假设在时间 t_0 至 t_1 内，有 i 个农村劳动力进入非农业部门就业（假定他们全部进入工业部门），每个劳动力创造的可用于分配的社会收入与原城镇居民相同，而留在农村的劳动力创造的收入不变。假设劳动力转移前城镇居民的人均收入为 y_u，农村居民的人均收入为 y_r，进城务工的农村劳动力获得的工资收入为 s，且有 $y_r<s<y_u$。在转移的农村劳动力中，有 j 个变成城镇居民，且总有 $j<i$。假定劳动力转移后城乡劳动力的负担系数不变。则在农村劳动力转移后，城乡居民的收入发生了变化，收入差距变为

$$R_y=\frac{y_u'}{y_r'}=\frac{y_u+\frac{i-j}{m+j}(y_u-s)}{y_r+\frac{i-j}{n-j}s}=\frac{y_u}{y_r}\frac{\frac{m+i}{m+j}-\frac{i-j}{m+j}\frac{s}{y_u}}{1+\frac{i-j}{n-j}\frac{s}{y_r}} \tag{8-7}$$

其中，n 和 m 分别表示劳动力转移前即 t_0 时农村和城镇人口；$n-j$ 表示去掉变成城镇居民

① 陈宗胜，黎德福. 内生农业技术进步的二元经济增长模型——对“东亚奇迹”和中国经济的再解释[J]. 经济研究，2004，(11)：16-27.

的农民工之后的农村人口，即t_1时的农村人口；$m+j$为t_1时的城镇人口；y'_r和y'_u分别为农村劳动力转移后农村居民和城镇居民的人均收入，且有$y'_r > y_r$和$y'_u > y_u$，即农民进城打工不仅提高了农村居民的人均收入水平，而且提高了城镇居民的人均收入。因此，农村劳动力转移之后，城乡收入差距有没有缩小取决于y'_r和y'_u的增加幅度。

若$R_y > y_u / y_r$，则说明农村劳动力转移之后，城乡收入差距增加，反之，则缩小。因此，农村劳动力转移对城乡收入差距的影响取决于式（8-7）中y_u / y_r的系数。我们不妨先假设该系数小于1，即农村劳动力转移可以缩小城乡收入差距，即考虑下面不等式：

$$\frac{\dfrac{m+i}{m+j}-\dfrac{i-j}{m+j}\dfrac{s}{y_u}}{1+\dfrac{i-j}{n-j}\dfrac{s}{y_r}}<1$$

对上式做数学变换，可得

$$s>\frac{1}{\dfrac{m+j}{n-j}\dfrac{y_u}{y_r}+1} \qquad (8\text{-}8)$$

由此可知，农村劳动力转移能否缩小城乡收入差距关键看转移劳动力收入的大小，如果能满足式（8-8），则收入差距可以缩小，相反，则会扩大城乡收入差距。式（8-8）的符号决定了农村劳动力转移能否缩小城乡收入差距，我们称其为条件不等式。继续分析农村劳动力转移后的城乡收入比R_y。为使R_y也可以对数线性形式进入方程，需对其进行适当变换。考虑到$m+i$是包括转移农村劳动力在内的城镇人口，这一指标的统计数据很难得到，而在分析城镇化滞后时所需要的是非农就业人口（令其为l_{ua}），因而我们对式（8-7）中y_u / y_r的系数进行变换。

首先，令

$$\frac{\dfrac{m+i}{m+j}-\dfrac{i=j}{m+j}\dfrac{s}{y_u}}{1+\dfrac{i-j}{n-j}\dfrac{s}{y_r}}\approx\left[\frac{m+i}{m+j}\right]^{\beta}$$

再对等式右边进行代数运算

$$\left[\frac{m+i}{m+j}\right]^{\beta}=\lambda\left[\frac{l_{ua}}{m+j}\right]^{\beta}=\lambda(R_u)^{\beta} \qquad (8\text{-}9)$$

其中，l_{ua}为非农业就业人口；$m+j$为城镇人口；R_u为l_{ua}和$m+j$的比值，它可用于表示城镇化滞后水平；β为滞后系数。

我们分析的目的是判断农村劳动力转移有没有缩小城乡收入差距，因而β的符号至关重要。式（8-9）中，β的符号取决于条件不等式（8-8）能否成立，若不等式成立，则有$\beta<0$，表明农村劳动力转移可以缩小城乡收入差距；反之，若不等式不成立，则$\beta>0$，表明农村劳动力转移不但没有缩小反而扩大了城乡收入差距；特殊地，若不等式符号为等于号，则$\beta=0$，表明农村劳动力转移既没有扩大也没有缩小城乡收入差距。从理论的推导来看，上述命题的逆命题成立，因而我们可以依据实证分析结果 β 的符号来判断江西农村劳动力转移是否缩小了城乡收入差距。根据式（8-6）、式（8-7）及式（8-9），可建立城镇化滞后于工业化时，城乡收入差距的对数线性方程：

$$\ln R_y = \ln R_l + \ln R_a - \ln R_b + \beta \ln R_u \tag{8-10}$$

分析式（8-9），就业的非农化（农民进入工业部门）与人口的城镇化（农民改变身份转为市民）两个过程对城乡收入差距的影响是相反的，前者是扩大，而后者是缩小。当然，如果两者同步，这种作用就可相互抵消。而我国的具体情况是，大量农村劳动力进入城镇的非农业部门就业，但他们并没有因此在同时实现身份的转变，因而长期以来，我国的现实情况是大量的候鸟式转移，就业的非农化与人口的城镇化不同步现象明显。为了观察它们对城乡收入差距的作用，我们再来看式（8-7）。根据式（8-7），农民进入工业部门提高了农村居民的人均收入水平，即 $y'_r > y_r$，因而直观上看，它将起到缩小城乡收入差距的作用，一些学者也做出了这样的论断。由此，理论的分析与直观的感觉正好相反。事实到底支持哪种判断？为了回答这个问题，我们将 R_u 用 R_i 和 R_j 代替，对式（8-10）做进一步的变换：

$$\ln R_y = \ln R_l + \ln R_a - \ln R_b + \beta_i \ln R_i + \beta_j \ln R_j \tag{8-11}$$

其中，R_i 为非农就业比；R_j 为城镇人口比。

三、研究结果与分析

根据上述理论分析，我们用江西 1978~2006 年的数据进行检验，使用的回归方程如下：

$$\ln R_{yt} = \beta_0 + \beta_l \ln R_{lt} + \beta_a \ln R_{at} + \beta_b \ln R_{bt} + \beta \ln R_{ut} + \mu_t \tag{8-12}$$

$$\ln R_{yt} = \beta_0 + \beta_l \ln R_{lt} + \beta_a \ln R_{at} + \beta_i \ln R_{it} + \beta_j \ln R_{jt} + \mu_t \tag{8-13}$$

式（8-12）、式（8-13）中各变量与前面理论分析时的含义一致。β_0 为常数项，其含义为其他因素所带来的城乡收入差距。系数 β_l、β_a 的符号为正，β_b 的符号为负，假定 μ_t 为白噪声。方程（8-12）中 β 的符号不确定，且这正是本书研究的主要关注点。方程（8-13）中 β_i 的符号为正，β_j 的符号为负。事实上，正是这两个系数决定了 β 的符号。

1. 数据说明

式（8-12）、式（8-13）中，R_{yt} 表示各年的城乡收入差距，我们用经过消除通货膨胀后的城乡收入差距进行分析。R_{lt} 表示历年非农产业与第一产业的劳均产出比，由于使用比值形式，无须对价格进行调整，因而此处使用其名义值。R_{at} 为非农产业与第一产业的分配系数比，非农产业的分配系数用江西省职工平均货币工资除以劳均产出，主要用于反映职工在产业中所获的份额。第一产业分配系数的计算过程如下：①用农民人均收入中来自第一产业的人均收入乘以当年的农村人口总数；②查 1978~2006 年的《江西统计年鉴》，得到分行业职工工资总额中第一产业的工资；③用前两项的和除以第一产业的从业人员，得到第一产业的劳均收入；④用劳均收入除以第一产业的劳均产出，得到第一产业的分配系数。此处的计算也都使用名义值，因为比值可以将价格因素剔出。R_{bt} 是劳动力负担人口的城乡比，数据可从《江西统计年鉴》中直接获得。R_{it} 表示非农就业比，R_{jt} 表示城镇人口比，R_{ut} 是非农就业人口与城镇人口的比值，这三个比值的相关数据也可从《江西统计年鉴》中得到。考虑到 R_{at}、R_{bt}、R_{ut}、R_{it} 和 R_{jt} 可能小于 1，在取对数之前将其值乘以 100，这种变换的影响在回归分析时将进入常数项。

2. 回归结果与分析

用 1978~2006 年江西省的相关数据分别对方程（8-12）和方程（8-13）进行 OLS 估计（结果见表 8-1 每个方程的第一列）。回归结果显示，各变量回归系数的符号与理论分析相一致。t 检验值较高，除 R_{jt} 外其他变量的回归系数均在 1%或 5%水平上显著。模型调整后的判定系数较高，分别为 0.724 与 0.714，说明这几个变量对江西城乡收入差距有较强的解释能力。但回归结果还存在着残差自相关以及共线性现象，因此，我们对所有变量取一阶差分后再进行 OLS 估计（表 8-1 中每个方程的第二列）。差分后的回归结果消除了自相关及共线性现象，变量回归系数的符号也符合理论分析。与原变量 OLS 估计相比，系数变化最大的是劳动力负担人口比，两个方程分别由−1.643 和−1.672 下降为−0.625 和−0.555，符号保持不变，但显著性水平降低。根据计量经济学理论，该回归的系数更为可靠。但是，差分后 R_{ut}、R_{it} 和 R_{jt} 的系数都不显著，这与文献所得结论（表 8-1 中每个方程的第三列）存在差异，方程中劳动力负担人口城乡比 R_{bt} 的系数为负，表明 R_{bt} 的增加将带来城乡收入差距的下降。分析具体的回归系数可知，若 R_{bt} 增加 1%，城乡收入差距将下降 0.625%，即增加劳动力负担人口的城乡比，可以起到缩小城乡收入差距的作用。对于这个结果，从现实中也很容易得到验证。经济的二元结构使农村劳动生产率低下，进而造成农民相对城市居民的收入低。而户籍制度、城乡分割的劳动力市场等制度性因素又使进城务工的农村劳动力在城市较难就业。而这三个变量恰恰是我们分析的关键，是什么原因造成了这种现象？我们将在后面进行分析。

表 8-1　回归结果 I（1978~2006 年）

解释变量	方程（8-12）			方程（8-13）		
	原变量	差分	全国差分	原变量	差分	全国差分
常数	1.967	−0.011	—	3.569***	−0.001	—
	（1.631）	（−0.868）		−2.967	（−0.061）	
$\ln R_{lt}$	0.898***	0.662***	0.518***	0.799***	0.648***	0.504***
	−4.713	−4.804	−4.693	−4.763	−4.823	−4.464
$\ln R_{at}$	0.787***	0.572***	0.661***	0.645***	0.578***	0.698***
	−6.69	−5.286	−5.259	−4.468	−4.952	−5.149
$\ln R_{bt}$	−1.643***	−0.625*	−0.886***	−1.672***	−0.555*	−0.778***
	（−4.920）	（−1.879）	（−3.923）	（−4.284）	（−1.683）	（−2.905）
$\ln R_{ut}$	0.502**	0.253	0.850**	—	—	—
	−2.736	（1.350）	−2.593			
$\ln R_{it}$	—	—	—	0.580**	0.196	0.703*
				−2.712	−0.871	−1.841
$\ln R_{jt}$	—	—	—	−0.232	−0.464	−0.994**
				（−0.954）	（−0.933）	（−2.618）

续表

解释变量	方程（8-12）			方程（8-13）		
	原变量	差分	全国差分	原变量	差分	全国差分
调整的 R^2	0.724	0.53	0.61	0.714	0.514	0.602
D.W.	0.792	1.572	1.996	0.826	1.539	1.975
F	19.383	8.609	—	14.987	6.714	—
n	29	28	25	29	28	25

***、**、*分别表示在 1%、5%和 10%水平上显著

注：被解释变量为实际城乡收入差距；“全国差分”是黎德福和陈宗胜①的估算结果；括号内为 t 检验值

资料来源：上述所有原始数据均来自《新中国五十年的江西》和 1978~2006 年《江西统计年鉴》，对于个别不可得数据，用插值法估算补齐

首先看方程（8-12）。回归结果表明，江西城乡收入差距的变化与前面的理论分析相一致。模型（8-12）中的非农产业与第一产业劳均产出比 R_{lt} 和分配系数比 R_{at} 的系数为正，表明这两个变量与城乡收入差距正相关。两部门的劳均产出比 R_{lt} 反映了一个地区的二元经济程度，其系数为正说明江西仍是二元经济。分配系数比 R_{at} 反映的是城镇居民与农村居民在生产中所获份额，该变量的系数为正，说明江西的农村居民与城镇居民没有共同分享劳动的收益，社会存在着收入分配的不平等。两部门分配系数比 R_{at} 的系数为 0.572，表明该变量每增加 1%，城乡收入差距将上升 0.572%。

农村劳动力只能在城市的非正规部门就业，即使他们与城市居民做着同样的工作，也会出现“同工不同酬”现象。两种因素的共同作用使农村劳动力收入低于城市劳动力收入。在此情况下，若其他条件不变，城乡的人均收入水平则取决于城乡劳动力负担人口数量。城市劳动力负担人口数越高，农村劳动力负担人口数越低，就越有利于缩小城乡收入差距。从图 8-3 中可知，1978~2006 年，江西的城镇住户每一位劳动力负担人口呈先降后升趋势，由 1980 年的 2.08 下降到 1998 年的 1.64，之后缓慢上升，但总体波动幅度不大；农村住户每一位劳动力负担人口则呈明显下降趋势，由 1978 年的 2.5 一直下降到 2006 年的 1.37，下降趋势明显。可以认为，我国的计划生育政策对江西城乡收入差距的缩小起到了重要作用。但是，我们还应看到，农村住户每一位劳动力负担人口已经降到了非常低的水平，这种状况不会持续太久。近年来，江西的劳动力资源占总人口的比重逐年上升，随着大量劳动力年龄的农村人口进入老龄阶段，这一指标将迅速上升，势必起到扩大城乡收入差距的作用。而可行的方法是，加强农村社会保障体系的建设，让农民与城里人一样，享有养老、医疗、最低生活保障等待遇。

根据前面的分析，滞后系数 β 的符号至关重要。由表 8-1 可知，R_{ut} 的差分结果在统计上不显著，这一结论与文献所得结论不一致。为了找到产生这种现象的原因，我们进行了分段分析。由于江西农村劳动力转移现象在 20 世纪 90 年代以后尤其突出，因而我们以 1990 年为界进行分析（表 8-2 中各方程的第一列）。回归结果显示，R_{lt}、R_{at} 和 R_{ut} 的系数为正，且均在 1%水平上显著。然而，在这个估计结果中，变量 R_{bt} 的系数不显著，

① 黎德福，陈宗胜. 改革以来中国经济是否存在快速的效率改进?[J]. 经济学（季刊），2007，6（1）：1-24.

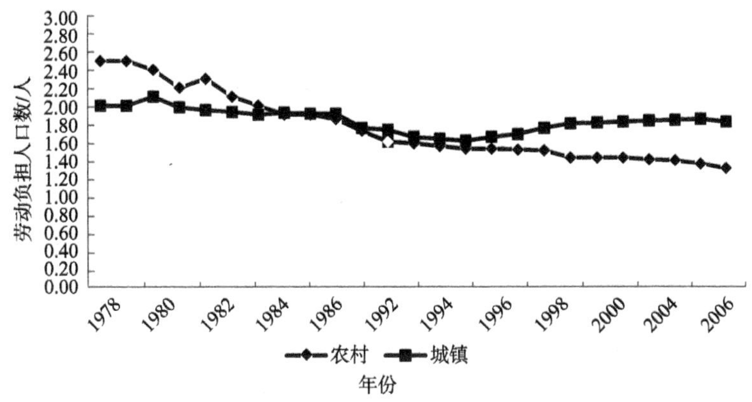

图 8-3　江西城乡劳动力负担人口

资料来源：《新中国五十年的江西》；《江西统计年鉴》（2007 年）

t 值非常小，因此我们将该变量剔除，重新进行估计（表 8-2 中各方程的第二列）。剔除变量后，方程调整的 R^2、F 统计量及 D.W.值均优于原方程，因此，可以认为，在 1990~2006 年，劳动力负担人口城乡比对城乡收入差距变化没有影响，这可能是因为在这段时期内农村劳动力负担人口变化不大。R_{ut} 的系数为正，即滞后系数 β 大于零，说明 20 世纪 90 年代以来，江西的农村劳动力转移扩大了城乡收入差距。出现这种结果的原因在于条件不等式（8-8）不成立，即农村转移劳动力的收入 s 太低。事实上，这个结果与现实是一致的。在我国，大量进城的农民工从事的是又脏又累的低收入工作，并且他们的工资往往不能及时得到。大部分雇用农民工的企业主并不给他们办理相关保险，一旦发生事故，农民工很难通过正常途径得到补偿。正是在这样的条件下，他们为城镇居民创造了大量的剩余。因此，在提高自己收入的同时，也提高了城镇居民的收入，结果是非但没能缩小、反而是扩大了城乡收入差距。从理论上看，要改变这种情况的唯一方法是提高农村转移劳动力的收入 s，使条件不等式（8-8）成立。达到这一目标的方法有很多，如消除城乡劳动力市场分割、取消对农民工的歧视、提高农民工待遇等。

表 8-2　回归结果Ⅱ（1990~2006 年）

解释变量	原方程（8-12）		原方程（8-13）	
	原方程	剔除变量	原方程	剔除变量
常数项	−0.012	−0.011	−0.024	−0.025
	（−1.494）	（−1.655）	（−1.382）	（−3.083）
$\ln R_{lt}$	0.558***	0.558***	0.492***	0.492***
	（6.346）	（6.878）	（5.771）	（7.069）
$\ln R_{at}$	0.451***	0.452***	0.424***	0.443***
	（5.289）	（6.783）	（4.778）	（6.785）
$\ln R_{bt}$	0.007		0.133	
	（0.021）		（0.404）	
$\ln R_{ut}$	0.413***	0.414***		
	（2.876）	（3.007）		

续表

解释变量	原方程（8-12）		原方程（8-13）	
	原方程	剔除变量	原方程	剔除变量
$\ln R_{it}$			0.462***	0.457***
			（2.932）	（3.132）
$\ln R_{jt}$			（0.062）	
			（−0.158）	
调整的 R^2	0.810	0.824	0.803	0.83
D.W.	1.874	1.876	1.998	2.806
F	17.998	25.996	14.039	27.048
n	16	16	16	16

***表示在1%水平上显著

注：被解释变量为实际城乡收入差距；表中为一阶差分回归结果；方程（8-12）剔除的变量是 R_{bt}，方程（8-13）剔除的是 R_{bt} 和 R_{jt}；括号内为 t 检验值

再来看方程（8-13）。表 8-1 中，变量 R_{lt}、R_{at} 和 R_{bt} 的回归分析结果与方程（8-12）一致，且三个变量都在 1%水平上显著，差分估计也出现与方程（8-12）相同的情况。这三个变量的作用与方程（8-12）相同，不再赘述。我们要分析的是变量 R_{it} 和 R_{jt}，然而这两个变量的差分结果均不显著，为此，我们同样进行了分段回归分析。由表 8-2 可知，R_{it} 的结果与前述 R_{ut} 相似，系数为正（这一点恰恰与直观上的感觉相反），且在 1%水平上显著，表明在此期间江西的非农就业比与城乡收入差距正相关，这说明就业的非农化（农民进入工业部门）不但没有缩小反而扩大了城乡收入差距。但是 R_{bt} 和 R_{jt} 都不显著。同样，剔除这两个变量进行回归分析，结果显示剔除变量后的方程优于原方程。因此可以认为，在此期间这两个变量对城乡收入差距变化没有影响。这与理论分析不相符。关于前者，前文已经论及，而对于后者，我们认为，人口的城镇化之所以没有像理论分析中的那样对城乡收入差距产生影响，是因为新增城镇人口并不是农村中最富裕或最贫困的部分，社会平均收入人口的城镇化，不会改变城乡收入差距的结构状况。

综合分析 R_{ut}、R_{it} 和 R_{jt} 可知，如果农民工只能得到其创造财富的较小部分，则只有就业转换的农村劳动力转移不但不能缩小反而会扩大江西的城乡收入差距。

四、研究结论与政策建议

本案例借鉴陈黎模型，从理论和实证两个方面分析了影响江西城乡收入差距的因素，以及江西农村劳动力转移对城乡收入差距的作用。分析显示，在二元经济假设下，江西的城乡收入差距与两部门劳均产出比、两部门分配系数比、劳动力负担人口城乡比、非农就业人口与城镇人口之比、非农就业比相关。其中两部门劳均产出比、两部门分配系数比、非农就业人口与城镇人口之比、非农就业比与城乡收入差距正相关，劳动力负担人口城乡化与城乡收入差距负相关。并且，不同影响因素在不同时期对城乡收入差距的影响各不相同。在 1978~2006 年，两部门劳均产出比、两部门分配系数比、劳动力负担人口城乡比因素影响显著，非农就业人口与城镇人口之比、非农就业比因素影响并不显

著，与全国情况不同。而在 1990~2006 年，两部门劳均产出比、两部门分配系数比、非农就业人口与城镇人口之比、非农就业比因素影响显著，说明在 20 世纪 90 年代以后，江西的农村劳动力转移扩大了城乡收入差距。我们认为，其原因在于江西的经济发展水平与全国存在差距，因而在数据上表现出江西滞后于全国的特征。

分析显示，在江西这样一个二元经济明显的欠发达地区，如果转移的农村劳动力仅能获得低微的工资，那么，农村劳动力转移不但不能缩小反而会扩大城乡收入差距。农村劳动力转移能否缩小城乡收入差距取决于雇用他们的企业主支付的工资水平，如果达到了一定的高度，即如果能满足本书的条件不等式（8-8），则农村劳动力转移可以起到缩小城乡收入差距的作用。

至于如何缩小江西的城乡收入差距，根据本书的分析结论，有以下政策建议：①加大对农业的投入力度，鼓励科技兴农，以提高农村劳动生产率，逐步消除二元经济，增加农村居民对劳动所得的分享。从前面的理论分析可知，消除二元经济是缩小城乡收入差距的根本出路，但对全国、对江西而言，这很难做得到。目前可以做的是鼓励并正确引导农村劳动力向非农产业转移。事实上，在改革开放之初，国家并未对农村有多大的投入，但由于体制转变而带来的劳动生产率增长效应却是显著的，因此，解除现有体制障碍是比较现实的方法。②加强农村社会保障体系的建设，扩大农村养老、医疗、最低生活保障等待遇的覆盖面。对于这个方面，江西正在努力，如正在开展的农村合作医疗。但是，对于具有 73.25%的农业人口的江西来说，这个过程任重而道远。③建立统一的城乡劳动力市场，消除就业歧视，提高转移劳动力的工资水平。按照我们的分析，只要转移劳动力的收入上升到一定程度，就能对缩小城乡收入差距产生正向的作用。我们用江西的数据对条件不等式（8-8）进行了计算，发现不等式中的系数近年呈下降趋势（图8-4），这一方面验证了我们的理论分析，另一方面也说明了 s 过低正是造成江西城乡收入差距上升的原因之一。

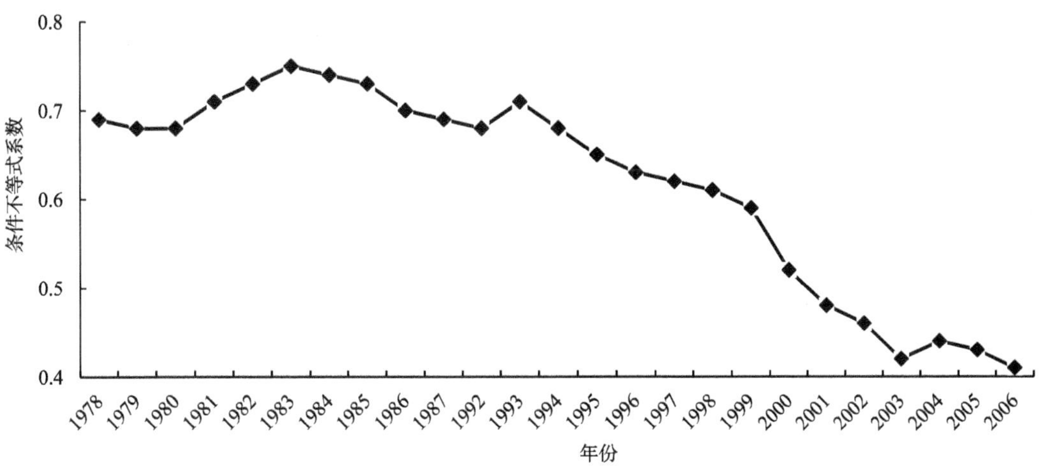

图 8-4　条件不等式系数趋势图

本书的研究还存在以下不足：其一，本书仅就江西农村劳动力转移对城乡收入差距的影响进行了初步研究。需要指出的是，我们的实证分析只有 29 个年度，特别地，分段分析时只有 17 个年度，各地市的部分数据不可得，限制了我们对面板数据（panel data）的分析。因此，本章的检验是非常初步的。其二，分段分析结果显示，R_{bt} 和 R_{jt} 不是影响城乡收入差距的因素，至于原因，本章未展开深入分析。此外，关于农村劳动力转移对城乡收入差距的影响，还有许多有待研究的问题，如在不同地区的检验问题、它们之间的动态关系问题等。

◎ 案例二：耕地和农业劳动力变化对粮食生产影响的面板计量分析[①]

粮食安全历来是关系到一个国家或地区政治经济全局的重大问题，因而一直是国家安全的重要部分，而粮食生产问题则是维护粮食安全的首要问题。粮食生产的影响因素可以分为相对稳定因素和可变因素，其中相对稳定因素有地区的气候、生态环境等自然因素；可变因素有人均耕地面积、农民种粮积极性、城市化水平及农村劳动力数量等社会因素。众多研究表明，在影响地区粮食安全的可变因素中，人均耕地面积和农村劳动力数量是两个十分重要的影响因素。目前，国内对这两种因素的研究较多，但也存在争议。

一、问题分析

耕地方面，我国在 20 世纪 90 年代中后期就提出了要确保“18 亿亩耕地红线”，当时著名经济学家茅于轼[②]从微观市场角度认为，我国不必坚持 1.2 亿公顷耕地红线。这一观点的提出遭到了广大学者的质疑，唐健等[③]从多个方面论证了耕地对于解决粮食安全问题的重要性,认为茅于轼先生仅从经济分析角度评价我国的耕地保护政策是不科学的。许多学者研究表明，在工业化和城市化进程中，受经济发展、人口、农业制度与政策等因素的影响，不同工业化和城市化发展阶段土地利用模式变化快，农户的土地利用也存在着从追求粮食产量最大化到产量与利润最优再到耕地效益最大化的阶段性特征，这些变化对于一个地区的粮食生产都会产生重大的影响，因而他们也认为必须坚守“18 亿亩耕地红线”，坚持实行耕地保护政策。然而，也有学者认为，解决粮食安全问题更重要的方面是提高粮食收益和耕地质量，因为农民种粮积极性、土地退化和污染会对国家粮食安全产生重要影响。可见，在是否需要保持一定数量的耕地，以维护我国粮食安全这一问题上仍存在争议。

同耕地一样，在劳动力与粮食安全生产之间的关系也存在着较大的争议，主要表现在劳动力转移是否会影响地区的粮食生产。有学者认为，目前中国人口城市化和土地城

---

① 姚成胜，李政通，杜涵，等. 耕地和农业劳动力变化对粮食生产影响的面板计量分析[J]. 九江学院学报（自然科学版），2016，(3)：1-8.

② 茅于轼. 再论我国粮食安全问题[J]. 上海财经大学学报（哲学社会科学版），2004，6（4）：3-6.

③ 唐健，陈志刚，赵小风，等. 论中国的耕地保护与粮食安全——与茅于轼先生商榷[J]. 中国土地科学，2009，(3)：4-10.

市化导致的农业劳动力数量减少、素质弱化和耕地面积减少、质量的不断降低，对粮食安全产生了重大影响；但也有学者认为，中国农村劳动力转移和粮食稳定增产存在一致性趋势，农村劳动力转移并没有对中国粮食主产区的粮食生产产生显著影响。与这两种观点不同的是，王跃梅等①从粮食主产区和主销区两个视角认为劳动力流转对主产区有着显著影响，对粮食主销区没有显著影响。从地区劳动力数量上来讲，一个地区的农村劳动力人口流出会减小该地区农业劳动人口比重，也会减小流入区的农业人口比重；农村劳动力转移会导致农村劳动力比重变化，进而对区域粮食生产产生影响，其主要原因在于农村劳动力转移提高了农户退出农业的概率，但并不能确定是否会降低农业产出增长率。因此，对于地区农业劳动力比重是否会影响一个地区的粮食生产也不能一概而论。

2014 年 9 月，国务院发布的《国务院关于依托黄金水道推动长江经济带发展的指导意见》，指出长江经济带涵盖上海、江苏、浙江、安徽、江西、湖北、湖南、重庆、四川、云南、贵州 11 个省市，面积约 205 万平方千米，人口和生产总值均超过全国的 40%。目前，长江经济带已发展成为我国综合实力最强、战略支撑作用最大的区域之一。推进长江经济带建设有利于促进经济增长空间从沿海向沿江内陆拓展，形成上中下游优势互补、协作互动的发展格局，并逐步缩小地区发展差距。有研究表明，长江流域粮食生产在全国的主体地位已逐渐下降，而且自 2000 年以来，人均粮食产量也不断下降，长江中下游以南地区也已成为我国温饱水平缺粮总数最多的地区。可以预测，在推进长江经济带建设过程中，耕地和农业劳动力状况必然发生进一步的变化，那么这一变化将对长江经济带粮食生产产生怎样的影响？为此，有必要深入分析长江经济带粮食生产、耕地和农业劳动力三者之间到底存在怎样的关系。目前，关于粮食与农业劳动力、粮食与耕地等方面的研究较多。但研究区域粮食安全、耕地与农业劳动力三者之间内在关系的文章相对较少，本书从区域粮食安全角度分析长江经济带粮食生产、耕地与农业劳动力三者之间的关系，以期为更好地促进长江经济带建设提供一定参考。

二、研究方法与数据来源

（一）研究方法

在对粮食生产、耕地和农业劳动力的分析过程中，国内学者大多运用因子分析、聚类方法、比较分析和数据统计以及计量模型等方法对其进行计量探究。本章首先运用面板单位根检验、协整检验对长江经济带粮食生产、耕地和农业劳动力三者进行面板计量分析，并利用 C-D 生产函数模型，建立粮食生产（grain output，GO）与耕地面积（cultivated land，CL）和农业劳动力（agricultural labor，AL）之间的面板回归方程，以有效探究耕地面积和农业劳动力对地区粮食生产的影响及地区差异，其中 C-D 方程的表达形式为

$$\mathrm{GO} = A \cdot \mathrm{CL}^{\alpha_i} \mathrm{AL}^{\beta_i} \tag{8-14}$$

对上述方程取自然对数得到

$$\ln(\mathrm{GO}) = \alpha_i \ln(\mathrm{CL}) + \beta_i \ln(\mathrm{AL}) + \ln(A) + \mu_i \tag{8-15}$$

① 王跃梅，姚先国，周明海. 农村劳动力外流、区域差异与粮食生产[J]. 管理世界，2013，(11)：67-76.

其中，A 为总体效率因子；α 和 β 分别表示耕地和劳动力的弹性系数；μ 和 i 分别表示误差项和不同的地区；ln（GO）、ln（CL）和 ln（AL）分别表示人均粮食产量、人均耕地面积和农业劳动人口比重取对数后的值。

（二）数据来源

本章数据来源于长江经济带 11 个省级行政单位的统计年鉴以及《中国人口劳动统计年鉴》。重庆市由于是 1997 年才建市，因此在搜集数据时将四川省 1997 年以前输入重庆的行政区域单列出来作为重庆市的数据。在搜集数据过程中，存在着个别数据缺失的情况，本章运用几何平均法计算出年增长，近似地估计出缺失数据，以保证数据完整性。

（三）长江经济带粮食生产状况分析

长江经济带横跨我国东部、中部、西部三大区域，区域之间经济社会发展水平差异显著。为更好地揭示粮食、耕地和人口系统的发展及其区域差异状况，本章将长江经济带与东部、中部、西部三部分重合的区域分别记为长江经济带东部地区（包括上海、江苏和浙江 3 省，简称东部地区）、长江经济带中部地区（包括安徽、江西、湖北和湖南 4 省，简称中部地区）和长江经济带西部地区（包括重庆、四川、云南和贵州 4 省市，简称西部地区）。图 8-5 显示了 1990~2012 年全国、长江经济带及带内东部地区、中部地区、西部地区区域。

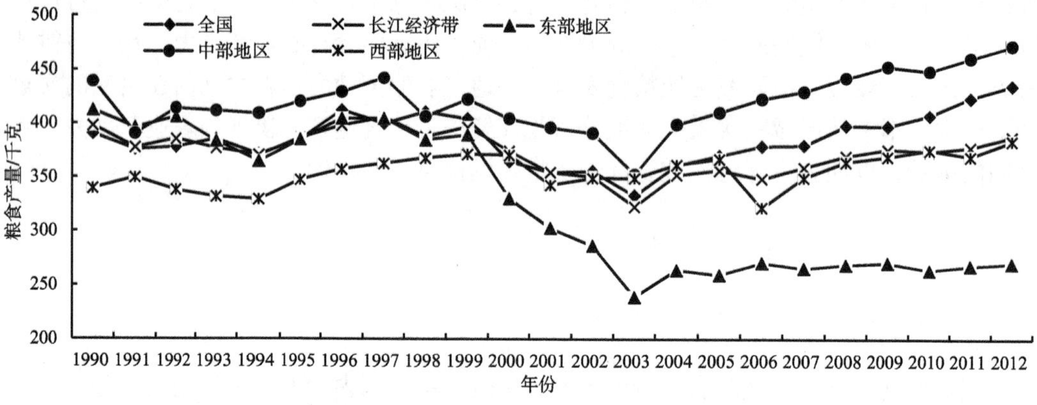

图 8-5 1990~2012 年全国、长江经济带及带内东部地区、中部地区、西部地区人均粮食产量

从图 8-5 中可以看出：①1990~2012 年来长江经济带人均粮食产量略有下降。1990 年，长江经济带总体的人均粮食产量为 397 千克，略高于同期全国人均粮食产量为 390 千克的平均水平；2012 年，长江经济带总体人均粮食产量为 384 千克，显著低于同期全国人均粮食产量 435 千克的水平。1990~2012 年长江经济带人均粮食产量的年增长率为−0.15%，而全国人均粮食产量的增长率为 0.5%。②长江经济带内人均粮食产量的区域差异显著。1990 年东部地区、中部地区、西部地区人均粮食产量分别为 412 千克、439 千克和 340 千克，其中东部地区和中部地区人均粮食产量均高于全国和长江经济带总体水平；2012 年东部地区、中部地区、西部地区人均粮食产量分别为 270 千克、472 千克

和 384 千克，可以看出东部地区人均粮食产量呈现出快速下降趋势，已明显低于全国平均水平，而中部地区和西部地区则呈现出增长趋势，其年均增长速度分别为 0.34%和 0.56%，其中中部地区人均粮食产量显著高于全国平均水平，而西部地区则低于全国平均水平。

（四）长江经济带耕地和农业劳动力对粮食生产影响的实证分析

1. 面板单位根检验

传统计量经济学在建立模型的时候要求随机过程必须是平稳的序列，如果序列表不平稳，则在建立回归模型过程中可能存在“伪回归”现象。因此，在利用序列进行分析的时候，必须先判断序列的平稳性。单位根是表示数据不平稳的一种方式，在进行面板数据分析时，首先必须进行面板单位根检验，如果存在单位根，进行的回归模型就可能存在伪回归。面板单位根检验主要有 LLC（Levin-Lin-Chu）检验、Breitung 检验、IPS（im Pesearn Shin）检验、ADF-Fisher 检验和 PP-Fisher 检验，其中前两者是第一代面板单位根检验，后两者是第二代面板单位根检验。目前广泛使用的两种检验方法是 LLC 和 IPS 检验方法：LLC 检验方法假设不存在截面相关以及同质问题，具有明显的局限性；对此，IPS 检验在 LLC 检验基础上进行了改进，放宽了对同质的要求，更加具有实用性，但对于非平稳面板数据具有局限性。因此，本章采用 ADF-Fisher 检验方法，对长江经济带及带内东部地区、中部地区、西部地区三大区域分别进行检验（表 8-3）。

表 8-3　长江经济带粮食生产、耕地面积和农业劳动力比重的 ADF 面板单位根检验

研究区域	特征	原序列	一阶差分	原序列	一阶差分	原序列	一阶差分
		lnGO	dlnGO	lnCL	dlnCL	lnAL	dlnAL
长江经济带	截距项	25.055	91.177***	18.672	70.818***	6.027	64.039***
	截距与趋势项	18.357	64.944***	9.546	55.806***	11.162	51.409***
	无	18.115	138.039***	9.370	118.657***	15.483	68.719***
东部地区	截距项	2.357	11.018**	3.581	15.131**	0.936	13.170**
	截距与趋势项	1.354	5.797	2.243	9.584	2.717	7.036
	无	0.931	19.791***	0.651	24.590***	0.258	11.508*
中部地区	截距项	5.33	40.389***	7.643	29.018***	1.669	25.704***
	截距与趋势项	4.115	30.626***	3.764	24.829***	5.257	16.738**
	无	9.491	59.135***	4.443	50.300***	6.898	32.988***
西部地区	截距项	17.378	39.771***	7.448	26.669***	3.422	25.166***
	截距与趋势项	12.889	29.521***	3.539	21.393***	3.189	27.635***
	无	7.694	59.113***	4.276	43.768***	8.327	24.223***

***、**和*分别表示在 1%、5%和 10%水平上是显著

ADF-Fisher 检验结果表明，所有的变量在原序列的情况下都不是平稳序列，除了东部地区的三个变量一阶差分在进行有趋势项的 ADF-Fisher 检验时是不显著的，其余两种检验均在 1%的显著性水平下拒绝原假设，说明东部地区的这些变量的一阶差分是平稳

的，而中部地区和西部地区三个变量的一阶差分在1%的显著性水平下均是显著的。因此，可以认为，所有地区的所有变量在10%的显著性水平下，在一阶差分条件下是平稳序列，不存在单位根。

2. 协整检验

协整检验是对变量之间的长期协整关系进行检验的方法，是建立在单位根检验的同阶单整基础上的。不同于时间序列的协整检验，面板数据协整检验有着更多的方法，常用的有Pedroni检验（包含七种具体的检验方法）、Kao检验和Fisher检验方法。在这些协整检验方法中，原假设都不存在协整关系。在此，本章运用Eviews 8.0软件对长江经济带及带内东部地区、中部地区和西部地区的面板数据分别进行协整检验，结果如表8-4所示。

表8-4 长江经济带粮食生产、耕地面积和农业劳动力比重的面板协整检验

研究区域	Pedroni							Kao	Fisher	是否存在协整关系
	Panel v	Panel rho	Panel PP	Panel ADF	Group rho	Group PP	Group ADF			
长江经济带	0.293	−0.834	−2.050**	−0.685	−1.122	−3.627***	−1.745**	−0.414	45.59***	是
东部地区	0.226	0.585	0.569	0.769	1.368	1.126	1.795	−0.536	8.358	否
中部地区	−0.076	−2.845***	−4.550***	−2.297**	−1.030	−3.073***	−1.923**	−0.693	26.79**	是
西部地区	0.609	−1.796**	−3.871***	−1.832**	−0.716	−3.591***	−1.483*	−1.238	10.44	否

***、**和*分别表示在1%、5%和10%水平上显著

协整检验结果表明，长江经济带东部地区和西部地区的人均粮食产量同人均耕地面积、农业劳动人口比重之间不存在协整关系，也即在东部地区，农业劳动人口比重、人均耕地面积和人均粮食产量对彼此没有长期的影响关系；而在长江经济带整体及其中部地区，三者之间则存在协整关系，亦即三者之间存在长期影响效应。

3. 回归模型参数估计

通过单位根检验排除了模型存在伪回归的现象，协整检验则确定了变量之间是否存在着长期协整关系。但单位根检验和协整检验并不能直观表示出变量之间的影响。为此就需要对模型进行参数估计。本章以人均粮食产量为因变量，人均耕地面积和农业劳动力人口比重为自变量，对长江经济带整体及带内东部地区、中部地区和西部地区进行面板回归分析。具体模型参数估计结果如表8-5所示。

表8-5 长江经济带粮食生产、耕地面积和农业劳动力比重的面板回归模型参数估计

模型	参数估计			R^2	F
	常数	lnCL	lnAL		
长江经济带	0.657***	0.482***	0.284***	0.734	344.078***
东部地区	1.716***	0.836***	0.207***	0.911	337.666***
中部地区	0.032	0.302***	0.055**	0.317	20.704***
西部地区	−1.393***	−0.015	−0.312***	0.726	45.517***

***、**和*分别表示在1%、5%和10%水平上显著

三、研究结果分析

（一）人均耕地面积与人均粮食产量关系分析

从表 8-5 可以看出，长江经济带人均耕地面积对人均粮食产量的弹性系数为 0.482，在 1%的显著性水平下显著。由于粮食生产和耕地在长江经济带总体中存在长期协整关系，这一结果表明耕地对粮食生产具有长期的促进作用。从地区差异来看，长江经济带内人均耕地面积对人均粮食产量的贡献存在着明显阶梯差异：东部地区的人均耕地面积对人均粮食产量的弹性系数最大，为 0.836，并且在 1%的显著性水平下通过了检验，表明当前耕地已经成为东部地区粮食生产最为重要的制约因素。究其原因在于，东部地区人均耕地面积在长江经济带内最低，因而其对粮食生产的约束也最为显著。例如，2012 年东部地区的人均耕地面积仅为 0.044 公顷，明显低于联合国粮食与农业组织规定的 0.053 公顷/人的最低安全标准，更低于中部地区 0.069 公顷/人和西部地区 0.074 公顷/人的水平。中部地区耕地对人均粮食产量的弹性系数为 0.302，次于东部地区，在 1%的显著性水平下也通过了检验。其原因在于，中部地区人均耕地面积显著高于东部地区，因而耕地对粮食生产的约束也明显小于东部地区。中部地区耕地和粮食生产也存在长期协整关系，因此从长期来讲，保持一定数量的耕地面积对于维护中部粮食主产区粮食生产稳定具有至关重要的作用。就西部地区来说，由协整分析的结果可知，西部地区耕地和粮食生产之间不存在长期的协整关系，而且耕地对粮食产量的弹性系数也最小，仅为–0.015，并且在 10%的显著性水平下不显著。这表明，在西部地区耕地面积尚未成为其粮食生产的制约因素，因为相对来讲西部地区人均耕地面积最大。根据相关研究可知，西部地区多山区，且受喀斯特地貌的影响，其耕地质量普遍不高，利用效率也较低，因而在西部地区影响粮食生产的更多的是耕地质量问题。

从上述分析可以看出，就人均耕地面积对人均粮食产量的弹性系数而言，长江经济带呈现出东部地区>长江经济带>中部地区>西部地区的特征；而就人均耕地面积而言则呈现出西部地区>中部地区>长江经济带>东部地区的特征。这充分说明人均耕地越低，其对粮食生产的约束就越强，因而增加耕地对粮食生产的促进作用就越大。根据农业生态学原理可知，当耕地成为粮食生产的限制因子之后，尽管农业生产技术提高能够在一定程度上增加粮食产量，但无法从根本上解决区域的粮食安全问题。因此，从长江经济带耕地和粮食安全关系的分析来看，立足于我国人多地少的实情，坚守 1.2 亿公顷（18 亿亩）的耕地红线，应该具有重要的理论和实践意义。另外，这一结果也说明东部地区保护耕地资源最为迫切，中部地区人多地少特征也较为明显，虽然近年来中部地区的劳动力人口外流以及农业技术水平有所提高，但耕地不足仍然是建设粮食安全保障基地的重要限制因素；相比之下，西部地区人均耕地面积较大，耕地面积对粮食生产的限制作用相对较小，提高其粮食生产的主要途径在于提高其耕地质量。

（二）农业劳动力占总人口比重与人均粮食产量关系分析

从农业劳动力占总人口比重来看，长江经济带整体及其东部地区的农业劳动力占总人口比重对人均粮食产量的弹性系数分别为 0.284 和 0.207，并且在 1%的显著性水平下都通过了检验。相比之下，长江经济带中部地区的弹性系数为 0.055，在 5%的显著性水平下通过了检验；而西部地区的弹性系数为-0.312，在 1%的显著性水平下通过了检验。这说明，对长江经济带整体及其东部地区而言，增加 1 单位农业劳动力比重分别会增加 0.284 单位和 0.207 单位的粮食产量，农业劳动力的增加对粮食增产具有明显的促进作用。但在长江经济带中部地区和西部地区，其结果则明显不同：在中部地区，农业劳动力增加对粮食生产有微弱的促进作用，即增加 1 单位农业劳动力比重会使粮食生产增加 0.055 单位；而在西部地区，劳动力增加对粮食生产存在负作用，即增加 1 单位劳动力会使粮食产量减少 0.312 单位。

以上分析表明，从长江经济带东部地区来看，由于这一地区是我国经济最为发达的地区，绝大部分农村青壮年劳动力都已从事非农产业，农业从业人口比重从 1990 年的 30.96%下降到 2012 年的 10.93%，农村劳动力老弱化、妇女化和弱质化等问题非常突出，农业劳动力匮乏已成为进一步提高粮食生产水平的制约因素。与东部地区相比，长江经济带中部地区历来是我国农村剩余劳动力较多的地区，然而由于其毗邻东部沿海地区，近 20 多年来大量农村剩余劳动力流向沿海发达地区；与此同时，其本身城镇化步伐不断加快，一部分农村劳动力也就地转向非农生产部门，农业劳动力比重由 1990 年的 34.97%下降到 2012 年的 30.07%。由上述计量分析结果可知，中部地区农业劳动力对粮食生产的促进作用已经开始显现，这说明作为粮食主产区的中部地区必须维持一定数量的农业劳动力，也就是说目前中部地区剩余劳动力转移过程已基本完成，并已进入刘易斯拐点的发展阶段。可以预见，随着中部地区城镇化进程的进一步推进，农村青壮年劳动力必将持续流向城镇地区，因此如何稳定中部地区农业劳动队伍，以稳定和提高中部地区的粮食生产水平，是一个迫切需要研究的重要问题。相对于东部和中部地区来讲，西部地区农业劳动力人口所占比重最高，2012 年为 37.55%；由计量分析结果可知，增加农业劳动力比重对西部地区粮食生产会产生负作用，可见西部地区农业生产中仍存在较多的农村剩余劳动力，加快推进西部地区农业剩余劳动力转移，将是有效提高西部地区粮食生产水平的重要手段。

从上述分析中可以看出，就农业劳动力人口比重对粮食生产的影响来讲，在长江经济带呈现出东部地区>中部地区>西部地区的特征，而农业劳动力人口比重则呈现出西部地区>中部地区>东部地区的变化特征。这充分说明，当一个区域农业劳动力人口比重比较低的时候（也即城镇化发展水平比较高的时候，如长江经济带的东部地区和中部地区），该区域农业劳动力转移已经出现甚至是越过了刘易斯拐点，农业与城市和工业部门在劳动力方面已开始产生竞争。然而，城市的优越条件，使农村青壮年劳动力仍将不断流向城市和工业部门，从而使农业劳动力对粮食生产已经开始产生约束作用。而在西部地区，由于农村中仍然存在大量的剩余农业劳动力，尚处于刘易斯拐点的前期阶段，因此转移农业剩余劳动力乃是提高粮食生产的重要手段。综上所述，本章认为，就当前而言农业劳动力转移对粮食主销区、主产区以及产销平衡区存在明显差异，对产销平衡区（西部地区）影响最大，主销区（东部地区）次之，主产区（中部地区）最小，这一研究结论与程名望等①的研究结果较为一致。

四、研究结论与政策建议

（一）研究结论

本章运用面板计量方法对长江经济带粮食生产、耕地面积与劳动力之间的关系进行实证分析，揭示了长江经济带整体及带内东部地区、中部地区、西部地区三者之间的内在关系及其区域差异，得出了如下几点结论：

（1）就耕地面积对粮食生产的影响而言，长江经济带整体层面上，耕地面积与粮食生产之间存在着长期的协整关系，耕地对粮食生产的制约作用明显，保护耕地对于维护长江经济带的粮食安全具有十分重要意义。就带内不同区域而言，耕地对长江经济带东部地区粮食生产影响最大，中部地区次之，西部地区最小。

（2）就农业劳动力比重对粮食生产影响而言，长江经济带整体层面上，农业劳动力比重与粮食生产存在长期协整关系，农业劳动力比重已对粮食生产开始产生制约作用，因此如何稳定农业生产队伍是必须加快研究的重大问题。就带内不同区域而言，西部地区存在大量农村剩余劳动力，加快农业剩余劳动力转移对于西部地区粮食生产具有较大的促进作用；与西部地区相反，东部地区农业劳动力对粮食生产具有明显制约作用，增加东部地区农业劳动力比重可以提高东部地区粮食生产水平；中部地区农业劳动力对粮食生产的影响已经开始显现，但当前总体影响不大。

（3）就保护耕地和农业劳动力转移对粮食生产影响的争议而言，之所以会存在较大的不同意见，其主要原因在于研究视角和研究区域不同。例如，以长江经济带为例，就带内西部地区而言，保护耕地对粮食生产的意义不大，但对东部地区和中部地区则具有重要意义。

（二）政策建议

（1）加大耕地保护力度，大力改造中低产田。本章表明，从长期来讲，较低的人均耕地面积对长江经济带粮食生产具有明显的制约作用，保护耕地具有重要的理论和现实意义，因此在推进长江经济带建设过程中，必须进一步加大耕地保护力度。就长江经济带东部、中部、西部地区而言，东部和中部地区耕地保护最为迫切，因此必须始终实施最为严格的耕地保护政策，在全范围内建立耕地总量和质量的动态监控和评价体系，坚守耕地红线。对于西部地区，在坚持保护耕地的基础上，应针对西部地区喀斯特地貌特点，加大研究和资金投入力度，大力实施地力培肥等工程建设，推进中低产田改造。

（2）稳定农业生产队伍，提高农业劳动者职业技术水平。当前，农业劳动力比重已成为制约长江经济带粮食生产的重要因素，表明如何稳定农业劳动力数量和提高农业劳动力质量对粮食安全至关重要。就长江经济带东部和中部地区而言，农业生产中已经开始出现老龄化、妇女化和弱质化现象，因此必须稳定农业生产队伍，坚决实施《全国农

① 程名望，史清华，潘煊. 农村剩余劳动力转移的一个动态搜寻模型与实证分析[J]. 管理评论，2013，25（1）：3-8.

民教育培训“十二五”发展规划》，加快构建覆盖所有乡村的职业农民培训体系，围绕农业生产开展现代农业生产的各种实用技术培训，推进农业现代化。就西部地区而言，在做好现代职业农民培训的基础上，必须加快推进新型城镇化，有序引导农村剩余劳动力向城镇转移，提高西部地区粮食生产水平。

（3）稳定东西部地区粮食自给水平，构建粮食主销区对主产区粮食生产的利益补偿机制。可以预见，随着长江经济带建设的进一步推进，带内东部地区人均耕地面积和农业劳动力比重将继续减小，因而人均粮食产量也必将持续下降。因此，必须根据2014年中央农村经济工作会议的相关要求，划定东部地区的粮食自给率水平，确保在发展过程中粮食自给率始终稳定在这一水平上。对于带内的西部产销平衡区，则必须进一步稳定和提高其粮食生产水平，以实现在发展过程中，始终维持产销平衡的发展状况。带内的中部地区是我国粮食主产区，为维护我国粮食安全牺牲了许多发展当地经济社会的机会。因此，在继续加大国家补偿的基础上，建立由粮食主销区向粮食主产区提供的粮食安全保障基金制度，用以稳定和维护粮食主产区进行粮食生产和管理，从而建立产销双方利益补偿、风险共担和分流运作的发展机制。

第九章

工业化、城市化与经济发展模型和案例分析

第一节　工业化、城市化发展问题

工业化与城市化具有密切的联系。一般来说，城市化是由工业化来推进的，工业化的过程同时也就是城市化的过程；同时，城市化是工业化的载体，对工业化也有反作用。城市化如能适应工业化发展的要求，则会推动工业化的加速推进。否则，就会延缓甚至阻碍工业化的进程。因此，工业化与城市化之间的关系可形象地称为“发动机”与“加速器”的关系。发展经济学研究表明，工业化和城市化推进过程也是一国经济不断发展的过程，即随着工业化和城市化的不断推进，第二、第三产业产值在国民经济中的比重将持续增加，经济实力将持续增强，继而使一个国家和地区实现由农业国向工业国的转变。因此，如何科学有序地推进工业化和城市化，以更好地促进国家和地区经济发展，是发展经济学研究的重要课题。

第二节　工业化、城市化与经济发展模型

一、城市发展阶段模型

（一）模型简介

工业革命以来，尽管世界各国城市化的起步时间、发展速度、发展规模等各个方面都存在较大差异，但总体来说，世界城市化都呈现出了一个比较稳定的变化规律。美国

城市地理学家雷·诺瑟姆（Ray M. Northam）对城市化的发展阶段进行了系统研究，认为世界城市化一般都呈现出初始、加速和终极三个不同的发展阶段，并呈现出弱性“S”形（图 9-1）。

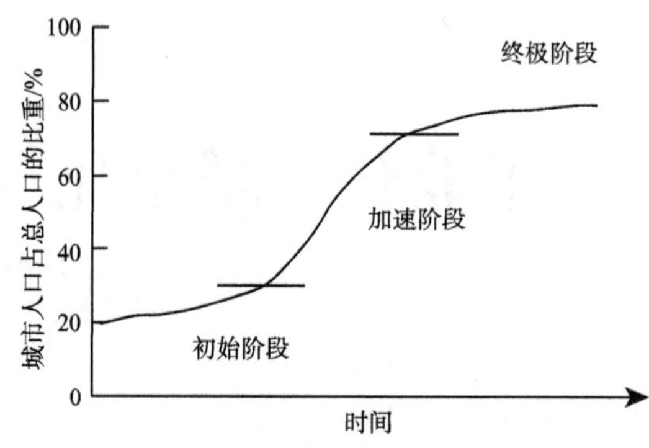

图 9-1　城市化过程的阶段示意图

资料来源：Northam R M. Urban Geography[M]. New York：John Whiley & Sons，1975

第一阶段为城市化的初始阶段，该阶段城市化率一般在 25%以下，对应着经济学家罗斯托（Rostow）所划分的传统社会阶段，即农业占国民经济比重的大部分，且农业经济活动、人口分布均比较分散，只有一小部分人口生活在城市。在城市化的初始阶段，农业人口占绝对优势，这一时期农业生产率较低，农产品的剩余量较少，同时人口还处于高出生率、高死亡率的缓慢增长阶段，农村对劳动力的“推力”还不太紧迫，而现代工业也才刚刚起步，规模较小，发展中受到资金和技术的制约，城市对农村人口的“拉力”也还不太大。由于城市化的推力和拉力均比较小，因而农村人口向城市迁移的速度也必然表现得较为缓慢。

第二阶段为城市化的加速阶段，城市化人口由 25%~30%快速增长到 50%甚至 70%，城市人口所占比重不断增大并逐渐超过农业人口比重，第二、第三产业增速超过农业，且占 GDP 的比重越来越高，制造业和贸易及服务业从业人员大幅度增加，人口与经济活动明显集中。在城市化的加速阶段，农业生产率得到很大提高，丰富的农产品供给为城市化提供了坚实基础，而且在农业生产中出现了较多的农村剩余劳动力，农村人口的压力明显增强，因而城市化的“推力”也显著加强。另外，随着现代工业基础的逐步建立，第二、第三产业的规模和发展速度明显加快，非农产业的发展促使城市对农村劳动力需求不断增加，城市化“拉力”也明显加大。在推力和拉力的共同作用下，这一阶段农村人口向城市迁移的速度明显加快，城市化进入加速阶段。

第三阶段为城市化的终极阶段，此时城市人口的比重超过 65%或 70%，但仍有部分人口继续留在农村从事农业生产和相关的非农业生产，以保证城市食品和衣物等物品的供给；该阶段城市化曲线的变化逐渐趋于缓和，当城市化水平达到 80%时，增长将变得十分缓慢。在城市化的终极阶段，农业劳动力已被第二、第三产业吸收殆尽，农业和非农产业的边际劳动生产率已经趋于相等，而且由于农村经济的快速发展，农民生活条件明显改善，人口迁移的“推力”也逐步消失；与此同时，在城市中资金、技术等生产要素对第二、第三产业的发展日趋重要，就业岗位的增加速度也明显减小，城市化的“拉力”也明显减弱；

最后，进入终极阶段，城乡社会都进入了人口的低出生率、低死亡率和低增长率的“三低”状态，因此城乡人口的自然变化也趋于稳定，进而使城市化速度逐渐平缓。

诺瑟姆认为虽然世界城市化有类似于弱性“S”形状的发展规律①，但不同国家和地区达到曲线上同一点的时间明显不同。例如，英格兰和威尔士在 1900 年前后就达到了曲线的顶上部分，而美国大约在 20 世纪 50 年代才达到同一点。同时，诺瑟姆还认为历史上也存在与上述一般模式有出入的状况，如进入成熟阶段，由于城市中心人口的外迁，乡村地区的人口增长可能会超过城市地区；或者城市人口下降，导致城市化曲线产生反转②。第一种情况下，城市发展所导致的城市大气和水污染、交通拥挤等问题，迫使人口向城市迁移被向农村迁移替代，其迁移的结果是城市人口向外迁移数量可能超过农村向城市迁移人口数量与城市人口自然增长之和，从而导致城市化水平下降，即所谓的逆城市化（counter urbanization）③。第二种情况下，由于城市化速度不断降低，向城市的人口迁移可能减缓或停止，结果会达到一种均衡，如一旦城镇人口比重达到 40%~50%，就可能达到稳定的状态而进入成熟阶段。虽然这两种情景与城市化一般历史相反，但有可能存在，有报道称美国在 1950~1970 年，每 100 人迁移进入大都市区，就有 131 人迁移离开大都市区。同期，乡村人口增长了 3/4，然而在 20 世纪 50 年代有 2/5 的人口迁移进城市，在 20 世纪 60 年代也只有 1/2 的人口迁移进城市。

（二）模型建立①

设一个国家或地区的总人口为 P，城市人口为 U，农村人口为 R，城市化水平为 Y。根据城市化水平的指标为城市人口占总人口的比重，则有定义式为

$$Y=\frac{U}{P}=\frac{U}{U+R} \tag{9-1}$$

Y 的全微分为

$$\mathrm{d}Y=\frac{\partial Y}{\partial U}\mathrm{d}U+\frac{\partial Y}{\partial R}\mathrm{d}R=\frac{R}{P^2}\mathrm{d}U-\frac{U}{P^2}\mathrm{d}R=\frac{1}{P^2}(R\mathrm{d}U-U\mathrm{d}R) \tag{9-2}$$

城市与农村人口的变动情况分别为

$$\mathrm{d}U=Ur_u\mathrm{d}t \tag{9-3}$$

$$\mathrm{d}R=Rr_r\mathrm{d}t \tag{9-4}$$

其中，r_u 和 r_r 分别为城市和农村人口的总增长率，即包括机械增减引起的人口变动；t 表示时间，其单位通常以年记。

把式（9-3）、式（9-4）代入式（9-2）可得

$$\mathrm{d}Y=\frac{1}{P^2}(RUr_u-URr_r)\mathrm{d}t=\frac{UR}{P^2}(r_u-r_r)\mathrm{d}t$$

---

① 焦秀琦. 世界城市化发展的 S 型曲线[J]. 城市规划，1987，（2）：34-37.

② 陈明星，叶超，周义. 城市化速度曲线及其政策其实——对诺瑟姆曲线的讨论与发展[J]. 地理研究，2011，30（8）：1499-1507.

③ Shen L Y，Peng Y，Zhang X L，et al. An alternative model for evaluating sustainable urbanization[J]. Cities，2012，29：32-39.

即

$$\frac{\mathrm{d}Y}{\mathrm{d}t}=\frac{UR}{P^2}(r_u-r_r) \tag{9-5}$$

由于 r_u 和 r_r 都是随时间 t 变化的时变量，可令

$$r_u-r_r=K(t) \tag{9-6}$$

则式（9-5）可化为

$$\frac{\mathrm{d}Y}{\mathrm{d}t}=K(t)\frac{UR}{P^2}=K(t)\frac{U(P-U)}{P\times P}=K(t)Y(1-Y) \tag{9-7}$$

这就是城市化发展的微分方程。它表明城市化发展速度不仅与城乡人口总增长率的差额 $K(t)$ 有关，而且与现有城市化水平 Y 及尚未城市化水平 $(1-Y)$ 的乘积成正比。

虽然城市人口的自然增长率总是小于农村人口的自然增长率，但是由于人口机械流动的方向一般总是从农村流入城市，加上许多农村型集镇由于人口规模的扩大不断升级为城市，所以城市人口的总增长率一般是大于农村人口的总增长率，即 $K(t)$ 一般总是正数，因此城市化水平会不断提升。

城乡人口总增长率的差额，主要是乡村人口向城市地区的机械流动造成的。而乡村人口向城市流动的速度，又取决于各国的经济发展水平、城乡之间经济效益的差别和城乡居民收入的差别等经济因素；及各国的工业政策、人口政策等政策原因；另外还有交通条件、资源条件、气候条件等地理因素和自然因素。用函数关系式表达即为

$K(t)=f$（经济因素，政策因素，地理因素，自然因素，…）

一个国家在一定时期内政策不变和经济发展比较稳定时，$K(t)$ 在短期内不会发生急剧变化。在一定精度内可假定：

$$K(t)=rU-rR=K\text{（}K\text{ 为常数）} \tag{9-8}$$

当 K 一定时，城市化发展速度与现有城市化水平 Y 和尚未城市化水平 $(1-Y)$ 的乘积成正比。一方面，现有城市化水平越高，城市化继续发展的基础和实力越雄厚；另一方面，尚未城市化的人口越多，对城市化的要求就越紧迫，则城市化的动力也越大。这就是“自上而下”的拉力和“自下而上”的推力，两方面的力量共同推动者城市化的发展。

在城市化较低的初级阶段，尽管农村的推力很大，但由于城市的拉力较小，故 $Y(1-Y)$ 的乘积较小，城市化发展速度较慢。在城市化水平较高的后期阶段，尽管城市的拉力很大，但 $(1-Y)$ 已经很小，表明农村剩余劳动力已基本释放完毕，农村的推力较小，故 $Y(1-Y)$ 的乘积也较小，城市化发展速度便逐渐减缓。只有在城市化的中期阶段，Y 与 $(1-Y)$ 基本相等时，城市的拉力与农村的推力都较大，城市便以较快的速度发展。

对式（9-7）的微分方程分解变量后求解：

$$\frac{\mathrm{d}Y}{Y(1-Y)}=K(t)\mathrm{d}t=K\mathrm{d}t$$

$$\frac{\mathrm{d}Y}{Y}+\frac{\mathrm{d}Y}{1-Y}=K\mathrm{d}t$$

$$\ln\frac{Y}{1-Y}+\ln C=Kt$$

$$\frac{CY}{1-Y}=\mathrm{e}^{Kt},Y=\frac{\mathrm{e}^{Kt}}{\mathrm{e}^{Kt}+C}=\frac{1}{1+C\mathrm{e}^{-Kt}}\text{，}C\text{ 为积分常数} \tag{9-9}$$

这就是城市发展的“S”形曲线的数学模型。如图 9-1 所示。式（9-9）中随着系数 K 和 C 的取值不同而代表各种发展速度和各种起点的“S”形曲线。系数 K 越大，城市化发展速度越快，反之，则越慢。系数 C 越小，城市化起步越早，反之则起步越晚。

二、钱纳里-赛尔奎因模型

（一）模型简介

钱纳里和赛尔奎因曾概括了工业化与城市化关系的一般变动模式：随着人均收入水平的上升，工业化的演进导致产业结构的转变，并带动城市化程度的提高。从产业结构转变对城市化进程的作用看，第二产业产值比重与就业结构比重基本同步①，因而城市化率的变化不仅与产业产值比重相关，而且与就业结构变动也密切联系。

（二）模型建立

工业化指标既可以采用产业增加值占国民收入比重，也可以采用就业结构指标来研究，在此，我们认为产业结构与就业结构是同步的，即不存在滞后现象，因此选用产业增加值占国民收入比重指标与选用就业结构指标并无差异。为了方便数据的收集，我们姑且采用就业人口比重指标。从就业结构来看，工业化既包括第二产业就业比重也包括第三产业就业比重，两部分之和就是非农业产业就业比重②。

对于城市化指标，我们采用城市人口占总人口的百分比。但需注意的是，城市人口由于统计口径上的差异，其结果可能存在很大偏差。这也许是我们进行计量经济分析最大的障碍。就我国对城市人口的统计口径来讲，它仅包括城市常住人口（通常是指有城市户籍人员）而不包括流动人口，如农民工。

我们采用两种指标用 OLS 进行线性回归比较，一种是按非农业就业人口占总就业人口的比重与城市化进行简单线性回归；另一种是把非农业就业人口比重拆分为工业就业人口占总就业人口比重和第三产业就业人口占总就业人口比重，然后再与城市化指标进行回归分析。

钱纳里-赛而奎因一般变动模式下的计量经济模型：钱纳里和赛尔奎因在研究各个国家经济结构转变的趋势时，概括了工业化与城市化关系的一般变动模式，即随着人均收入水平的上升，工业化的演进导致产业结构的转变，从而带动了城市化程度的提高（表9-1）。得出的结论是，如果说工业化带动了非农化，非农化带动了城市化，那么工业化对城市化的带动趋势是明显的。

---

① 周叔莲，郭克莎. 中国工业增长与结构变动研究[M]. 北京：经济管理出版社，2000.

② 张书琛，蒋耀建. 我国城市化与工业化关系的实证分析[J]. 广东商学院学报，2006，(5)：15-18.

表 9-1 工业化和城市化的一般变动模型

级次	1964 年美元	工业/%	非农产业/%	第三产业就业比重/%	人口城市化变化率/%
1	70	7.8	28.8	21	12.8
2	100	9.1	34.2	25.1	22
3	200	16.4	44.3	27.9	36.2
4	300	20.6	51.1	30.5	43.9
5	400	23.5	56.2	32.7	49
6	500	25.8	60.5	34.7	52.7
7	800	30.3	70	39.7	60.1
8	1 000	32.5	74.8	42.3	63.4
9	1 500	36.8	36.8	47.3	65.8

资料来源：Syrquin M, Chenery H B. Three decades of industrialization[J]. The Worll Bank Economics Reviews, 1989, 3(2): 145-181.

根据上述数据，用 OLS 进行回归，考察非农产业就业比重与城市化关系，可得下列模型：

$$U = 0.490\ 431 \times I + 27.305\ 85 \tag{9-10}$$

再次利用 OLS，考察工业就业比重和第三产业就业比重与城市化的关系，可得

$$U = -1.169\ 777\ 189 \times \mathrm{THIRD} + 2.642\ 348\ 26 \times \mathrm{SECOND} + 25.553\ 64 \tag{9-11}$$

其中，U 表示城市化率，用城市人口数占总人口数进行量化；SECOND 表示第二产业的就业人数占总就业人数的比率；THIRD 表示第三产业就业人口占总就业人口的比重；I 表示工业化水平，用非农产业就业人数占总就业人数的比率进行量化，在数量上：

$$I = \mathrm{SECOND} + \mathrm{THIRD} \tag{9-12}$$

由以上工业化和城市化一般关系模型推导的两个计量经济模型可得出以下结论：①城市化与非农产业就业比重呈正相关关系。每增加 1% 的非农就业人口，就会增加 0.490 4% 的城市化率。②城市化与第二产业就业比重呈正相关关系。工业就业比重每增加 1% ，城市化水平提高 2.64% ，说明第二产业就业人口的增加是城市化的主要推力。③城市化与第三产业就业比重相关性较差，甚至为负。第三产业就业比重每增长 1%，城市化率水平降低 1.169%，说明在一般规律下，第三产业对城市化的推动作用是第二位的。

第三节 案例分析

◎ 案例一：工业园区发展与工业化、城市化进程关系实证研究①

一、问题分析

工业化进程和城市化进程的推进已成为社会普遍关注的焦点。诸多学者都提到过工业园区成为推进工业化进程和城市化进程的重要力量。但从实证的角度对工业园区发展

① 张新芝，张苏，康松. 工业园区发展与工业化、城市化进程关系实证研究——以江西省为例[J]. 生产力研究，2010，(8)：117-119.

与工业化进程和城市化进程的关系进行研究的还非常欠缺。本章拟通过分析工业园区发展与工业化进程和城市化进程的相关性，来说明工业园区的发展与工业化进程和城市化进程存在互动关系。

工业园区作为一种成功的工业化载体，它不仅能有效推动产业集聚，为工业化发展提供巨大贡献，同时为促进城市化进程起着巨大作用。近年来，江西省工业园区的建设和发展推进了其工业化、城市化建设步伐，使该省经济迅速驰入快车道。2001~2007 年，是江西工业经济发展最快的时期，同时也是工业园区快速发展时期。全省工业园区 2007 年在销售收入、实现利润、上缴税金分别占全省规模以上工业的 68.0%、62.6%和 61.0%，安置劳动就业人数占整个工业就业人数的 71.0%。工业园区的发展，已经成为江西工业化和城市化的新亮点和重要增长极。

从国外和沿海城市的发展经验来看，工业园区的重要效应是有力地推动了工业化进程，进而加快城市化进程步伐。同时，工业化进程的推进和城市化规模的形成，城市竞争力的提升，又促进了工业园区的健康快速发展。工业化、城市化是现代化的必然要求，而工业园区建设是加快工业化和城市化进程的必然需要。产业集聚是工业化发展到一定阶段的必然要求，而工业园区是产业集聚的最佳载体。因此，在工业化进程中发展工业园区是必然的要求和途径。工业园区的资源聚集提高了我国资源的利用效率，推动了技术、组织、制度的创新，促进了产业结构的升级，带动了工业化进程，从而推进了城市化进程。工业园区的企业集群为城市化提供了支持，扩大了就业需求，带动了对市政基础设施的需求，使城市规模进一步扩大，对于城市化进程起到了重要而直接的推进作用。

城市化是伴随工业化过程而发生的重要现象，工业化是城市化的主要推动力。在我国城市化进程中，即伴随着工业化的过程，城市数量增多，城市人口在总人口中的比重越来越大。城市化又反作用于工业化，即伴随城市化过程，工业产值占 GNP 的比重越来越大。工业化水平的提高对城市化的建设起到了重要的作用，同时，城市化建设也有力地促进了工业化的发展。由此可知，工业化和城市化是相互影响的、相互促进的发展过程。工业园区通过企业集群、产业集聚、提升产业水平，为工业发展和城市发展提供强有力的产业支撑；同时，通过企业集群，实现了人口的集聚，改善了人口的结构，提高人口的素质，为城市经济和社会发展带来了宝贵的资源。这些工业园区已经成为我国工业经济发展的平台和重要增长极，成为城市化和工业化互动发展的最佳载体，成为推进城市化的重要举措。

二、研究方法与模型建立

（一）工业园区发展对江西经济增长实证分析

江西省委、省政府于 2001 年提出“坚持依托工业园区办工业，把工业园区建设成经济发展带动区、体制和科技创新实验区和城市发展新区”的决策以来，工业园区正在逐步成为江西经济发展中新的增长极。2007 年江西省工业园区完成工业增加值 1 239.77 亿元，占全省工业增加值的 54.80%，占全省生产总值的 22.7%，比上年同期增长 68.11%，平均每个园区工业总产值为 13.19 亿元；实现主营业务收入 3 804.61 亿元，占全省规模以上工业企业收入的 60%；上缴利税 3 805.78 亿元，占全省规模以上工业企业利税总额的 62.6%，主营业务收入超百亿的园区有 10 家，上缴税金 1 亿元以上的园区有 53 家；安置就业人数 119.87 万，占全省规模以上工业企业从业人员（169 万人）的 71%，占全省在岗职工人数的 24.2%，快速发展的工业园区已经逐渐成为江西省劳动力就业的基地。

（二）工业园区发展与经济增长的增长率分析

本章汇总了 2001~2007 年江西省经济总量、工业园区工业增加值（industrial added value，IAV）、工业园区从业人数、城市化水平和工业化水平的数据，如表 9-2 所示。

表 9-2　江西省经济总量、工业园区 IAV、工业化水平和城市化水平

年份	江西省经济总量/亿元	全省工业园区IAV/亿元	工业园区 IAV 占全省工业经济总量/%	工业园区从业人数/万人	占全省工业从业人数中的比重/%	工业化水平/%	城市化水平/%
2001	2 175.70	44.82	7.43	13.84	3.64	14.17	30.41
2002	2 450.50	118.92	16.93	32.78	8.43	14.80	32.20
2003	2 807.40	285.44	33.06	45.70	10.21	15.91	34.02
2004	3 456.70	333.32	29.24	74.49	15.68	18.14	35.58
2005	4 056.80	483.52	33.22	84.96	17.32	21.75	37.10
2006	4 670.50	737.44	40.83	106.35	21.13	27.58	38.68
2007	5 500.30	1 239.77	54.80	119.87	22.91	33.13	39.80

资料来源：2002~2008 年《江西统计年鉴》和江西省统计局工业园区资料。江西省工业园区资料以江西省已批的 94 家工业园区资料为准，其中工业化水平为 IAV 占江西省经济总量的比重，城市化水平为城镇人口占总人口比重。

全省工业园区 IAV 从 2001 年的 44.82 亿元增加到 2007 年的 1 239.77 亿元。与此同时江西省经济总量从 2001 年的 2 175.70 亿元增加到 2007 年的 5 500.30 亿元。我们可以用 Y 来表示江西经济总量；用 IAV 来表示工业园区工业增加值；以时间 t 为自变量，Y、IAV 分别为因变量，利用 SPSS 17.0 统计软件对江西省经济总量和全省工业园区 IAV 进行指数曲线回归。回归结果如表 9-3 所示。

表 9-3　Y 与 IAV 的指数曲线回归

	经济总量 Y	工业园区工业增加值 IAV
a（常数项）	1 809.729	39.957
b（回归参数）	0.159	0.505
R^2（回归平方和）	0.996	0.947
调整的 R^2	0.996	0.937
系数 T 检验值	T_a=52.095	T_a=4.200
	T_b=36.947	T_b=9.484
实际显著性水平 Sig$T$（P 值）	SigT_a=0.000	SigT_a=0.008
	SigT_b=0.000	SigT_b=0.000
方程 F 检验值	1 365.079	89.946
实际显著性 Sig$F$（P 值）	0.000	0.000

从表 9-3 可以分别得到两个指数方程，即

$$Y_t = 1\,809.729\mathrm{e}^{0.159t}$$

$$\mathrm{IAV}_t = 39.957\mathrm{e}^{0.505t}$$

对于方程 $Y_t = 1\,809.729\mathrm{e}^{0.159t}$，经方差分析所得 F 统计量值为 1 365.079，大于此值的概率值为 0.000，在 1%显著性水平下，此回归方程是有效的。在参数的估计值的假设检验中，可以看到常数项 a 的估计值 $T_a = 52.095$，回归参数 b 的估计值 $T_b = 36.947$。实际显著性水平 Sig $T_a = 0.000$，Sig $T_b = 0.000$，常数项和回归系数在 1%水平下均能通过系数的显著性验证。回归方程的拟合优度系数 R^2=0.996，说明时间 t 这一自变量可以解释江西经济总量波动的 99.6%，有力地验证了这一指数曲线回归关系是成立的。

对于方程 $\mathrm{IAV}_t = 39.957\mathrm{e}^{0.505t}$，经方差分析所得 F 统计量值为 89.946，大于此值的概率值为 0.000，在 1%显著性水平下，此回归方程是有效的。在参数的估计值的假设检验中，可以看到常数项 a 的估计值 $T_a = 4.200$，回归参数 b 的估计值 $T_b = 9.484$。实际显著性水平 Sig $T_a = 0.008$，Sig $T_b = 0.000$，常数项和回归系数在 1%水平下均能通过系数的显著性验证。回归方程的拟合优度系数 R^2=0.947，说明时间 t 这一自变量可以解释江西经济总量波动的 94.7%，有力地验证了这一指数曲线回归关系是成立的。

从表 9-4 中容易看出，2001~2007 年的七年间江西省经济总量和工业园区经济呈现出高速增长的态势，经济总量增长率在 17%以上，而与此同时工业园区年均 IAV 的增长速度更为惊人，以 65%以上的速度在发展，这体现在工业园区的增长速度为 65.7%，远远超过 Y 的年均增长率 17.23%。这种数量关系正充分揭示了江西省工业园区的成长、壮大对于江西省经济的发展起着拉动、支撑的重大作用。

表 9-4　江西省年均经济总量增长率、工业园区工业增加值年均增长率

变量	计算公式	数值
年均经济总量增长率/%	$(Y_t/Y_{t-1}-1)\times 100\%$ $=(\mathrm{e}^{0.159}-1)\times 100\%$	17.23
工业园区年均 IAV 增长率 IAV/%	$(\mathrm{IAV}_t/\mathrm{IAV}_{t-1}-1)\times 100\%$ $=(\mathrm{e}^{0.505}-1)\times 100\%$	65.7

（三）工业园区发展的相关分析

1. 模型的建立

以工业园区相关资料与工业化进程和城市化进程作为两大类变量，构造相关度模型，用样本相关系数 r 作为总相关系数的估计值，以反映工业园区发展对工业化进程和城市化进程的影响情况。模型如下：

$$\mathrm{UL}_i = \alpha + \beta\mathrm{IPD} + \varepsilon$$

$$\mathrm{IL}_i = \alpha + \beta\mathrm{IPD} + \varepsilon$$

其中，UL（urbanization level）表示江西省城市化的发展水平；IPD（industrial park development）表示江西省工业园区的发展水平；IL（industrialization level）表示江西省工业化的发展水平。

2. 江西工业园区发展与工业化进程、城市化进程的相关关系

采用 SPSS 17.0 对 2001~2007 年的 7 年间江西省工业园区资料和江西省工业化进程、城市化进程各项指标进行分析后，我们可以得到表 9-5。

表 9-5 江西省工业化进程和城市化进程与工业园区数据的相关性

相关系数		工业园区 IAV	工业园区 IAV 占全省工业生产总值的比值	工业园区从业人数	工业园区从业人数占全省工业从业人数中的比重	城市化水平/%
工业化水平/%	皮尔森相关系数	0.984***	0.898***	0.937***	0.916***	0.927***
	显著性水平（双侧）	0.000	0.006	0.002	0.004	0.003
城市化水平/%	皮尔森相关系数	0.918***	0.949***	0.996***	0.994***	
	显著性水平（双侧）	0.004	0.001	0.000	0.000	

***表示在 1%水平上显著

从表 9-5 中可以看出，在 1%显著性水平下，江西省工业园区相关数据与工业化水平和城市化水平具有显著的相关关系。

3. 工业园区发展对江西工业化进程推动的相关分析

从绝对量上来看，工业园区 IAV 与工业化水平的相关系数为 0.984，表示在 1%显著水平下，工业园区 IAV 与工业化水平的推进有显著正相关性，工业园区的发展直接推动着工业化水平的推进。

从相对量上来看，工业园区 IAV 占全省工业生产总值的比值与工业化水平的相关系数为 0.898，表示在 1%显著水平下，工业园区 IAV 占全省工业生产总值的比值与工业化水平的推进有显著正相关性，工业园区 IAV 所占全省工业生产总值的比值越大，则对推动工业化进程就越快。

4. 工业园区发展对江西城市化进程推动的相关分析

从绝对量上来看，工业园区从业人数与城市化水平的相关系数为 0.996，表示在 1%显著水平下，工业园区的从业人数与城市化水平的推进有显著正相关性，工业园区从业人数的增加直接推动着城市化水平的进程。

从相对量上来看，工业园区从业人数占全省工业从业人数的比重与城市化水平的相关系数为 0.994，表示在 1%显著水平下，工业园区从业人数占全省工业从业人数的比重与城市化水平的推进有显著正相关性，工业园区从业人数占全省工业从业人数的比重越大，则对城市化进程的推动就越快。

三、研究结论

工业化进程和城市化进程的推进是离不开工业园区发展的支持，工业园区发展与工业化进程和城市化进程的推进存在着互动关系，它们之间的相关关系表现得很明显。工业园区的发展可以通过 IAV 的增加直接带动工业化进程的发展，而工业园区从业人数的增加则可以促进城市化水平的进程的加快；反过来，工业化进程的推进可以更好地为工业园区的发展提供条件，城市化进程的推进也会促进工业园区的发展，城市化进程的加

快可以为工业园区的招商引资带来效应，工业园区的发展与工业化进程和城市化进程之间存在一种相互促进的关系。

◎ 案例二：工业化与城市化关系的经济学分析①

在“十五”经济和社会发展规划中，加快城市化成为一个新的重点和热点，工业化与城市化的关系问题再度引起了人们的关注。为了重新认识二者的关系，并通过合理的宏观政策促进它们的协调发展，需要加深对这个问题的研究。

一、研究方法

（一）简要的理论分析

关于工业化与城市化关系的理论成果，主要包括以下几个方面的内容：一是工业化与城市化的一致性；二是工业化从生产、消费需求和结构转变方面对城市化的带动作用；三是工业化与城市化的相互促进；四是工业化与城市化关系的新趋势。

值得注意的是第四个方面。第二次世界大战以后尤其是 20 世纪 70 年代以来，在不少发展中国家，工业化与城市化的联系不像历史上那么密切，甚至不再表现为同一进程，而是出现了松散化的趋势。

一些发展中国家的工业化对城市化的推动作用在减弱，而第三产业发展或经济服务化则对城市化进程起了越来越明显的主导作用。

这种趋势性变化的原因是多方面的。钱纳里和赛尔奎因在 1975 年的一份有关研究成果中指出，在一个连续均衡的国民经济中，城市化可能表现为因果链条上的各类事件的最后结果，即以导致工业化的贸易和需求的变化为开端，以农村劳动力向城市就业的源源不断转移为结果。

但是，在 1980~2000 年，从农村向城市定居迁移的发生早于对劳动力需求的增长，并越来越由期望的收入决定。因此，除了把城市化看做生产结构变动的结果以外，还必须把它看成某种程度上受多种原因支配的发展过程。此过程受未来收入和对就业的期望以及政府支出的分配和各种社会因素的影响。

另外，经济全球化、外国直接投资的迅速增长以及与此相联系的发展中国家第三产业的高度扩张，也是发展中国家的工业化与城市化关系出现弱化趋势的重要原因。

（二）国际经验的实证考察

1. 工业化与城市化关系的一般变动模式

钱纳里和赛尔奎因在研究各个国家经济结构转变的趋势时，曾概括了工业化与城市化关系的一般变动模式：随着人均收入水平的上升，工业化的演进导致产业结构的转变，带动了城市化程度的提高（表 9-6）。

---

① 郭克莎. 工业化与城市化关系的经济学分析[J]. 中国社会科学，2002，(2)：440-455.

表 9-6 工业化与城市化关系的一般变动模式

级次	人均 GNP/美元		GNP 结构变化/%		就业结构变化/%		城市化率变化/%
	1964	1997[1)]	制造业	非农产业	制造业	非农产业	
1	70[2)]	350	12.5	47.8	7.8	28.8	12.8
2	100	500	14.9	54.8	9.1	34.2	22
3	200	1 000	21.5	67.3	16.4	44.3	36.2
4	300	1 500	25.1	73.4	20.6	51.1	43.9
5	400	2 000	27.6	77.2	23.5	56.2	49
6	500	2 500	29.4	79.8	25.8	60.5	52.7
7	800	4 000	33.1	84.4	30.3	70	60.1
8	1 000	5 000	34.7	86.2	32.5	74.8	63.4
9	1 500	7 500	37.9	87.3	36.8	84.1	65.8

1）1997 年美元与 1964 年美元的换算，直接使用此期间美国 GDP 减缩指数，换算因子为 5，如按钱纳里等的方法，则换算因子为 6 左右；2）为平均近似值（原注）

资料来源：钱纳里 J，塞尔昆 M. 发展的格局. 李小青，等译. 北京：中国财政经济出版社

从工业化导致的产业结构转变看，制造业生产比重与就业比重的上升基本上是同步的，而非农产业就业比重与生产比重的上升则表现出阶段性差别：在人均 GNP 达到 500 美元（1964 年美元）以前，生产比重的上升较快，而当人均 GNP 超过 500 美元之后，就业比重的上升明显加快。从产业结构转变对城市化进程的作用看，城市化率上升主要与就业结构变动有关，而且与非农产业就业比重上升联系更为密切。因此，如果说工业化带动了非农化，非农化带动了城市化，那么工业化对城市化的带动趋势是明显的。

2. 不同收入国家工业化与城市化关系的变动趋势

在 1965~1997 年，不同收入国家的工业化与城市化关系表现出不同的变动趋势（表 9-7）。

表 9-7 不同收入国家工业化与城市化关系的变动趋势（单位：%）

不同收入水平国家（地区）年份	GDP 结构变化			就业结构变化		城市化率变化
	制造业	工业	非农产业	工业[2)]	非农产业	
低收入国家[1)]						
1965 年	10	18	57	8	21	13
1980 年	16	25	64	10	28	22
1997 年	17	28	72	13	34	28
下中等收入国家						
1965 年	15	25	70	12	35	27
1980 年	28	41	75	19	59	31
1997 年	29	41	85	19	68	42
上中等收入国家						
1965 年	21	37	82	23	55	49
1980 年	26	43	90	28	69	42
1997 年	21	34	92	26	75	74
高收入国家						
1965 年	29	40	95	38	86	70
1980 年	25	37	96	35	93	75
1997 年	21	31	98	27	95	76

1）为中国和印度之外的低收入国家；2）1997 年数据为各国 1965~1997 年的数据

资料来源：世界银行《世界发展报告》（1956~1997 年）；《世界发展指标》（1999 年）

（1）从低收入国家看，城市化程度随着工业化水平的上升而上升的趋势是明显的，城市化率与工业产值比重的变动关系比较密切，与非农产业就业比重的变化趋势基本一致。

（2）从下中等收入国家看，在 1965~1980 年，城市化率与工业化水平的变化是相联系的，但在 1980~1997 年期间，工业化程度相对稳定，城市化率随着非农产业比重（包括产值比重和就业比重）的上升而上升，基本上是服务业的比重提高起了带动作用。

（3）从上中等收入国家看，工业化与城市化关系的变动也具有与上述类似的两阶段趋势，第一阶段工业化对城市化具有一定带动作用，而到第二阶段，工业化程度下降，城市化率的提高完全是由经济服务化导致非农产业的比重上升带动的。

从高收入国家看，城市化与工业化已经脱离关系，城市化率的继续上升完全是与经济服务化相联系的，并且主要是非农产业就业比重的上升拉动着城市化程度的提高。

3. 不同类型国家工业化与城市化关系的变动特点

我们考察了 12 个具有代表性的新兴工业化国家和与中国情况相近的亚洲国家的数据。就工业化程度或产业结构水平来说，拉美国家的城市化水平明显高于亚洲国家（其中泰国的城市化水平特别低）。究其原因，主要是拉美国家的就业结构工业化和非农化的程度明显较高。相对于生产结构的变化而言，就业结构的变化对城市化的演进具有直接的带动作用。

从动态变化看，不同类型国家的工业化与城市化变动关系有以下特点：

其一，工业化与城市化进程的相关性较高。这类国家主要有韩国和马来西亚。它们的工业比重上升尤其是工业就业比重上升对城市化率提高起了明显的带动作用，尽管非农产业的就业比重上升更多的是由于服务业的就业比重上升，经济服务化对于城市化程度的提高也起了较大的作用。

其二，工业化对城市化进程的影响较小。这类国家占了考察国家的大多数，包括泰国、菲律宾、印度尼西亚、印度、墨西哥、巴西、委内瑞拉和土耳其等。其中亚洲国家主要是工业的就业比重较低，如泰国和印度尼西亚的工业产值比重都上升到 40%的高水平，而工业就业比重却一直在 20%以下；菲律宾则在工业产值比重上升的过程中，工业就业比重一直停留在 16%左右的低水平。

就拉美国家和土耳其来说，主要是工业的就业比重上升缓慢。拉美国家的工业化程度早在 20 世纪 60 年代就相对较高，但 1965~1997 年，这些国家的工业就业比重没有多少变化。因此，这类国家城市化率的上升，主要是就业结构的服务化带动的。

其三，城市化进程与工业化已基本没有关系。这类国家是日本和阿根廷，它们的工业化在 20 世纪 60 年代已经基本完成，此后 30 多年中工业的产出比重和就业比重都没有上升，城市化率的提高基本上是由服务业的比重上升拉动的。

二、研究结果与分析

1. 工业化与城市化的变动关系，在工业化的不同阶段存在着较大差别

在工业化初期，工业发展所形成的聚集效应使工业化对城市化产生直接和较大的带

动作用；而当工业化接近和进入中期阶段之后，产业结构变化和消费结构升级的作用超过了聚集效应的作用，城市化的演进不再主要表现为工业比重上升的带动，而更多地表现为非农产业比重上升的拉动。钱纳里–赛尔奎因模式所揭示的一般趋势表明，在人均GNP 超过 500 美元（1964 年美元）之后，非农产业就业比重的上升明显快于生产比重的上升，而这主要不是工业而是服务业的就业增长带动的。也就是说，当工业化演进到较高阶段之后，对城市化进程的主导作用逐步由工业转变为整个非农产业，而就业结构的变化也越来越不同于产出结构的变化并起着更大的作用。

2. 工业化过程中城市化的演进速度，与产出结构和就业结构的转变趋势有很大关系

工业化引起产业结构的迅速转变，并通过这种转变带动城市化。在这个过程中，与城市化率上升联系密切的不是产出结构的转变而是就业结构的转变，因为就业结构的工业化和非农化直接带动了人口向城市的迁移和集中。因此，产出结构与就业结构的变动关系，很大程度上影响着工业化对城市化的带动作用。一般来说，工业化过程中劳动密集型产业发展较快，非农产业的就业比重上升较快，对城市化的带动作用就较强；而资本密集型产业发展较快，非农产业的就业比重上升较慢，对城市化的带动作用就较弱。由于生产结构影响着就业结构，而就业结构作用于城市化进程，所以产业结构的变动趋势直接关系到工业化进程中城市化的速度。

3. 工业化对城市化的带动效应，主要取决于工业化对非农化的拉动效应

工业化过程中城市化率的上升，更多的是与非农产业的比重上升相联系，其中服务业的比重变化起了很大的作用。随着工业化演进到较高阶段，这个趋势越来越明显，服务业的比重上升对城市化进程产生了更大的影响，因为与工业相比，服务业发展对非农产业的就业增长具有更强的带动效应，而非农产业的就业增长比产出增长更直接地作用于城市化进程。如果工业化对非农化尤其是服务化的拉动效应较大，对城市化的带动效应就较强；反之，对非农化尤其是服务化的拉动效应较小，对城市化的带动效应就相应较弱。

三、我国工业化与城市化关系的偏差分析

关于我国工业化与城市化的关系，经济理论界的普遍看法存在着很大偏差，即城市化严重滞后于工业化。也有一些观点认为两者之间虽有偏差，但实际偏差不是太大；还有个别文献认为，我国不是城市化滞后，而是存在着隐形超城市化。究竟属于哪种情况，我们将在实证分析和国际比较的基础上，来具体回答这个问题。

（一）变动趋势

表 9-8 反映了我国工业化与城市化关系的基本变动趋势。由于 20 世纪 90 年代以来工业就业人数的统计数据存在着一些口径上的偏差，我们对数据做了粗略的调整。我国工业化的过程是波动的，这对城市化进程产生了一定影响，但城市化率的波动程度较小。从表 9-8 的数据可以看到，我国工业化与城市化关系的变动趋势具有两个特点。

表 9-8　中国工业化与城市化关系的变动趋势（单位：%）

年份	GDP 结构变化[1]		就业结构变化		城市化率变化
	工业	非农产业	工业	非农产业	
1952	17.6	49.5	6.0	16.5	12.5
1960	39.0	76.6	11.5	34.3	19.8
1970	36.8	64.8	8.2	19.2	17.4
1980	44.2	69.9	13.4	27.9	19.4
1990	37.0	62.9	17.0[2]	39.9	26.4
2000	44.3	84.1	18.0[2]	50[2]	36.1

1）以当年价格计算；2）为估算数

资料来源：根据《中国统计年鉴》(2000 年)、《中国劳动工资统计资料》(1949~1985 年)、《中华人民共和国 2000 年国民经济和社会发展统计公报》、《2000 年第五次全国人口普查主要数据公报》等有关资料计算整理

1. 城市化率的上升与工业产值比重上升的相关性较低

改革开放前，我国工业的产值比重在波动中大幅度上升，IAV 在 GDP 结构中的比重由 1952 年的 17.6%上升到 1980 年的 44.2%，提高了 26.6 个百分点，相应地拉动非农产业的增加值比重由 49.5%上升到 69.9%（工业之外的非农产业的比重在此期间不仅没有上升还下降了 6.2 个百分点），而这个时期的城市化率由 12.5%上升到 19.4%，只提高了近 7 个百分点。显然，工业产值比重的上升对城市化率上升的带动作用是较小的。

改革开放以来，工业产值比重在已经很高的情况下表现出某种下降态势，以当年价格计算的增加值比重在 20 世纪 80 年代降低了 7.2 个百分点，到 20 世纪 90 年代末又恢复到 1980 年的水平。工业产值比重变化对非农产业比重上升的作用已大大下降。在此期间，以当年价格计算的非农产业增加值比重由 1980 年的 69.9%上升到 2000 年的 84.1%，几乎都是建筑业和服务业的比重上升拉动的。

然而与工业化速度降缓不同的是，城市化率的上升却比改革前大大加快。2000 年与 1980 年相比，城市化率由 19.4%上升到 36.1%，21 年间提高了 16.7 个百分点，远远超过 1952~1980 年 29 年间的 7 个百分点，其中 20 世纪 80 年代上升 7 个百分点，20 世纪 90 年代上升 9.7 个百分点，具有加速的趋势。

由此可见，不论是改革前还是改革开放以来，城市化率的上升与工业产值比重上升的相关性都较低。可以说，我国的城市化进程与以工业产值比重上升为衡量指标的工业化进程是没有密切联系的。进一步说，城市化率的上升与非农产业产值比重变化的联系也不密切，原因在于非农产业的比重变化受到工业比重波动的太大影响。

2. 城市化率的上升与就业结构变化的相关性较强

相对于工业产值比重的变化来说，我国工业就业比重的上升要慢得多，对非农产业就业比重的拉动作用也小得多。1952~1980 年，工业就业比重由 6.0%上升到 13.4%，在波动中上升 7.4 个百分点，非农产业的就业比重由 16.5%上升为 27.9%，在更大的波动中上升 11.4 个百分点；工业之外的非农产业即建筑业和服务业对就业比重上升起了一定作用，但影响小于工业。

1980~2000 年，工业的就业比重继续上升 4.6 个百分点，而非农产业的就业比重大

幅度上升，提高了 22.1 个百分点，建筑业和服务业对非农产业就业比重上升的作用远远超过了工业。与城市化的进程相比较，改革前工业就业比重的上升和非农产业就业比重的上升都对城市化率的上升起了带动作用，城市化速度较低是与就业结构工业化或非农化较慢相联系的；而改革开放以来，非农产业就业比重的较快上升对城市化率的较大幅度上升起了直接的带动作用，城市化进程的加快主要与就业结构服务化的加快相联系。

总的说来，城市化率的上升与就业结构的非农化有较强的相关性。如果说我国城市化的进程与工业就业比重上升存在着一定联系，那么，与其他非农产业就业比重的上升，即就业结构服务化趋势的增强，则有着更为密切的关系。

（二）国际比较

（1）与一般模式比较，我国在相同的人均收入水平上，以 IAV 比重衡量的工业化水平超前，而城市化水平没有滞后；但以工业的产值比重来衡量，则城市化水平明显滞后。

我国 2000 年的人均 GDP，按世界银行图表集方法计算，大概接近于 1 000 美元，相当于钱纳里–赛尔奎因的一般模式中第 3 级的水平（表 9-6）。以这个人均收入水平与一般模式相比，我国制造业的增加值比重（按一般模式的统计口径计算为 40%左右）高出约 18 个百分点，非农产业的增加值比重高出约 17 个百分点，制造业的就业比重相近，非农产业的就业比重高出近 6 个百分点，而城市化率则基本一致，都在 36%左右。将比较年份推移到 1990 年和 1980 年，我国的人均收入美元数大体上相当于一般模式中第 2 级和第 1 级的水平，这两个时期制造业和非农产业的增加值比重偏高更加突出，就业比重也较高，而城市化率也相对高一些。可以说，在同样的人均收入水平上，我国以增加值比重衡量的工业化水平明显超前，而城市化水平则没有滞后。

但是，以工业产值比重作为比较的基准，情况就发生了很大变化。我国制造业的增加值比重远远高于一般模式的水平，与工业的比重相联系，非农产业的增加值比重在改革初期就达到一般模式中第 3 级的水平，到 2000 年则相当于第 7 级的水平（这个阶段的人均 GNP 按 1997 年美元计算为 4 000 美元），以此进行城市化率的比较，我国的城市化水平是严重滞后的。从就业结构看，2000 年我国制造业和非农产业的就业比重分别接近于一般模式中第 3 级和第 4 级的水平，一般模式中与这个阶段相对应的城市化率为 36.2%~43.9%，而我国在这一年的城市化率为 36.1%，相比之下，我国的城市化水平是相对滞后的。

（2）与不同收入国家比较，以产值结构水平为依据，中国的城市化水平严重滞后；而以就业结构水平为依据，则城市化进程存在着一定偏差。与不包括中国和印度的低收入国家相比，中国 1980 年的产值结构高度达到了印度 1997 年的水平（其中 IAV 比重很高而非农产业增加值比重略低一些），就业结构高度也比较接近（只是非农产业的就业比重低约 4 个百分点），而城市化率却低了 8.6 个百分点。因此，相对于工业化的速度，我国改革前的城市化进程是滞后的。

与下中等收入国家相比，中国 2000 年的产值结构高度相当于中等收入国家 1997 年的水平（也是工业比重较高而非农产业比重略低），就业结构高度低于其 1980 年的水平（工业和非农产业的就业比重分别低 1 个百分点和 9 个百分点），而城市化率则高于其 1980 年的数据（高出约 5 个百分点）。

从这个角度看，中国与就业结构变动相联系的城市化进程并没有滞后，而是还相对快一些。

与上中等收入国家相比，中国2000年的产值结构高度超过它们1965年的水平，就业结构高度相对较低（工业和非农产业的就业比重都低了5个百分点），而城市化率则远远低于它们在这一年的水平（低了约13个百分点）。相比之下，中国以就业结构变动为衡量依据的城市化水平，也存在着一定的滞后偏差。

显然，与不同收入国家在相近发展阶段的平均数相比较会得出不同的结论。但总的说来，中国的城市化进程相对于工业化进程是存在着一定偏差的。

（3）与不同类型国家比较，相对于同样的产值结构尤其是就业结构水平，中国的城市化进程明显慢于拉美国家，但与其他亚洲国家的差别较小。

2000年，中国的产值结构高度大体上相当于阿根廷、墨西哥、巴西等国家在1965年的水平，就业结构高度也与墨西哥和巴西在这一年的水平相近，但城市化率却与这些国家存在着很大差距。不过，主要原因在于拉美国家的城市化水平远远高于相同工业化阶段或经济发展水平的国家，而不在于中国的城市化进程严重滞后。

与其他亚洲国家和地跨欧亚的土耳其在相近发展阶段的数据相比，中国的城市化水平表现出三种情况：一是偏低，如中国2000年的产值结构高度大体上相当于马来西亚、菲律宾和土耳其在1997年的水平，就业结构高度低于马来西亚1980年的水平而高于菲律宾和土耳其1980年的水平，而城市化率却均低于以上三个国家在1980年的水平。二是相近。例如，中国2000年的产值结构高度相当于韩国1980年的水平和印度尼西亚1997年的水平，就业结构高度略高于韩国1965年的水平而略低于印度尼西亚1997年的水平，城市化率则与就业结构相联系，略高于韩国和略低于印度尼西亚在该年的水平。又如，中国1990年的就业结构高度和城市化率与印度1997年的相应数据比较，情况也基本相近。三是偏高，如中国2000年与泰国1997年的同样数据相比，产值结构高度相近，就业结构高度较低，而城市化率则大幅度高于泰国。原因主要在于泰国的城市化水平远远低于发展水平相同的其他国家。

（三）偏差分析

1. 我国的城市化进程没有过多偏离工业化的进程

从结构转变的角度看，衡量工业化进程的指标主要有两个方面：一是工业产值（增加值）比重的上升，以及由此带动的非农产业产值（增加值）比重的上升；二是工业就业比重的上升，以及由此带动的非农产业就业比重的上升。一般来说，就业结构的转变对于衡量工业化进程有更为重要的意义，因为它更能反映人均收入水平的变化并与人均收入的变动比较一致。而城市化率的上升则更多地与就业结构的转变相联系。

我国的IAV比重虽然很高，从而非农产业的增加值比重较高，但工业就业比重不高、非农产业的就业比重因服务业不发达而相应较低，因此，以就业结构转变为主要衡量指标的工业化水平并不高。在这种条件下，城市化率的上升与工业产值比重上升的相关性较低，与非农产业就业比重上升的相关性较高，城市化进程在改革开放前没有随着工业产值比重的大幅度上升而较快演进，改革开放以来随着非农产业就业比重的较快上升而明显加快，这种变动趋势是基本符合规律的。

从国际比较看，不论是与一般模式相比、与相同收入水平国家相比，还是与其他亚洲国家相比，只要以就业结构的转变作为衡量工业化进程的主要依据，我国的城市化与工业化关系就不存在太大的偏差，即城市化并没有严重滞后于工业化。

2. 问题在于工业化的偏差而不在于城市化的偏差

如果说我国的城市化进程与工业化进程不一致,那么主要问题不在于城市化的偏差，而在于工业化的偏差。前面的比较结果就表明，以人均收入水平作为衡量依据，我国工业产值比重的上升大大超前，而城市化率的变动基本没有滞后。

我国工业化的偏差主要表现在以下方面：工业产值比重片面上升，超过了人均收入水平上升所引致的需求结构变动的要求；工业化过程中服务业发展滞后，影响了非农产业就业的增长。这些偏差导致工业化进程不能有效地带动就业结构和消费结构的转变，从而带动城市化的进程。而城市化率主要随着就业结构的非农化而变动，则是一种符合规律的现象，即使这个进程相对缓慢，也不是城市化本身的偏差。

我国工业化的偏差还表现在产业选择和地域推进上，即改革前的片面重工业化和改革开放以来的过度农村工业化，这两个方面导致产值结构转变与就业结构转变的偏离，影响了工业化的有规律演进及其对城市化进程的带动作用。改革前的片面重工业化，使工业发展偏重于资本密集型产业，对非农就业增长的拉动作用较小；改革开放以来的过度农村工业化，使轻工业的扩张主要集中于乡镇企业，而在乡镇企业尤其是乡村企业就业的劳动力基本上亦工亦农，劳动密集型工业扩张对非农就业增长的带动效应没有充分发挥出来（在统计上就受到更大的限制）。

同时，重工业化和农村工业化对服务业发展的依赖和带动作用也都相应较弱。这影响了工业化过程中就业结构的较快转变及其对城市化的带动效应。

3. 对“城市化严重滞后”论和“隐性超城市化”论的分析

有些学者使用世界银行（1997 年）数据的计算，我国的城市化水平比同等人均 GDP 国家平均水平低约 12 个百分点。如果按 PPP 方法计算人均 GDP，则低 21 个百分点。于是,作者在进一步分析中就将“我国城市化水平低于同等收入水平的其他国家 12%~21%”作为一个结论性依据。情况是不是这样呢?

由于在同一年份中，与我国收入水平相同并有可比性的国家的数量太少，难以进行有意义的适当比较，我们采用钱纳里和赛尔奎因的一般模式来进行比较分析。在钱纳里–赛尔奎因模式中，当人均 GNP 为 200 美元（1964 年美元）时，城市化率的一般水平为 36.2%，当人均 GNP 上升到 300 美元时，城市化率上升为 43.9%；如果将 1964 年美元换算为 1997 年美元，这两个时期的人均 GNP 分别应为 1 000 美元和 1 500 美元。而我国的人均 GNP，按世界银行图表集法计算，1997 年为 860 美元，1999 年为 780 美元，均在 1 000 美元之下，同期我国的城市化率为 32%~35%（前一数据为世界银行 1997 年数据，后一数据按我国 2000 年人口普查资料推测）。相比而言，与同一年度美元的人均 GNP 数据相对应的城市化率，我国的并不低于一般模式，怎么会有低 12 个百分点之说?

再用 PPP 法来进行比较。这里按人均收入水平的可比性列出 1999 年中国与其他国家的一些对比数据。从表 9-9 可以看到，以 PPP 方法衡量的人均 GNP 美元数为依据，我国的城市化率与下中等收入国家的平均数或中、低收入国家的平均数相比，确实偏低一些（如果以世界银行图表集法计算的人均 GNP 美元数为依据进行比较则基本上没有差距），但差距并不太大；而与东亚和太平洋国家的平均数相比，则不是偏低而是还略高一点。因此，以 PPP 方法为依据的还有些学者在对工业化与城市化关系进行国际比较后认为，当城市化水平达到 30%左右时，工业劳动人口比重指数与城市人口比重指数的比例关系，发达国家为 2∶3，欠发达国家为 1∶3，而中国只有 1∶0.8，因此，和中国工业化进程推进的正常要求相比，中国城市化进程滞后了至少约 17 个百分点。且不说本书加以比较的国家和时期是否具有可比性，以及相应的数据处理是否合理（如根据本书所引的 Bairoch 的资料，发达国家 1900 年的工业劳动人口比重为 19%，人口城市化水平为 31%；同时作者引用中国 1990 年的资料时，工业劳动人口比重为 17.1%，城市化水平为 26.4%[①]。按这两组数据计算城市化率与工业就业比重之比，发达国家为 1.63，而中国为 1.54，差别不足 0.1 个百分点），这里需要指出的是，根据上面的分析，城市化率主要不是与工业的就业比重相联系（这在不同类型国家之间差别非常大），而是与非农产业的就业比重相联系，我国的问题在于工业化中服务业发展严重滞后，不能带动整个非农产业的就业比重较快上升。这是工业化过程的偏差，而不是城市化滞后的问题，城市化进程不可能超越就业结构非农化的中介作用而自我演进。

表 9-9　人均收入水平与城市化率关系的国际比较（1999 年）

国家	人均 GNP/美元		城市化率/%
	世界银行图表集法	PPP 衡量法	
中国	780	3 291	35
低收入国家	410	1 790	31
下中等收入国家	1 200	3 960	43
中、低收入国家	1 240	3 410	41
东亚和太平洋国家	1 000	3 500	34

注：按 2000 年全国人口普查资料推测

资料来源：世界银行. 世界发展报告（2000~2001 年）. 北京：中国财政经济出版社，2001

与“城市化严重滞后”论形成鲜明对照的另一种观点是“隐性超城市化”论。认为应当将在乡镇企业就业和外出就业 6 个月以上的农村劳动力，再乘以平均每个劳动力需要分摊的人口 1.75，作为隐性的城市人口；1997 年我国的隐性城市化率（30.4%）加上政府公开承认的城市化率（29.92%），实际城市化率为 60.32%，这样，与世界平均水平相比，“当然是超城市化了”。显然，这种观点将城市化的范围定得过宽了，混淆了就业非农化与城市化的关系。乡镇企业的就业属于非农就业，但就业者并不等于城市人口，他们所赡养的人口就更不能列入城市人口的范围。至于到城里就业超过 6 个月的农村劳动力及其赡养的人口，在 2000 年的全国人口普查中已基本上被归入了城市人口，即已包括在 36.1%的城市化率中。也就是说，由于农民进城就业而形成的“隐性城市化”问题在这次人口普查中已做了适当处理。因此，如果基本上不存在隐性城市化，也就不可能有什么超城市化。

---

① 王茂林. 新中国城市经济 50 年[M]. 北京：高等教育出版社，2000.

四、研究结论与政策建议

（一）工业化与城市化关系的衡量指标

要协调我国工业化与城市化的关系，首先要有一个科学规范的衡量指标。这对于进行判断分析、明确中心内容和做出政策选择，都有不可忽视的重要意义。

目前学术界对我国工业化与城市化关系的判断存在着很大差别，主要原因是对比较指标的使用相当混乱。对于城市化水平，一般采用人口城市化率，即城市人口占总人口的百分比，这是比较一致的。而对工业化水平的衡量指标，则存在着各种各样的用法（包括明文使用和暗含前提）：一是用工业产值（增加值）比重；二是用非农产业占 GDP 的比重；三是用工业就业比重；四是用非农产业的就业比重。应该说，用什么指标来衡量工业化水平，即使在国外专门研究工业化和经济发展问题的著名经济学家或著名论著中也不是统一的、一致的。由于大多数国家的产值结构与就业结构的转变具有内在联系，工业比重与非农产业比重的变化趋势也比较一致，不同指标的使用没有产生太大的矛盾。但是，我国这几个方面的差别很大，特别是工业比重偏高而服务业比重偏低，导致使用不同指标会得出非常不同的判断。在难以用多项指标来衡量工业化水平的条件下，先确定哪一项指标更为合适就成为一个必要而重要的问题。

我国工业化的偏差，使我们不宜直接用 IAV 占 GDP 比重作为衡量工业化水平的指标与城市化率相比较。同时，采用非农产业占 GDP 比重的指标，也受到 IAV 占 GDP 比重的影响，掩盖了服务业比重低对就业结构转变带来的问题。

一般来说，在工业化时期，工业化水平与经济发展水平几乎是同义语，二者之间是一致的，因而可以用反映经济发展水平的基本指标人均 GDP 作为衡量工业化水平的指标。同时，不论是工业化还是城市化，一般都要与人均 GDP 的上升相一致。但是，人均 GDP 指标的使用和国际比较也存在着一系列难题，如汇率的差别和变动、不同年份美元的换算、PPP 的问题等，要找到一个能达成共识的方法和标准也很不容易。

在这种条件下，可以考虑的一个衡量指标是非农产业的就业比重。这个指标与人均收入（人均 GDP）的变化比较一致，反映了工业化中就业结构的转变，与城市化具有直接的联系。本来，工业就业比重是一个衡量工业化水平的直接指标，但这个指标同样受到我国工业化偏差的影响，不能反映服务业发展滞后产生的问题。而非农产业就业比重则能够既反映工业化的进程，又反映工业化偏差的影响，可以比较恰当地衡量我国工业化的实际水平，并有利于进行合理的国际比较。以非农产业就业比重与人口城市化率相对应，可以对我国工业化与城市化的关系进行较为科学的分析和较为准确的判断。

（二）工业化与城市化协调发展的中心内容

我国城市化率低的基本原因是非农产业的就业比重低。从表 9-10 的数据可以看到，与发展阶段相近的国家相比，我国城市化率与非农产业就业比重的差别不是太大，主要问题在于非农产业的就业比重较低，限制了城市化率的上升。2000 年，我国非农产业的就业比重只有 50%，低于下中等收入国家 1980 年和上中等收入国家 1965 年的水平；与亚洲国家相比，也低于韩国、马来西亚 1980 年的水平和泰国、菲律宾、印度尼西亚 1997 年的水平。

表 9-10　非农产业就业比重与城市化率差别的国际比较

国家	年份	非农产业就业比重/%	城市化率/%	差别（非农产业就业比重–城市化率）
中国	2000	50	36	14
下中等收入国家	1980	59	31	28
	1997	68	42	26
上中等收入国家	1965	55	49	6
	1980	69	62	7
日本	1965	74	67	7
韩国	1980	63	57	6
马来西亚	1980	59	42	17
	1997	73	55	18
泰国	1997	58	21	37
菲律宾	1997	63	56	7
印度尼西亚	1997	61	37	24

资料来源：表 9-7、表 9-8 和相应年份的《世界发展报告》

我国非农产业就业比重低是由于服务业发展滞后，制约了非农产业就业的增长及其比重的上升。

服务业的比重远远低于同等收入国家的水平，是我国工业化过程中的一个突出的结构性问题，也是导致工业化与城市化偏差的主要原因。与工业相比，服务业具有明显较高的就业弹性，并且随着经济发展水平的提高而不断增强对整个就业的带动效应。同时，从我国“十五”至 2010 年期间经济增长和产业结构变动的趋势看，工业就业比重上升的空间已经较小，非农产业就业比重的较快上升只能主要依靠服务业的迅速扩张。这是我国推进城市化的基本途径，也是促进工业化与城市化协调发展的中心内容。

服务业发展与城市化是相互依赖、相互促进的。服务业发展拉动非农产业就业增长而带动城市化率的上升，而城市化的加快也能够促进服务业的较快扩张。但是，从二者发展的逻辑顺序和长期进程来看，主要趋势是先有服务业的发展和就业的增加，再有农村人口的转移和城市化率的上升。而且，至 2010 年我国城市服务业扩张的空间很大，而城市人口的增长则受到城市就业增长的制约。从这个角度看，处理两者关系的基本思路应当是，主要通过加快服务业发展来带动城市化，而不是反过来，将重点放在依靠加快城市化来促进服务业发展上。否则，就可能导致城市化进程不能有效加快反而使现有城市问题（尤其是城市就业问题）严重化的后果。

根据国际经验，城市化率一般在 30%~70%处于加快上升时期，在这个时期中，城市化速度最快的时段落在前期（30%~50%）还是后期（50%~70%），主要取决于非农产业就业比重的变化趋势。2002~2010 年，如果我国的服务业能够以高于 20 世纪 90 年代的速度迅速扩张，有可能拉动非农产业的就业比重上升 10%~12%，相应地，可以带动城市化率上升 10 个百分点左右。在这个过程中，服务业的加快发展可以启动服务业就业与城市化进程相互促进、加速演进的链条。

（三）促进工业化与城市化协调发展的战略选择

“十五”至2010年期间是我国继续推进工业化与合理加快城市化的一个重要时期，也是促进二者协调发展的一个新阶段。从宏观层面看，应当选择有利于将工业化与城市化结合起来一同推进的战略，并推行相应的政策。

1. 将农村工业化转变为城市工业化

改革开放以来，我国的工业化主要表现为农村工业化的高速演进，与此相适应，农业剩余劳动力的转移走了一条离土不离乡的道路。这种工业化战略是在资本积累不足和城乡体制分割的条件下推行的。尽管农村工业化对于我们这样一个特殊的人口大国具有不可忽视的积极意义，但这个过程不适当地持续了20年，也带来了一系列弊端，如农村工业规模不经济，阻碍了技术进步和产业升级；由于聚集效应差，服务业没有相应发展，影响了非农产业的就业增长；相应地，农村人口城市化的进程也比较缓慢。

新时期的工业化面临着更为艰巨的任务，一是要加快农业剩余劳动力的转移，提高非农产业的就业比重；二是要加快工业的技术进步和产业升级，提高工业发展水平和国际竞争力；三是要通过就业结构的转变，带动人口城市化率的上升。因此，新的工业化进程必须实行战略性转变，将农村工业化转变为城市工业化，才能推动以上几个方面的进程。

所谓实现农村工业化向城市工业化的转变，就是根据工业化与城市化的内在关系，在农村工业化发达的地区，加快城镇和城市的发展，将非农产业就业比重很高的农村区域升格为城镇或城市区域，将已经长期从事非农产业的人口转变为城市人口，同时，沟通和加强乡镇小企业与城市大工业的联系，推进企业的购并和联合，提高企业的规模经济水平，并带动非农产业的就业增长和农业剩余劳动力的转移。

2. 通过加快服务业发展带动工业化与城市化协调发展

我国服务业发展滞后影响了非农产业就业比重的上升，影响了工业化的整体演进和城市化的进程。在“十五”至2010年期间，工业部门吸纳就业的能力已相对有限，大量农村剩余劳动力向非农产业的转移主要取决于服务业的发展。同时，三次产业结构调整的重点是提高第三产业的比重，工业和农业的结构升级也依赖于市场中介和高层服务业的较快发展。在这种条件下，只有大力加快服务业的发展，才能带动工业化与城市化的协调发展。

应当全面发展城市服务业尤其是大城市的各种现代服务业，以此带动城市居民消费结构的升级和消费需求的扩大，并促进城市化的发展和城市整体水平的提高。对于已经长期工作和生活在城市的农村劳动力及其家属，要适应城市发展的趋势而有步骤地将其转变为城市人口，并根据城市经济运行的需要相应扩大城市的规模。

3. 在改革、开放和开发中促进工业化与城市化的协调发展

从改革的角度看，要通过推进体制改革，改变国有经济对很多重要服务业和城市设施建设的垄断地位，鼓励和引导非国有经济进入这些领域，发挥和加强竞争机制的作用，推动这些部门的加快发展；要打破和消除城乡的体制分割、差别和障碍，促进城乡之间的资源合理流动和有效配置，增强市场机制对城乡经济运行和转换的调节作用。

从开放的角度看，加入世界贸易组织之后国外跨国公司较大范围地进入我国的城市服务业尤其是大城市的现代服务业，而这些服务业的较快发展和就业增长，加快了我国的城市化进程，但同时也会对那些国有经济垄断的服务业部门带来较大冲击。因此，这些服务业领域在对外商开放之前或在开放过渡期内，应当尽快对国内非国有经济开放，以加快这些产业的发展，并培育和提高国际竞争力。同时，应当大力促进非国有经济在中小城市服务业的发展，以支持农村工业化向城市工业化的转变，推动工业化与城市化的协调发展。

从开发的角度看，在加快西部大开发和中部经济发展的过程中，东部发达地区的一些劳动密集型工业会逐步向中西部地区转移，在这种条件下，中西部地区应当重视加快服务业的发展，以支持工业化的较快演进，带动非农产业就业比重的上升，增强工业化对城市化的拉动作用。

也就是说，中西部地区要利用工业的区域转移和资源再配置的有利条件，促进工业化与城市化的协调发展，而不再走东部地区农村工业化的老路。

第十章

对外贸易与经济发展模型和案例分析

第一节 对外贸易问题

对外贸易一直是拉动我国经济发展的“三驾马车”之一，自改革开放以来，对外贸易的持续扩大以及对外贸易经济的不断增长，加速推进了我国工业化、城市化进程和国民经济的发展。然而，国际金融危机所导致的国际贸易形势变化，使国际市场普遍面临通货紧缩，对我国的出口产品需求不断下降，因而我国对外贸易形势面临严峻挑战。目前我国对外贸易当中存在进出口占比不合理，民营企业比重过小，在国际分工中的位次较低①，贸易对象主要集中于发达国家等一系列问题。因此，如果改善贸易产品和地区结构，提高贸易层次和贸易发展水平，以重振贸易对我国经济增长的拉动作用，是我国经济发展过程中的重大问题。

第二节 对外贸易与经济发展模型

一、比较优势模型：李嘉图模型

（一）模型简介

比较优势理论：李嘉图在其代表作《政治经济学及赋税原理》中提出了比较成本贸

① 刘可. 我国对外贸易存在的问题及其对策[J]. 国际贸易问题，2006，3：21-25.

易理论（后人称为“比较优势贸易理论”）。比较优势理论认为，国际贸易的基础是生产技术的相对差别（而非绝对差别），以及由此产生的相对成本的差别。每个国家都应根据“两利相权取其重，两弊相权取其轻”的原则，集中生产并出口其具有“比较优势”的产品，进口其具有“比较劣势”的产品。比较优势贸易理论在更普遍的基础上解释了贸易产生的基础和贸易利得，大大发展了绝对优势贸易理论①。

（二）模型假设

（1）在产品的生产过程中只是用劳动这一生产要素，这个要素可以在一国之内自由流动，但在国际不能流动，劳动在一国之内是完全同质的。

（2）单位产出所需的劳动投入量在生产中是恒定的，不随产出的变化而变化，劳动生产率不变。

（3）商品和劳动市场是完全竞争市场。

（4）不考虑运输成本和其他交易费用。

（三）模型建立

现在，以两个国家和两种产品作为考察对象，为方便起见，我们也可以称这个模型为 2x2x1 模型（两个国家、两种产品、一种要素）。

假设（2）实际等同于规模收益不变这一条件。因为在劳动是唯一生产要素的情况下，规模收益不变意味着产出和劳动要素投入同比例变化，即产出与劳动之间的比率是固定不变的，即劳动生产率是常数。

根据假设（1）、假设（2），*A*、*B* 两国的 *X*、*Y* 两种产品（或部门）的生产函数可以表示为如表 10-1 所示的线性函数形式。

表 10-1 *A*、*B* 两国的生产函数

产品或部门	*A* 国	*B* 国
X	$\frac{L_X^A}{a_{LX}}$	$\frac{L_Y^B}{b_{LY}}$
Y	$\frac{L_Y^A}{a_{LY}}$	$\frac{L_X^B}{b_{LX}}$

表 10-1 的表达式中，a_{LX}、a_{LY}、b_{LX}、b_{LY}，均为正的函数，分别表示 *A*、*B* 两国的 *X*、*Y* 两个部门的单位产出所需要的劳动投入量，它们的倒数就是劳动生产率 L_X^A、L_Y^A、L_X^B、L_Y^B 分别表示 *X*、*Y* 部门的劳动投入。

现在，我们列举以下五个条件，这些条件保证了两国在封闭条件下相对价格完全相同，从而国际贸易不可能发生。

（1）两国的相同产品的生产函数相同。

（2）两国相对要素禀赋相同。

① 李坤望. 国际经济学[M]. 第三版. 北京：高等教育出版社，2010.

（3）两国消费者偏好相同。

（4）规模收益不变。

（5）两国的商品市场和要素市场都是完全竞争的，并且不存在外部经济性。

现在，放松上述条件中的第一条，而其他条件依然保持不变。因此，李嘉图模型的另外两条假设如下。

（1）两国的生产函数不同。

（2）两国的消费者偏好相同。

根据生产函数的表达式可知，在劳动是唯一生产要素和规模收益不变的条件下，两国间的生产技术下差异就具体体现为两国劳动生产率的差异。因此，李嘉图模型从劳动生产率差异角度来说明国际贸易决定的理论模型，是国际贸易技术差异决定论的一个特例。

绝对优势说明的是不同国家间同一部门劳动生产率的高低。这一概念不能解释所有技术差异情形下的国际贸易。例如，一个国家在所有部门的生产上都处于绝对劣势，按绝对优势理论来说，它就不会发生贸易。而李嘉图提出的比较优势理论，比较的不是两个国家统一生产部门的劳动生产率，而是其机会成本。

由于要素的稀缺性，在充分就业的情况下，增加某一产品的生产就比必须放弃其他产品一部分的生产，这种“牺牲”其他产品生产的代价就是“机会成本”。以 A 国为例，生产一单位的 X 需要投入劳动 a_{LX}，假如这部分劳动用于生产 Y 产品，生产 Y 的数量就是 a_{LX}/a_{LY}，那么，在充分就业的情况下，增加一单位 X 的生产就需要放弃 a_{LX}/a_{LY} 的 Y，a_{LX}/a_{LY} 就是 X 的机会成本。

若下列条件成立：

$$\frac{a_{LX}}{a_{LY}}<\frac{b_{LX}}{b_{LY}} \tag{10-1}$$

说明 A 国相对于 B 国在 X 部门具有比较优势，B 国在 Y 部门上具有比较优势，如果比较优势存在，则两国必定在各有一个部门分别拥有比较优势，不会出现一国在所有部门都拥有比较优势的可能性。

在李嘉图模型中，机会成本和两个部门相对劳动生产率成反比。

因此，比较优势实际上取决于劳动生产率的相对水平。从劳动生产率的角度上讲，一国在劳动生产率相对较高的部门或产品中具有比较优势。

李嘉图认为生产成本取决于劳动投入，而劳动生产率与生产单位产品的劳动投入量之间形成倒数关系。劳动率高的部门，用较少的劳动就能生产出一单位产品，其价格也相对便宜。产品的生产成本和价格与其劳动生产率成反比。根据比较优势，一国生产出口这个国家劳动生产率相对较高（生产优势）的产品，进口劳动生产率较低的产品。

在李嘉图模型中，由于机会成本是固定不变的，生产可能性边界不像通常描述的那样是向外凸的形状，而是直线型的。以 A 国为例，根据生产函数表达式，两个部门的劳动投入分别是 $L_X^A=a_{LX}X, L_Y^A=a_{LY}Y$，劳动总量 L 固定，根据充分就业条件可以得到下列方程式

$$a_{LX}X+a_{LY}Y=\bar{L}_A \tag{10-2}$$

式（10-2）就是 A 国生产可能性边界的函数表达式，是一个线性方程。如图 10-1 所示，AA' 表示 A 国生产可能性边界，每个点上的斜率都是一样，机会成本为常数。B 国同上所述。由于前面第（5）项条件，两国劳动生产率存在差异，不妨设 $\frac{a_{LX}}{a_{LY}}<\frac{b_{LX}}{b_{LY}}$，即 A 国在 X 的生产上具有相对比较优势，B 国在 Y 的生产上具有比较优势。故而如图 10-1 所示，A 国的生产可能性边界要比 B 国更平坦一些。

由于两国的消费者偏好完全相同，所以 A、B 两国的社会无差异曲线形状相同。在封闭条件下，两国的相对价格由各自的生产可能性边界与社会无差异曲线决定。在图 10-1 中，A 国的均衡点为 E_A，为 E_B。在均衡状态下，A 国的相对价格记为 $p_A=P_X^A/P_Y^A$，B 国的相对价格记为 $p_B=P_X^B/P_Y^B$。对 A 国而言，其相对价格线与生产可能性边界重合，所以，$p_A=a_Y/a_X$ 可以知道相对价格与相对劳动率成反比。同样，B 国在封闭条件下的相对价格水平，$p_B=b_Y/b_X$。

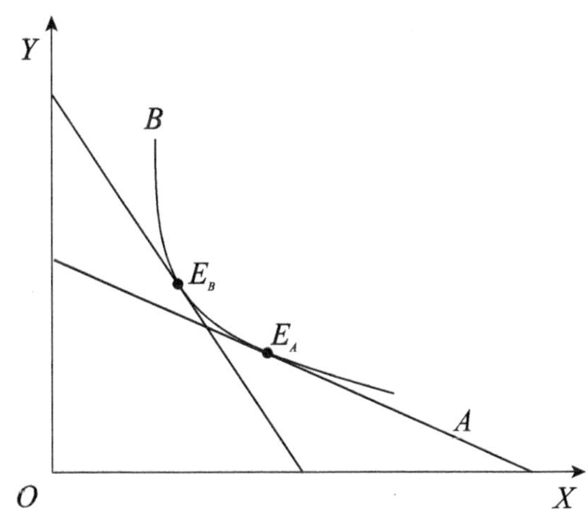

图 10-1　AB 两国生产可能向边界

由于 A 国在 X 的生产上具有比较优势，所以封闭条件下 $p_A=a_Y/a_X<b_Y/b_X=p_B$。由此可得，封闭条件下的相对价格显示了比较优势所在，同时证实两国在封闭条件下的相对价格差异完全是由劳动生产率，同时证实两国在封闭条件下的相对价格差异完全是由劳动生产率造成的。

二、两缺口模型：Two-gap Model

（一）模型简介

两缺口模型是 20 世纪 60 年代由美国经济学家钱纳里等提出的，用以分析发展中国家投资大于储蓄和进口大于出口的一种经济模型，发展中国家要提高国民经济增长率，就必须处理好投资与储蓄、进口与出口的关系。如果储蓄小于投资，就会出现储蓄缺口；如果出现进口大于出口，就会出现外汇缺口。其解决办法就是引进外资以刺激出口，来提高储蓄水平，促进国民经济增长。该模型是发展中国家利用外部资源，在发挥政府作用的同时，调整国内的经济结构以适应引进外部资源，故而说明发展中国家引进外部资源对缓和国内资源稀缺性的稳定经济增长的重要性。

（二）模型建立

该模型主要考虑的是储蓄与外汇在国民经济发展中的作用，从国民经济的基本恒等式：总收入等于总供给可以得

$$Y = C + S + T + M \tag{10-3}$$

其中，Y代表总供给；C代表消费；S代表储蓄；T代表税收；M代表进口。

$$Y = C + I + G + X \tag{10-4}$$

其中，Y代表总需求；I代表投资；G代表政府支出；X代表出口。

当税收等于政府支出：T=G时，则有

$$S + M = I + X \text{ 或 } I - S = M - X \tag{10-5}$$

式（10-5）中（I–S）为投资与储蓄差额，为储蓄缺口；（M–X）为进口与出口的差额，是外汇缺口。有投资、储蓄、进口、出口四个独立的变量，进行调节的目的是使式（10-5）平衡。

1966年，钱纳里和斯特劳特在《外援与经济增长》一文中提出了两缺口模型，第一次比较系统地分析了利用外资和经济增长的关系。主要思想就是发展中国家国内有效供给与资源计划需求之间存在缺口，即储蓄缺口与外汇缺口，而利用外资是填补这两个缺口的有效手段。

模型强调了发展中国家利用外部资源的必要性，通过引进外部资源，可以提高一国出口能力，形成高收入、高储蓄的良性循环、更加合理的资源配置。在引进外部资源时，国内的经济结构需要进行调整以适应引进外部资源的要求，同时应该发挥政府在调控经济活动中的作用。积极引进外部资源具有重要意义，1970~1990年，东亚的发展中国家与地区通过引进外部资源，获得了高速的经济发展，中国的案例也告诉我们，引进外部资源必须重视使用该资源的效益。只有高效益，才能达到引进外部资源的初衷。

（三）模型用途和缺陷

两缺口模型在发展中国家有着广泛的影响，曾经被许多国家当做制定引进和利用外资政策的理论依据。但是，许多发展中国家引进外资的实践，以及它们在引进和利用外资中积累的经验表明，两缺口模型存在着一些缺陷和不足。

（1）两缺口模型的基础是总量分析，虽然可以说明需要从国外引进的资源总量，但对国内所需追加资源的结构特征以及国外资源的结构特征缺乏深刻的理论分析，因此无法说明国内需要的特殊的资源量。此外，两缺口模型对引进外资的流向也未做更多的说明，如果引进的国外资源被用于消费，会使引进外部资源的意义被削弱。

（2）两缺口模型过分强调资本形成在经济发展中的作用，容易使人们忽视其他发展因素的作用。经济发展是若干因素综合作用的结果，其中包括技术进步、人力资源开发、资本、劳动生产率提高、自然资源、经济结构与体制的改善等因素。为使经济持续、均

衡发展，必须使各种要素相互协调，共同发挥作用。

(3)两缺口模型从理论的角度论述引进和利用国外资源的积极作用较多，而对实践中利用外资可能产生的消极作用提及的较少。例如，它只看到引进外资、利用跨国公司等对经济发展的积极作用，而忽视了它们可能对经济发展的不利影响，也没有说明一个国家的借债能力和偿债能力。如果发生理解上的错误，很容易产生对外资的依赖性，并产生借债过多、债务负担过重、债务偿还困难等一系列问题。

三、开放条件下IS-LM-BP模型

(一)模型简介

1. BP曲线

在IS-LM-BP模型中，净出口与净资本流入的差额即为国际收支差额，用BP表示，即可得到：国际收支差额=净出口–净资本流入，即 $\mathrm{BP}=nx-F$ ，当国际收支平衡时，国际收支差额为0，$\mathrm{BP}=0$，$nx=F$ 。将净出口函数与净资本函数表达式带入 $\mathrm{BP}=nx-F$ 中，即得

$$\mathrm{BP}=q-\gamma y+n\frac{eP_f}{P}-\sigma(r_w-r) \tag{10-6}$$

当BP=0时，式(10-6)可以简化为

$$r=\frac{\gamma}{\sigma}y+r_w-\frac{n}{\sigma}\times\frac{eP_f}{P}-\frac{q}{\sigma} \tag{10-7}$$

式(10-7)就是国际收支均衡函数，其几何图形被称为BP曲线，如图10-2所示。BP曲线就是国际收支平衡时，国内利率与实际产出水平组合点的轨迹，表示当国际收支平衡时国民收入 y 与利率 r 的相互关系。BP曲线上的点都代表一个能使国际收支平衡的利率与国民收入的组合，曲线外的点则说明存在国际收支逆差或顺差[①]。

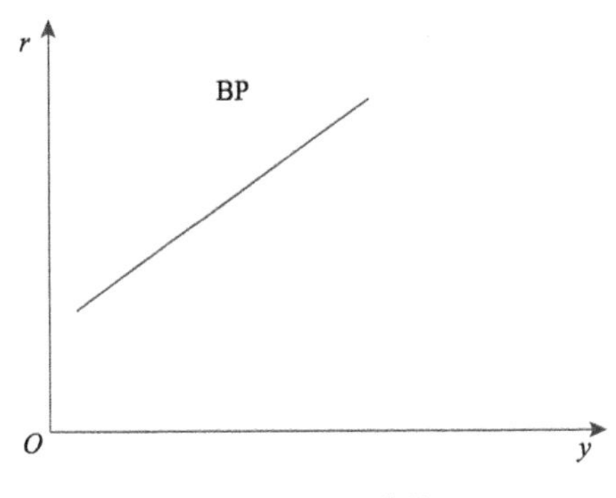

图10-2 BP曲线

根据国际收支平衡函数可知，BP曲线的斜率为 $\frac{\gamma}{\sigma}$ ，BP斜率取决于资本流入对利率的反应系数 σ 和边际进口倾向 γ。资本流入对利率的反应系数 σ 反映了国家间资本流动

---

① 郑享清. 宏观经济学[M]. 南昌：江西人民出版社，2013.

的难易程度，说明一国的开放程度。而在一般情况下边际进口倾向 γ 比较稳定，所以曲线的斜率受系数 σ 的影响较大。

下面介绍 BP 曲线的特殊形态（两种极端情况）。

当资本市场完全开放，资本可以完全自由流动时，系数 σ 可以无穷大，如果国内利率大于国外利率，资本会大量涌入国内，出现顺差，因此本国货币供给增加，利率下降，下降到与国外利率相等，利率差为 0，资本停止流动。反之亦然。由此，只有在资本完全自由流动的情况下，只有国内外利率一样，才能实现国际收支平衡，BP=0。因 BP 曲线是一条位于 $r_w = r$ 位置上的水平线，如图 10-3 所示。

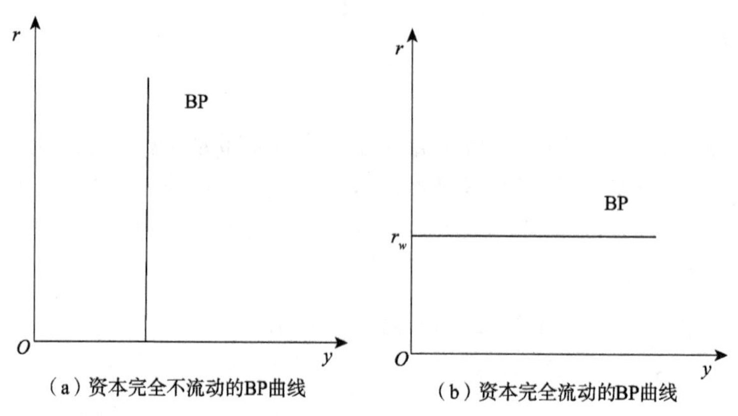

（a）资本完全不流动的BP曲线　（b）资本完全流动的BP曲线

图 10-3　资本市场完全不流动时和完全流动时的 BP 曲线

当资本完全不流动时，系数 σ 为 0，BP 曲线将不受资本流动引起的净资本流出的影响，净资本流出 F=0。这时国际收支平衡就完全取决于净出口，当净出口为 0 时，国际收支处于平衡状态。这时，BP 曲线就是一条位于净出口为 0 时的收入水平上的垂线，如图 10-3（a）所示。

2. 蒙代尔–弗莱明模型

在封闭经济中的宏观经济均衡分析只考虑国内充分就业与价格稳定，一旦实现了充分就业与物价稳定，将达到产品市场与货币市场的同时均衡，然而这仅仅是实现内部均衡。在开放的经济中，宏观经济均衡在考虑内部均衡的同时，也要考虑外部均衡，外部均衡即国际收支平衡。对外经济通常是国内经济的延伸，开放市场条件下，国内外经济密切联系，内外部均衡相互影响。为实现国内外均衡，经济学家设计了各种模型，其中著名的被广泛采用的就是蒙代尔–弗莱明模型①。

（二）模型假设

（1）价格在短期内不变，经济中产出完全由需求决定。

（2）实际货币需求与收入是正相关的关系，与实际利率负相关，人们持有货币不仅有交易动机，还有预防性和投机性。

---

① 郑享清. 宏观经济学[M]. 南昌：江西人民出版社，2013.

（3）商品和资本可以在国际市场上完全自由流动，资本的自由流动将消除任何国内市场和国外市场的利率差异，故而国内市场与国外市场的利率是一致的，$r_w = r$。

（三）模型建立

IS 曲线描述的是在产品市场均衡条件下国民收入 y 与利率 r 之间的对应关系。在开放的经济条件下，国民收入的均衡条件为

$$y = c + i + g + nx \tag{10-8}$$

将消费函数、投资函数和净出口函数代入式（10-8）可得

$$y = c + i + g + nx = \alpha + \beta(y - t_0) + (e - dr) + g + \left(q - \gamma y + n\frac{eP_f}{P}\right) \tag{10-9}$$

经过整理可以得到

$$y = \frac{\alpha + e + g + q - \beta t_0}{1 - \beta + \gamma} - \frac{dr + n\dfrac{eP_f}{P}}{1 - \beta + \gamma} \tag{10-10}$$

或者

$$r = \frac{1}{d}\left(\alpha + e + g + q - \beta t_0 + n\frac{eP_f}{P}\right) - \frac{1 - \beta + \gamma}{d}y \tag{10-11}$$

式（10-10）、式（10-11）都可以作为开放经济的 IS 曲线。从以上开放经济中的 IS 曲线可以看出，利率和收入仍然维持在封闭经济中的反方向变化关系。因此，在其他条件不变的情况下，汇率提高会使 IS 曲线向右移动；反之，IS 曲线向左移动。由于以上对货币需求量的假定，LM 曲线在封闭与开放条件下的情况是一样的。

将 BP 曲线引入 IS-LM 曲线模型，在产品市场与货币市场同时均衡条件下加入国际收支均衡条件，得到 IS-LM-BP 模型，由以下两个方程式表示。

$$r = \frac{1}{d}\left(\alpha + e + g + q - \beta t_0 + n\frac{eP_f}{P}\right) - \frac{1 - \beta + \gamma}{d}y \tag{10-12}$$

$$r = \frac{\gamma}{\sigma}y + r_w - \frac{n}{\sigma} \times \frac{eP_f}{P} - \frac{q}{\sigma} \tag{10-13}$$

将方程（10-11）~方程（10-13）的几何表示 IS 曲线、LM 曲线、BP 曲线画在同一个坐标中（横轴表示国民收入、纵轴表示利率），可得 IS-LM-BP 模型的图形表示（图 10-4）。

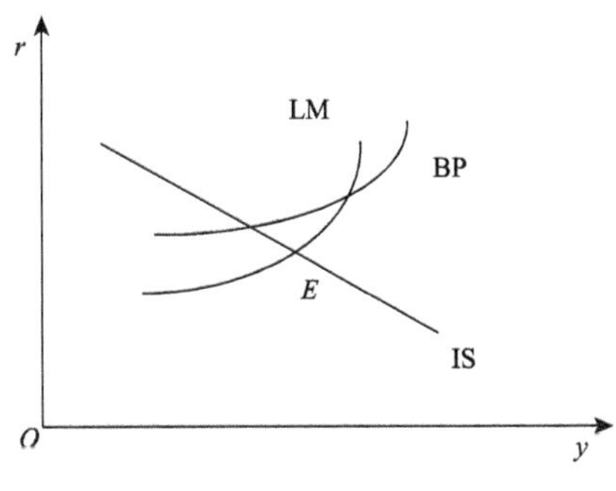

图 10-4　IS-LM-BP 模型

由于 IS 曲线与 LM 曲线的交点对应的状态为内部均衡，BP 曲线上的每一点都表示国际收支达到平衡。因此图 10-4 中的 E 点表示经济达到了国内与国外同时均衡。如果三条曲线不能交于同一个点，则意味着国内外没有达到均衡，称为内外失衡。如图 10-4 所示，IS 曲线与 LM 曲线的交点所决定的国民收入与利率的组合，位于 BP 的左上方，虽然国内经济实现均衡，但利率水平高于国际收支所要求的水平，国民收入又低于国际收支均衡所要求的水平结果导致国际贸易顺差。在图 10-4 中，IS 曲线与 LM 曲线的交点位于 BP 曲线的右下方，表示国内经济实现了均衡，但是利率水平低于国际收支均衡所要求的水平，出现国际收支顺差。

IS-LM-BP 模型为分析在开放经济条件下宏观经济变动的宏观经济政策的作用与效果提供了有用的分析工具。

第三节　案例分析

◎ 案例一：中国要素积累的地区差距及其政策含义[①]

一、中国要素积累地区差异问题分析

现代比较优势理论认为，一国的要素禀赋决定了该国开放经济条件下最有效率的产业与技术选择；而要素积累是决定禀赋结构变化的关键因素。赫克歇尔–俄林（H-O）定理阐释了要素禀赋与产出结构以及国际贸易格局之间的静态关系。雷布津斯定理则表明随着要素积累带来的禀赋结构变化，产出结构暨产业结构也会随之发生改变。在此基础上，林毅夫等[②]提出了立足于比较优势的发展战略思想，认为产业和技术结构的升级是经济发展以及随之而来的禀赋结构变化的结果。比较优势发展战略不仅适用于一个国家的国际贸易，也适用于大国经济条件下的区际分工与区际贸易。中国经济作为一种“大国经济”的突出特征，就是存在着较大的由禀赋条件和历史因素等造成的要素积累的地区差距。这种差距对中国经济结构的战略性调整以及区域经济的协调发展政策都会产生深刻的影响。本书采用基尼系数分解法分析中国要素积累的地区差距及其变化特征，并解析其中蕴含的政策含义。

二、研究方法

1）要素积累的数学表达式

要素积累通过改变禀赋结构而使长期比较优势发生转化。禀赋结构是自然资源、劳动力和资本等生产要素的相对丰裕度。由于自然资源通常是给定的，而劳动力的增加速度取

① 胡春林. 我国要素积累的地区差距及其政策含义[J]. 江西社会科学，2011，11：66-70.

② 林毅夫，蔡昉，李周. 比较优势与发展战略——对“东亚奇迹”的再解释[J]. 中国社会科学，1999，(5)：4-20.

决于人口的增长率，国家或地区之间并无多大差别，一般在 1%～3%；唯一可以有巨大增长差异的生产要素就是资本。因此，禀赋结构一般是指资本的相对丰裕程度，要素积累也主要是指资本要素的增量。在两要素（资本 K 和劳动 L）的假定下，禀赋结构（F）一般用资本劳动比表示。假定基期的资本存量为 K_0，则 n 期的禀赋结构 F_n 可表示为

$$F_n = K_n / L_n = \left(K_0 + \sum_{i=1}^{n} \Delta k_i\right) / L_n \qquad (10\text{-}14)$$

$$F_n = (K_{n-1} / L_n) + A_n \qquad (10\text{-}15)$$

其中，

$$A_n = \Delta K_n / L_n \qquad (10\text{-}16)$$

其中，ΔK_n 表示 n 期的资本积累；L_n 表示 n 期的劳动存量；$A_n = \Delta K_n / L_n$ 反映了 n 期的资本积累和劳动存量对禀赋结构的影响。式（10-16）即为本书所采用的要素积累的数学表达式。

2）要素积累地区差异的衡量指标

本书采用基尼系数来衡量我国地区之间的要素积累差距。基尼系数是国际上用来判断一个国家分配平均程度、反映国民贫富差距的重要指标，后来得到广泛的延伸运用。例如，克鲁格曼就提出了区位基尼系数用以测算产业的地区集聚度。要素积累的基尼系数（G）定义为

$$G = \frac{1}{2F}\sum_{i=1}^{n}\sum_{r=1}^{n}\left|F_i - F_r\right| / n^2 = \sum_{j=1}^{k}\sum_{k=1}^{k}\sum_{i}^{n_j}\sum_{r}^{n_k}\left|f_{ji} - f_{hr}\right| / 2n^2\overline{f} \qquad (10\text{-}17)$$

其中，f_{ji} 和 f_{hr} 表示区域 j 和区域 h 的要素积累，j、h=1，2，…，n；n 表示区域的总数；k 和 h 是样本区域的个数；n_k 和 n_j 表示区域 k 和 j 内子区域的个数；$\overline{f}$ 表示整个区域的平均要素积累，其计算公式为

$$\overline{f} = \sum_{j=1}^{k}\sum_{i=1}^{n_j} f_{ij} / n \qquad (10\text{-}18)$$

基尼系数值在 0～1；基尼系数值越大，说明要素积累的地区差距越大。

3）要素积累基尼系数的分解

卡米诺·德格将基尼系数（G）分解为三个组成部分：子群体内差距（G_w）、子群体间差距（G_{nb}）以及子群体间层迭项部分（G_t）。子群体间层迭项（G_t）代表划分子群体时由于交叉项的存在而对总体差距产生的影响，如果交叉项不存在，则 G_t 就等于 0。这样我国要素积累的基尼系数（G）可表示为

$$G = G_w + G_{nb} + G_t \qquad (10\text{-}19)$$

其中，G_w 为区域内基尼系数的加权平均值，即

$$G_w = \sum_{j=1}^{k} G_{jj} p_j s_j \qquad (10\text{-}20)$$

其中，G_{jj} 为 j 区域内基尼系数；p_j 为 j 区域劳动份额；s_j 为 j 区域资本存量份额，即 p_j=n_j/n，

$s_j = n_j\bar{f}_j / n\bar{f}, j=1,2,\cdots,k$。且 $\sum_{j=1}^{k}\sum_{h=1}^{k} p_j s_h = 1$。

区域 j 和区域 h 之间的区间差距 G_{nb} 和层迭项 G_t 为

$$G_t = \sum_{j=2}^{k}\sum_{h=1}^{j-1} G_{jh}\left(p_j s_h + p_h s_j\right)(1-D_{jh}) \tag{10-21}$$

$$G_{nb} = \sum_{j=2}^{k}\sum_{h=1}^{j-1} G_{jh}\left(p_j s_h + p_h s_j\right) D_{jh} \tag{10-22}$$

其中，D_{jh} 为区域 j、h 的基尼系数，计算公式为 $D_{jh} = (d_{jh}\,p_{jh}) / \left(d_{jh} + p_{jh}\right)$。而 $d_{jh} = \int_0^{\infty} \mathrm{d}F_j(y)\int_0^{y}(y-x)\mathrm{d}F_h(x)$，$p_{jh} = \int_0^{\infty} \mathrm{d}F_h(y)\int_0^{y}(y-x)\mathrm{d}F_j(x)$；$F_h$、$F_j$ 为累积分布函数。

4）数据的选取与来源

禀赋结构变化主要产自于要素禀赋的内生变化与外生变化。禀赋结构的内生变化是随一国的经济发展与资本积累而发生的要素丰裕度改变。经济发展带来的经济剩余越多，可供积累的资本也就越多。而资本积累取决于国内储蓄倾向；在同样的经济剩余水平下，储蓄倾向越高，社会资本的增加越多，要素禀赋结构的升级也就越快。一个地区的总储蓄（SD）理论上等于可支配总收入减去最终消费。我国的统计口径并不包含可支配收入，因而该项数据难以直接获得；但可以根据我国的统计口径，用地区生产总值减去最终消费支出做出近似估算。禀赋结构的外生变化主要是指由于资本要素的国际流动带来的要素丰裕度改变，可以采用各地实际使用外商直接投资（FDI）数据。各地的 SD 和 FDI 数据相加作为各地该年资本积累（ΔK_n）的代理变量。考虑劳动力省际流动的影响，本书的劳动存量（L_n）数据采用各地实际从业人数与失业人数之和来计算。

本章先用我国 31 个省（自治区、直辖市）的 ΔK_n 和 L_n 数据计算我国要素积累的基尼系数 G，它衡量的是我国要素积累的省间差距。然后按东部、中部和西部的区域划分分别计算相应的区内差距 G_w 和区间差距 G_{nb}。其中东部区域包括京、津、冀、辽、沪、苏、浙、闽、鲁、粤、琼 11 个省市，中部区域包括黑、晋、吉、皖、赣、豫、鄂、湘 8 个省份，西部区域包括蒙、渝、桂、川、黔、滇、藏、陕、甘、青、宁、新 12 个省市区。以上数据的时间跨度为从 1987 年至 2009 年，均来源于全国各省市区相应年份的统计年鉴，部分省市区统计年鉴上的个别缺失数据采自《中国劳动统计年鉴》。

三、研究结果与分析

1）我国要素积累地区差距的静态特征

从表 10-2 的数据可以看到两个问题：第一，我国各省份的要素积累并不是均等的，存在明显的地区差异。第二，我国要素积累的这种地区性差异主要表现为东部、中部、西部三大区域之间的差距，区内差距对整体差距的贡献不大。另外，我国中部和西部之间的要素积累差距不明显，而东部与中部、东部与西部之间却存在较大的差距。

表 10-2 2010 年我国要素积累的基尼系数分解

G	G_w			贡献率	G_{nb}		
	东部	中部	西部		东-中	东-西	中-西
	0.132	0.136 7	0.283 6		0.150 6	0.171 5	0.051 1
0.272 1	0.059 5			21.87%	0.178 5		

如果以 2010 年的劳均资本额为指标进行聚类分析，可以将我国 31 个省（自治区、直辖市）分为三类：北京、天津、上海归于第一类，内蒙古、辽宁、江苏、浙江、山东、广东归于第二类，其他 22 个省市区属于第三类。

2）我国要素积累地区差距的动态变化

以 2000 年为界，我国要素积累的省间基尼系数经历了一个“先盘后抑”的变化过程（图 10-5）。从 1987 年到 2000 年，基尼系数总体呈现震荡盘整并略有上升的格局。1987 年为 0.336 6，1990 年下降到 0.311 8，1994 年又回升到 0.360 1；其后便维持在 0.35 左右的水平。2000 年省间基尼系数达到 0.364 7 的峰值后便开始缓慢下降。从总体上看，1987~2010 年，省间基尼系数年均增长 0.67 个百分点，2001~2010 年，省间基尼系数年均下降 3.16 个百分点。这些数据的动态变化，清晰地刻画了我国要素积累的省间差距由略有增加到逐渐缩小的客观状况。从基尼系数各分解项贡献率的变化方面，区内差距的贡献率一直维持在 20%左右的水平，20 多年来几乎没有多大变化。而区间差距的贡献率曲线则大致呈“先升后降”走势。区间差距的平均贡献率为 76.39%。这说明 1987 年以来我国要素积累的地区差距主要是东部、中部、西部三大区域之间的差距。这种区间差距对省间基尼系数的影响在 1997 年以前是慢慢增大的，1997 年之后则在渐渐缩小。

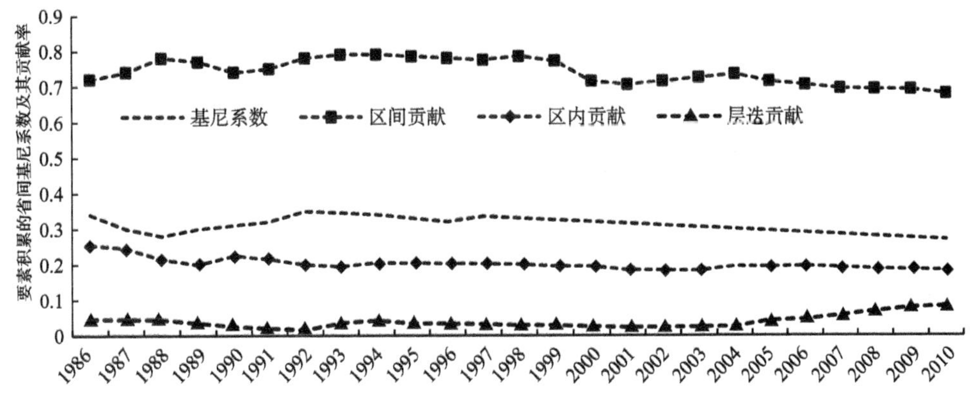

图 10-5 我国要素积累的省间基尼系数及其贡献率分解变化

再看图 10-5 中的层迭项贡献率及其走势。层迭项对省间基尼系数的贡献率曲线总体上呈非常浅的“U”形走势，低点也大致在 1997 年；与区间差距的贡献率正好相反。由于期间区内差距的贡献率是大致稳定的，因此可以说层迭项贡献率的“U”形走势造成了区间差距贡献率的倒“U”走势。从数值上看，层迭项对省间基尼系数的贡献率一直非常低。在一定程度上可以理解为非常少的群体交叉项。而从三大区域之间（群体间）非常少的交叉项，大致可以得出我国的要素积累在三大区域之间存在一定梯度特征的结论。

3）我国要素积累地区差距的变化特征

从图 10-6 所示区间差距三条曲线的形态上观察，我国要素积累的东–西差距与东–中差距的走势相近，其中东–西差距略大于东–中差距。东部与西部之间的基尼系数值以 1999 年为界表现为两种不同的走势，前期总体维持非常平缓的升势，后期则呈明显的下降趋势。1987 年东–西的基尼系数值为 0.247 9，1999 年震荡上升到 0.258 5；2010 年又相对较快地下降到 0.171 5，比 1987 年低 30.82%。东–中的区间差距在 1987~1994 年是逐年扩大的，基尼系数从 0.138 6 一路上升到 0.216 4 的水平，年均增长 6.67%。其后就维持在 0.207 1 左右的平均水平。2004 年开始下降，2010 年降为 0.150 6。而期间中–西区间的基尼系数值总体上呈现下降走势；1987 年为 0.151 5，1999 年下降到 0.092 1，2010 年进一步下降到 0.051 1。可见，中–西要素积累差距的逐年缩小，才使图 10-6 中东–西、东–中两条曲线逐渐靠近。由此可见，1987 年以来我国要素积累的地区差距具体表现为东部与中部、西部之间的差距，这种差距在近年来有逐渐缩小的趋势。中部与西部之间在要素积累上虽存在一定差距，但差距不大并且也在逐年缩小。由此可得出结论：我国要素积累的梯度差距仅存在于东部与中部、西部之间，中部与西部之间由于要素积累比较接近因而不存在区间梯度。换句话说，我国的要素积累在三大区域之间形成“东—中西”形式的一级梯度，目前还没有形成“东–中–西”或“东–西–中”这样的二级梯度。

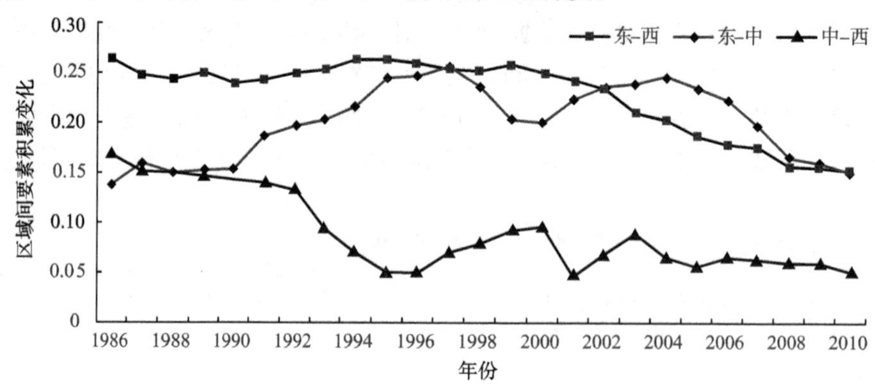

图 10-6 我国要素积累区间差距的动态变化

4）我国要素积累区内差距的变化特征

从区内差距的变化情况看，1987 年以来，东部和中部区域的区内基尼系数整体上都呈现震荡下行的走势。其中东部区域区内基尼系数的下降趋势明显。1987 年为 0.247 4，2000 年下降到 0.177 0，2010 年进一步下降到 0.132 0。中部区域则是稳中趋降的走势。1987 年为 0.187 0，2000 年为 0.192 4，2005 年为 0.182 5；其后迅速下滑，2010 年下降到 0.136 7。另外从图 10-7 可以看到，东部与中部的区内基尼系数曲线呈现盘缠与黏连的走势特征，说明东部内以及中部内各省之间的要素积累差距是比较接近的；这客观上强化了东部与中部之间的梯度特征。也就是说，我国东部与中部之间要素积累的区际梯度特征比较典型。与东部、中部区域不同的是，西部区内基尼系数曲线表现为震荡攀升的走势。2000 年以来西部地区上升速度还在加快，在图形上（图 10-7）表现为以接近 30°的斜率上升。与东部、中部相比，近年来西部区域要素积累的区内差距是数值最大且持续上升的。2000 年，西部禀赋结构的区内基尼系数为 0.228 7，分别比东部、中部的地区高 29.21%和 18.87%。到 2010 年，西部区域区内基尼系数上升为 0.283 6，分别是东部、中部区域的 2.15 倍和 2.07 倍。从图 10-5 显示的三条曲线的相对位置观察，西部的区内基尼系数曲线从 2000 年开始便一直则在东、中部的上方运行，并且之间的距离正在扩大。西部区内基尼系数加速攀升的走势，造成的最直接影响就是三大区域之间群体交叉项的增加。这一方面解释了层迭项对省间基尼系数贡献率的浅“U”形曲线右端上翘（图 10-6）的原因；另一方面也必然会对我国三大区域之间要素积累的梯度特征造成一定影响。同样以劳均资本为指标，分别对 1987 年、2000 年我国 31 个省（自治区、直辖市）进行三层聚类分析，得到的结果都是：北京、天津为第一类，上海单独列第二类，其他省（自治区、直辖市）为第三类。将此与前文对 2010 年的聚类结果进行比较，可以发现其中一个重要的区别就是，属于西部区域的内蒙古在 2010 年由第三类归入了由东部部分省份组成的第二类。由此可见，将我国目前要素积累的梯度特征表述为“东−中西”这样的区际梯度也不是非常准确的，因为它忽略了西部区域内部日益增大的省间差距的影响。以京、津、沪三市为首，蒙、辽、浙、苏、鲁、粤六省居中，其余 22 个省（自治区、直辖市）居后的省际二级梯度，才是对目前我国要素积累的地区梯度状况较为科学的描述。

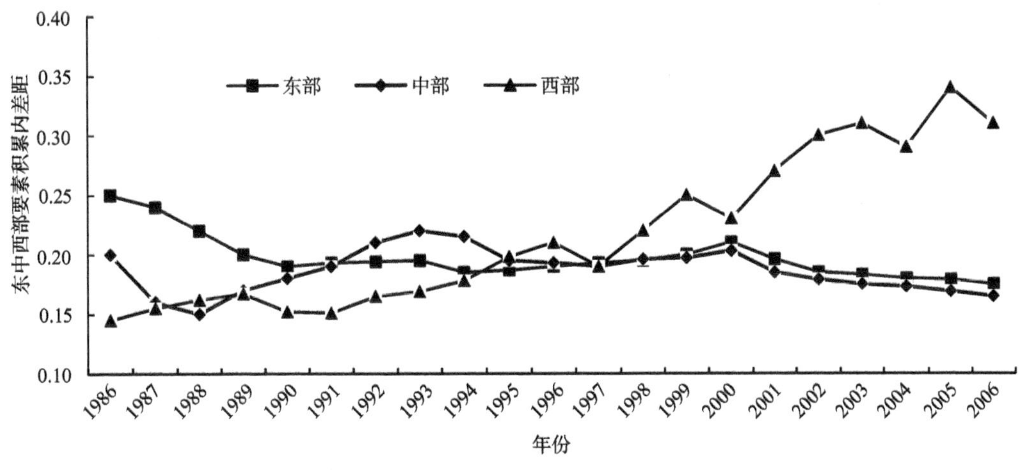

图 10-7　我国要素积累内差距的动态变化

四、研究结论与政策建议

1）主要结论

根据本章的实证分析，主要得出了三点结论：第一，我国的要素积累在地理分布上并不是均匀齐整的，各区域之间、各省市区之间客观上都存在着区域性差距。第二，我国要素积累的地区性差距主要表现为东部与中部、西部之间的差距；中部与西部的要素积累虽然也存在一定区间差距，但总体差距不大，并且近年来有慢慢缩小的趋势。第三，我国的要素积累在地区上形成一定的梯度特征。这种梯度特征并不体现在三大区域之间，而是表现为以京、津、沪三市为首，蒙、辽、浙、苏、鲁、粤六省居中，其余 22 个省（自治区、直辖市）居后的省际三级序列。

2）政策含义

（1）产业结构调整优化要结合要素积累及禀赋结构的地区差异进行综合考量。一个国家或地区最具竞争能力的产业、技术结构是由其禀赋结构决定的；产业结构和技术水平的升级，从根本上说也依赖于禀赋结构的变化。从日本和“亚洲四小龙”[①]的发展经验来看，它们的经济发展是一种循序渐进的过程。一个与赶超战略截然不同的特点就是，它们在经济发展的每个阶段上，都能够发挥当时资源禀赋的比较优势，而不是脱离比较优势进行赶超。我国要素积累非均匀齐整、地区间禀赋结构差距甚大的客观现状，在我国产业、技术结构调整与优化上，对要素积累及禀赋结构的地区性差异考量提出了客观要求。一方面，在目前劳动力资源优势还没有发生根本性逆转的情况下，从总体上说我国仍然要发挥劳动密集型产业的比较优势以促进经济增长；另一方面，在部分经济发展水平相对较高、资本要素积累较快的地区，应该重点发展资本密集型和技术密集型产业。这样的宏观布局与动态安排，既有利于培育与形成我国的“动态比较优势”，又能够避免我国的经济发展陷入所谓的“比较优势陷阱”。而对于经济发展相对落后、要素积累率较低、禀赋结构水平仍然不高的地区来说，要注意克服无视自身禀赋条件而盲目追求产业结构高级化的“赶超”倾向。产业结构并不是越高越好；脱离地区要素积累能力与禀赋条件进行的产业结构升级与转型，必然会造成大量的资源浪费、付出沉重的发展代价。

（2）充分发挥东部地区的资本积累优势与中西部地区的劳动力资源优势。我国东部与中西部地区之间存在的要素积累差距，反映了两类地区在资本积累与劳动力要素禀赋上的不同特点与优势。2010 年全国人均地区生产总值排名前十的省份中，有九席位于东部地区。2009 年全国劳均资本额排名前十的省份中，有八席位于东部地区。而 2010 年中西部地区 20 个省市区的人口总数占全国的 60%以上，农村人口占全国的比例接近 2/3。由此可见，东部地区相对于中西部地区拥有资本积累优势，而中西部地区相对于东部则拥有劳动力资源优势。改革开放以来，在资本稀缺、劳动力丰裕的情况下，东部沿海地区通过劳动密集型产业的发展实现了经济增长、资本积累和禀赋结构改善，为产业结构的升级与转型打下了坚实的基础。随着国际金融危机之后国际贸易环境的改变，以及近年来劳动力资源结构性短缺问题的出现，东部地区应根据要素丰裕度的变化，积极推动劳动密集型产业向具有比较优势的中西部地区转移，大力发展资本密集型、技术密集型乃至知识密集型产业，促进地区产业结构与技术结构的转型升级。东部地区的这种产业转移与升级具有非常重要的全局性意义。一方面可以发挥中西部地区的劳动力资源优势，促进中西部地区的经济增长；这同时也意味着我国在劳动力密集型产业上的比较优势得到进一步延续和加强。另一方面还可以发挥东部地区的资本积累优势，实现地区产业结构的转型升级；并通过这种比较优势的动态演化以及地区之间协同轮动，最终实现我国产业结构的整体优化与经济发展方式的转变。

（3）依托要素积累与禀赋结构的动态演化渐次推进区域产业结构的转型升级。我国

① “亚洲四小龙”是指中国香港、中国台湾、新加坡和韩国。

要素积累在地区之间形成的以京、津、沪三市为首，蒙、辽、浙、苏、鲁、粤六省居中，其余22个省（自治区、直辖市）居后的梯度特征，内在地蕴含着我国产业结构从升级到转型的区域轮动发展的路径与思路。所谓的产业结构转型，就是要实现产业结构由工业为主向服务业为主的根本性转变；北京与上海的情况就是这一思路的体现。2010年，北京三次产业增加值占比分别为 0.9%、24.1%、75%，第三产业增加值占比已经达到发达国家水平。以高新技术产业和现代服务业为主导，辅之以近年来内需推动下蓬勃发展的传统服务业，北京市目前已经实现了产业结构的服务化转型。所谓的产业结构升级，就是指高技术含量、高附加值产业在产业结构中的比重不断提高的过程。从我国的具体情况来说，就是要实现产业结构由低附加值的劳动密集型产业为主，向以高附加值的资本密集型和技术密集型产业为主的转变。辽、浙、苏、鲁、粤等省份就属于这种情况，其中广东省最具代表性。广东省提出的产业和劳动力的“双转移”战略，就是要将低端加工产业与低端劳动力转移出去，引入高附加值、高技术含量的先进制造业、高科技产业以及现代服务业等，通过“腾笼换鸟”实现珠江三角洲地区的产业结构升级。从产业结构升级到产业结构转型，京、沪两市和粤、辽、浙、鲁、苏等省份的实践其实具有一定的路径导引意义。大国条件下的经济发展是一个区域轮动、协同发展的过程；各个区域在不同的发展阶段都应该发挥相应的要素积累与禀赋优势。当这些区域依据要素禀赋参与区际分工时，其禀赋结构也在悄悄地发生着有利于产业结构升级与转型的重大变化。

◎ 案例二：中部六省出口贸易与经济增长关系的实证分析①

一、中部各省出口贸易与经济发展现状

中部六省（山西、安徽、江西、河南、湖北、湖南）地处内陆腹地，有着承东启西，贯通南北的区位优势。2004年3月，温家宝总理在政府工作报告中，首次明确提出促进中部崛起，2006年4月《中共中央　国务院关于促进中部地区崛起的若干意见》出台，中部崛起备受关注。出口贸易作为推动经济增长的“三驾马车”之一，发展出口贸易是中部崛起的必然选择。自中部崛起战略提出后，中部各省制定各自切实可行的崛起方针，从“武汉城市圈”、“中原城市群”、“长株潭城市圈”、“皖江城市带”到“环鄱阳湖城市圈”，形成以各省省会城市为经济增长极的发展格局，各省的经济发展水平更上一层楼。

从图10-8我们可以看出，我国中部六省人均生产总值总体呈上升趋势，自1999年至2008年以来，中部六省人均生产总值均远远低于全国水平，从2003年开始山西人均生产总值位于中部六省之首，2005年开始，湖北与河南人均生产总值并驾齐驱，湖南从2004年开始人均生产总值落后于河南，而江西和安徽人均生产总值一直落后于中部其他省份。

① 彭继增，曾园，胡晓莲. 中部六省出口贸易与经济增长的实证分析[J]. 武汉金融，2010，1：41-43.

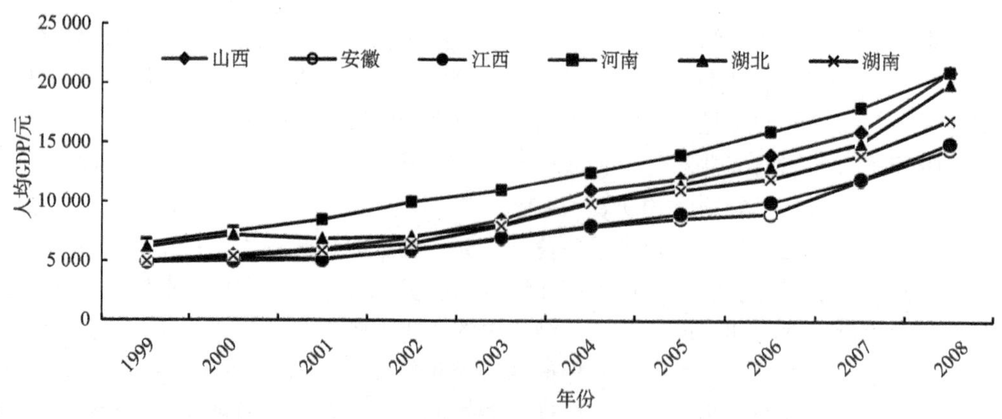

图 10-8 中部六省的人均 GDP

从图 10-9 可知，中部各省的出口依存度总体呈现上升趋势，但远远低于全国水平。中部各省自 1999 年至 2008 年除 2004 年山西省出口依存度超过 10%之外，中部各省这 10 年来出口依存度均位于 10%以下。

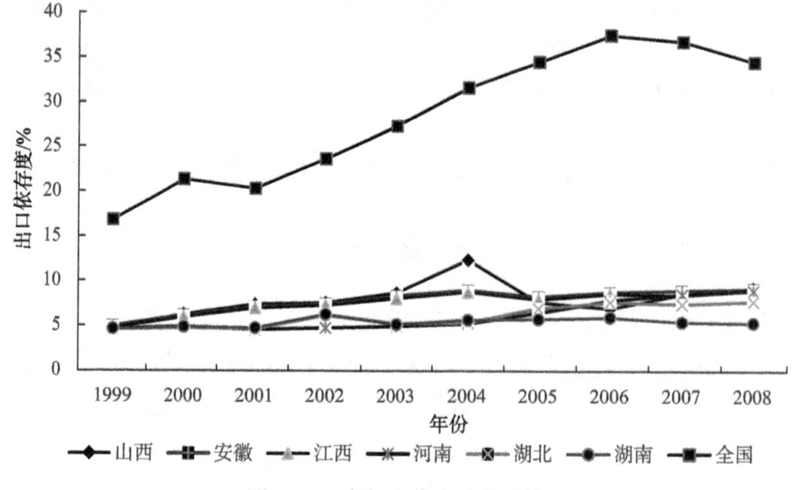

图 10-9 中部省份出口依存度

由表 10-3 可知，与全国相比，中部六省出口产品中机电产品和高新技术产品所占比重过低。尤其是山西、河南、湖南，三省高新技术产品在出口中的比例低于 4%，安徽和湖北机电产品和高新技术产品在出口中所占的比例均相对较高。可见，从总体上看，中部六省出口的产品主要为劳动密集型、资源密集型和低附加值产品，产品技术含量低。

表 10-3 中部六省出口产品中机电产品和高新技术产品的比重（单位：%）

省份	机电产品		高新技术产品	
	2007 年	2008 年	2007 年	2008 年
山西	16.25	14.94	2.96	3.9
安徽	40.36	40.09	14.06	15.86

续表

省份	机电产品		高新技术产品	
	2007 年	2008 年	2007 年	2008 年
江西	21.98	20.08	9.71	19.66
河南	21.71	25	2.15	3.77
湖北	—	43.13	—	19.15
湖南	25.97	30.15	3.27	3.33
全国	57.57	46.38	28.56	47.27

从表 10-4 可以看出，全国一般贸易与加工贸易在出口中的分量旗鼓相当，而中部六省出口贸易中一般贸易与加工贸易分布不均，一般贸易为出口贸易的主要方式。中部六省加工贸易占出口贸易总额比重最低的要属湖南省，其加工贸易占出口贸易的比重不足 10%。

表 10-4　中部六省一般贸易与加工贸易在出口贸易中的比重（单位：%）

年份	山西	安徽	江西	河南	湖北	湖南	全国
2005	86.12	79.76	83.87	68.49	75.47	90.56	41.35
2006	82.98	73.43	78.19	70.92	81.23	92.43	42.92
2007	71.54	73.8	73	80.49	70.79	90.98	44.22
2008	80.84	74.19	68.91	—	70.23	89.84	46.38
2005	13.78	20.04	15.96	28.89	20.31	9.34	54.66
2006	16.97	25.31	21.73	25.82	32.23	7.55	52.67
2007	28.12	24.71	25.86	17.47	28.15	8.43	50.71
2008	18.83	22.64	29.49	—	25.75	9.77	47.27

从出口主体与主要出口市场看，如表 10-5 和表 10-6 所示，中部地区出口主体国有企业占了半壁江山，外商投资企业比例相对过低；中部六省有 50%以上出口到欧盟、美国、中国香港和东盟等国家和地区，可见中部地区对于这些市场的依赖程度较高，一旦这些国家发生经济危机，中部各省的出口将受重挫。

表 10-5　中部部分省份与全国出口总体的比较（单位：%）

省份	2007 年		2008 年	
	国有企业	外商投资企业	国有企业	外商投资企业
山西	54.59	13.76	50.22	13.85
河南	41.83	17.14	42.88	15.97
湖北	39.38	33.88	39.43	32.7
全国	18.46	57.10	18.00	55.34

表 10-6 2007 年中部六省与全国主要出口市场（单位：%）

省份	欧盟	美国	中国香港	东盟	日本	韩国	印度	中国台湾
山西	21.89	14.46	2.86	4.98	12.73	10.66	5.96	3.97
安徽	18.45	13.03	4.89	8.61	6.35	4.29	2.07	0.97
江西	19.51	13.05	11.29	8.81	8.32	3.81	1.96	4.84
河南	19.00	16.30	7.30	7.93	5.70	8.81	3.86	2.75
湖北	24.12	12.38	8.15	8.18	5.06	6.51	4.48	1.72
湖南	17.5	10.44	12.45	8.52	6.19	6.55	6.75	2.61
全国	20.13	19.11	15.14	7.73	8.38	4.61	1.97	1.93

二、中部各省出口贸易与经济增长关系的研究方法与实证分析

本章将引入开放条件下扩展性总量的 C-D 生产函数：

$$Y_t = AK_t^{\alpha} L_t^{\beta} Z_t^{\gamma} e^{\mu} \tag{10-23}$$

其中，Y_t 表示产出；K_t^{α}、L_t^{β}和Z_t^{γ} 分别表示资本、劳动力投入和贸易因素；A 表示外生的技术进步因素，为常数；α、β 和 γ 分别表示资本、劳动力和贸易的产出弹性；e 为随机误差。为了便于分析，我们将上述模型进行对数处理，得到线性计量模型如下：

$$\ln Y_t = \ln A + \ln K_{\alpha} + \ln L_{\beta} + \ln Z_{\gamma} + \mu \tag{10-24}$$

本章拟建立模型（10-24），利用 1993~2008 年我国中部六省的面板数据对中部地区出口与经济增长之间的关系进行检验。本章采用实际 GDP 来反映 Y；各省年底就业总人数表示 L；因缺少部分省份的资本存量的数据，用中部六省各省的固定资产总额投资规模来表示 K；用出口额来反映 Z。历年出口额根据历年人民币年均汇率转换成以人民币为单位。为剔除通胀的影响，除就业人数外所有的数据均用历年的全国商品零售价指数进行调整。以下数据 GDP 表示经济增长，ep 表示出口，cp 表示资本，pe 表示就业人数，lgdp，lep，lcp，lpe 表示取对数后的各变量。

从表 10-7 可知，在确定混合模型还是个体固体效应模型时，经过 F 检验，F 统计量为 8.806，拒绝原假设，说明建立个体固定效应回归模型更合理，即变截距模型。在确定个体固定效应还是个体随机效应模型时，Hausman 检验统计量为 8.564 6，拒绝原假设，应该建立个体固定效应模型。

表 10-7 中部地区出口贸易与经济增长参数检验效果

解释变量	混合模型	个体固定效应	个体随机效应
lep	0.065 9**	0.121 485***	0.126***
lcp	0.596 1***	0.498 5***	0.539 17***
lpe	0.336 5***	1.095 9***	0.399 7***
可决系数	0.976 6	0.984 4	0.976 4
F 检验		8.806**	
D.W.	0.456	0.68	0.61
Hausman 检验			8.564 6**

***、**分别表示在 1%、5%水平上显著

由此我们得出中部地区出口贸易对经济增长的回归方程：

$$\text{lgdp} = -3.16 + 0.12\text{lep} + 0.449\text{lcp} + 1.096\text{lpe} + 0.56d_1 - 0.21d_2 + 0.197d_3 + 0.35d_4 - 0.09d_5 - 0.105d_6$$

其中，d_1，d_2，d_3，d_4，d_5，d_6 的定义是 $d_i = \begin{cases} 1 \\ 0 \end{cases}$，如果属于第 i 个个体，$d_i = 1$，即中部地区出口贸易对经济增长的弹性系数为 0.12，即出口额每增加一个单位，经济增长增加 0.12 个单位，而资本投入和劳动投入的弹性系数很大，尤其是劳动力因素对经济增长的贡献起了决定性的作用，为 1.096，这也符合中部欠发达地区作为我国的主要农业省区，工业化和城市化水平较低，农村劳动力数量过剩的实情。

由表 10-8 知，在变参数与不变参数模型的选择上，经过 F 检验，F 统计量的值为 7.606 8，拒绝原假设，选择变参数模型；在变参数与变截距模型的选择上，通过 F 检验，F 统计量的值为 5.117 3，拒绝原假设，建立变参数模型更为合理。综合表 10-7 和表 10-8，我们得到在分析中部地区出口贸易对经济增长的影响时，建立个体固定变系数模型较为合理。同时为了消除自相关和异方差问题，用似无关回归（cross-section SUR）进行了估计，结果如表 10-9 所示。

表 10-8　参数模型的选择

解释变量	不变参数	变参数	变截距
可决系数	0.997	0.992	0.984
SSE	0.909	0.292 2	0.603 5
D.W.	0.456	1.520 9	0.676 7
F 值		7.606 8**	5.117 3**

**表示在 5%水平上显著

表 10-9　中部六省出口对经济增长的影响：加入 cross-section SUR 后的回归结果

解释变量	山西	安徽	江西	河南	湖北	湖南
c	0.59	−3.79	−1.75	−2.68	15.72	−7.07
lep	0.166***	0.216***	0.106*	0.114***	0.021	0.084**
lcp	0.578***	0.331***	0.456***	0.512***	0.812***	0.545***
lpe	0.449	1.154**	0.967**	0.95***	−1.589	1.496
可决系数	0.996		D.W.		1.781 7	

***、**和*分别表示在 1%、5%和 10%水平上显著

lep 代表出口贸易额对 GDP 增长的弹性系数，以江西为例，出口贸易额每增加 1%，GDP 就会增长 0.106%，从表 10-8 中，我们可以看出，在中部六省中，不同省份的出口贸易水平对经济增长贡献还是有较大差别的：安徽、山西、河南和江西的出口对经济增长有促进作用，其中安徽省的出口对经济增长的贡献最大，山西、河南和江西的出口对经济增长的贡献作用次之，湖北省与湖南省的出口对经济增长的影响不显著。

三、研究结论及政策意义

根据实证分析结果，我们可以得出这样的结论：

一是中部地区的出口贸易、投资和劳动投入对经济增长都有影响，其中投资和人力资本对经济增长起了主要的决定作用，也说明中部地区的经济增长模式仍然为粗放型的。

二是中部地区的出口贸易与经济增长存在正相关性，相关系数约为 0.12，说明出口促进了中部地区的经济增长，每一个单位的出口的增加带来了约 0.12 个单位 GDP 的增长。

三是尽管总体上中部地区出口对经济增长起着促进作用，但是中部各省出口对 GDP 增长贡献存在较大的差别。安徽、山西、河南和江西的出口对经济增长有促进作用，湖北省与湖南省的出口对经济增长的影响不显著。

针对中部六省出口中存在的问题，我们提出以下建议：

（1）扩大对外开放，“引进来”和“走出去”相结合，不断提高开放度。开放度低是制约中部地区发展的一个重要因素。中部地区投资和人力资本对经济增长起了决定作用，而出口对经济增长的促进作用不显著。中部地区企业作为市场经济的微观主体，应以市场需求为导向，提高产品的技术含量，改善产品的质量，打造出自己的品牌，敢于跻身海外，进行海外投资。尤其是湖北省与湖南省，应将扩大出口贸易作为促进经济增长的重中之重。中部地区在扩大出口贸易的同时，必须做到以出口带动进口，以进口促进出口，协调好两者的关系。

（2）深化外贸改革，多元化出口主体和出口市场，降低出口风险。一个市场，没有活跃的民营经济，就不是一个完善、健康的市场经济体。中部地区应改革国有经济、充分利用外资、壮大民营经济以多元化出口主体来加快出口贸易，促进其经济增长。中部地区出口市场主要集中在欧盟、美国、中国香港和东盟等国家和地区，当前的金融危机起源于美国的次贷危机，较大程度波及欧盟等发达国家，而欧盟和美国恰恰是中部地区出口的主要市场，金融危机使国外订单减少，对中部地区甚至全国的出口企业冲击较大，有鉴于此，我们建议中部地区开拓新市场，加大对东南亚、非洲、中东、南美、东欧等国家的出口，多元化出口市场，以减少金融动荡带来的冲击。

（3）优化贸易结构，转变贸易增长方式，为出口贸易增长提供强劲动力。中部地区应大力提高机电产品和高新技术产品的出口，改变出口矿产品以初级产品为主、附加值少且技术含量不高的局面，提高出口矿产品的加工层次及技术含量。同时要发展现代农业，推进农业产业化经营，积极发展农产品加工业，打造农产品特色品牌，增加出口农产品的附加值。

（4）承接产业转移，加强区域合作，提高出口产业竞争力。中部地区承接东部地区产业转移，加强与东部、西部地区的经济合作，既是中部地区出口贸易发展的必然选择，也是符合党的十七大报告中“推动区域协调发展”的要求。中部地区承接东部地区产业转移，必须结合自身的优势与特色，承接传统劳动密集型产业，充分利用国家给予中部“加工贸易梯度转移重点承接地”的资金和政策优势，以南昌、赣州、郴州、武汉、新乡、焦作、合肥、芜湖、太原 9 个城市为基点向周边辐射，带动周边配套产业发展，不断提高出口产业的国际竞争力。

第三篇

发展经济学经济发展模型发展与展望

第十一章

发展经济学经济发展模型应用与未来展望

第一节　发展经济学经济发展模型应用问题

发展经济学作为一门综合性经济学分支学科，形成于20世纪40年代后期的西方国家，主要研究贫困落后的农业国家或发展中国家如何实现工业化，实现经济起飞。改革开放后，我国经济发展实现很大的突破，进入历史新起点：首先 GDP 总量位居世界第二，其次人均 GDP 达到中等收入国家水平。根据科学发展观，发展经济学的理论创新应涉及：调整经济发展目标，经济增长由投资拉动转向消费拉动所推动的经济发展；调整经济增长由物质资源投入推动转向创新驱动带动；转换由扩大外需到扩大内需的经济发展引擎；实现由工业化和城镇化向现代化所带动的经济发展着力点转型①。目前发展经济学还处于发展阶段，在发展经济学的研究中、发展和应用过程中，经济发展模型和方法既取得了一些成果，同时也存在一些问题值得思考和进一步解决。

一、对理论模型的认识

发展经济学的核心内容可概括为十大方面：①经济增长理论；②收入分配理论；③资本积累理论；④人力资本理论；⑤工业化道路理论；⑥技术进步理论；⑦人口转移理论；⑧平衡与非平衡理论；⑨国际贸易理论；⑩宏观调节理论。十个发展方面构成了发展经济学的基本理论体系，支撑着发展经济学的框架。过去几十年是发展经济学接受发展中国家检验的几十年，检验结果表明，虽然发展经济学不能完全解释发展中国家经济起飞过程中的一些问题，但还是取得了巨大的进步。这是因为，我们的理论模型在建立之初

① 洪银兴. 中国的发展经济学需要与时俱进——兼论经济发展理论的创新[J]. 经济学动态，2012，(11)：3-9.

就做了种种理想的假定，而现实经济基本面并不能与之完全符合，因此，理论模型得出的结论与实际有所偏差也是可以理解与原谅的。

二、模型的选择问题

理论模型是经过多数经济学家多年的钻研得到的，再由后面的学者加以补充，便形成了发展经济学这一庞大的理论体系。分析现有问题时，一般的做法是先考虑已有模型是否可以直接采用，如果有，再进一步分析直接引用是否有不妥之处。模型的选择直接决定了研究的方向，因此，选择模型时要对模型有全面充分的了解，并对应与此直接相关的实证分析。

这里着重强调模型的选择与实证的耦合度，我们必须清楚每一个模型都是经济学家根据某一时段某一国家（主要是发达国家）的实际情况来建立的，当把近乎完美的模型运用中国数据验证以解决中国经济问题时,可能会出现结论与理论模型分析不符的现象。这时如果想着用各种技巧以使得实验结果迎合理论模型就无异于“削足适履”。这种情况下，如果能设法给出符合中国国情的解释才是正确的处理方式。

三、实证分析数据问题

经济问题的研究都要靠数据说话，而且数据越新得出的结论说服力越强。模型和数据并不是相互独立的，二者的紧密结合才可以全面解释经济现象的内在含义。

发展经济模型常用三种数据类型，即时间序列数据、横截面数据、面板数据。按频率特征时间序列数据又可分为年度数据、季度数据、月度数据、周数据、日数据。前三种大致属于宏观经济数据，后两种又称高频数据，大都为金融市场上的数据。应用的数据必须满足两个基本特征：一是准确性，务必采用权威部门公布的数据并注明出处，为避免争议，不宜采用未公开发表的内部数据。二是一致性，这里特指频率的一致。具体来说就是，年度模型用年度数据，季度模型用季度数据，月度模型用月度数据。

第二节　发展经济学经济发展模型的未来展望

一、发展经济学的主要模型

随着发展经济学的日益深入和广泛应用，发展经济学形成了一系列成体系的理论模型。本书在前面的章节已选取了其中具有代表性的模型进行了详细介绍与相应的案例分析，接下来做简单的梳理和回顾，从整体上介绍发展经济模型应用的主要成果。

（一）经济增长模型

1）哈罗德-多马模型

哈罗德-多马模型是一个简单的凯恩斯主义模型，由英国经济学家哈罗德和美国经济学家多马于 1948 年分别提出的模型的统称。该模型主要阐述了储蓄、投资增长率和收入增长率的关系，但其模型中储蓄是被认为外生的，通过将储蓄内生化我们将该模型变形，从而更好地探讨收入增长率的稳态情况。

2）新古典增长模型

20 世纪 50 年代，由索洛等对哈罗德–多马模型进行修正和发展，提出了一个新的模型：索洛–斯旺模型，又称新古典增长模型。该模型主要应用生产函数对资本、劳动以及技术进步进行作用分析，并探究储蓄率与资本存量的关系。

（二）人力资本模型

1）马尔萨斯模型

马尔萨斯模型是由英国人口统计学家马尔萨斯在 1978 年提出的人口指数增长模型。马尔萨斯在分析人口出生和死亡情况的资料后发现，人口净增长率大致上为以常数，即每年人口增加数与当年的人口数成正比。

2）卢卡斯人力资本溢出模型

人力资本溢出模型下的生产函数可表述为

$$Y = AK^{\alpha} H^{1-\alpha} h^{\beta} e^{\mu}$$

其中，y 表示总产值；K 表示资本投入；H 表示总人力资本；h 表示人均人力资本；α、$1-\alpha$ 分别表示资本投入和总人力资本的产出弹性；β 表示人力资本溢出效应系数。

卢卡斯模型的贡献在于承认人力资本积累（人力资本增值）是经济得以持续增长的决定性因素和产业发展的真正源泉。这个模型实际上是“专业化人力资本积累增长模式”。卢卡斯模型揭示了人力资本增值越快，则部门经济产出越快；人力资本增值越大，则部门经济产出越大。卢卡斯模型的贡献在于承认人力资本积累不仅具有外部性，而且与人力资本存量成正比。

3）MRW 模型

Mankiw、Romer 和 Weil 在索洛基础上将人力资本引入新古典增长模型，同时利用物质资本投资、人力资本投资和人口增长率建立计量模型进行实证分析。其研究发现考虑人力资本投资的拓展模型可以解释不同国家劳动者人均产出的差异的近 80%。因此，MRW 模型逐渐广泛应用于研究不同地区收入差异。

（三）科技发展水平模型

1）内生增长模型

新古典增长理论中因为将技术进步作为外生变量，无法真正解释经济增长的驱动因素和差异，因而存在一定缺陷。内生增长理论的提出将技术进步内生化，从而克服了新古典增长理论的这一缺陷。

2）随机前沿模型

随机前沿模型是在确定性生产函数的基础上提出的具有符合扰动项的随机边界模型。在一般考虑生产率和效率研究方法中，DEA 模型虽然可以将有效的生产单位连接起来，用生产前沿面包络全部观测点，但其并未考虑随机因素对生产率和效率的影响。而随机前沿模型解决了该项问题。随机前沿模型描述了在具体技术条件和生产要素组合下，企业各投入组合与最大产出量之间的函数关系。

（四）资源环境与经济发展模型

1）资源尾效模型

资源尾效是指在资源限制情况下经济增长的速度比无限制条件下经济增长速度降低的程度，如土地资源尾效代表在土地资源一定时，经济增长因其限制无法充分利用其他资源导致整体生产率下降的影响。因此由定义得到简单的资源尾效模型：

$$\text{Drag} = g_{Y/L}^{\text{bgp}'} - g_{Y/L}^{\text{bgp}}$$

其中，Drag 表示资源尾效；$g_{Y/L}^{\text{bgp}'}$，$g_{Y/L}^{\text{bgp}}$ 分别表示无资源限制情况下的人均经济增长率和有资源限制情况下的人均经济增长率。

2）投入产出模型

投入产出模型是美籍经济学家 W. 列昂惕夫在 20 世纪 30 年代提出的一种结合经济学和数学的模型，主要用于研究经济系统中各部门投入与产出的相关关系。投入产出模型的基本假设条件为一般均衡理论.

（五）金融与经济发展模型

1）VAR 模型

VAR 模型对于相互联系的时间序列变量系统是有效的预测模型，同时，VAR 模型也被频繁地用于分析不同类型的随机误差项对系统变量的动态影响。如果变量之间存在滞后影响，但不存在同期影响关系，则适合建立 VAR 模型，因为 VAR 模型实际上是把当期关系隐含到了随机扰动项之中。

2）金融发展经济增长模型

金融发展经济增长模型的核心是资本形成，即分析发展中国家普遍存在的金融抑制如何阻碍了资本形成，以及采用何种经济政策消除金融抑制，推动资本形成，提高资金配置效率，以促进经济发展。其分析思路不同于新古典主义、新剑桥学派的增长模型，也不同于新经济增长理论，强调资本在经济增长中的作用是金融发展经济增长模型和哈罗德-多马模型的共同点。此外，金融发展经济增长模型也强调发展中国家经济金融制度的特殊性，并对新古典货币模型所依赖的前提假设进行了修正，在此基础上阐明其经济增长模型。其本质是货币经济增长模型，它注重货币金融因素在资本形成、经济增长中的重要作用，与新古典的货币经济增长模型的分析一脉相承，具有浓厚的新古典经济学特征。

（六）农业与经济发展模型

1）刘易斯“二元经济”模型

刘易斯“二元经济”模型的提出，从不同产业部门的关系的角度，为研究经济增长问题，特别是发展中国家的经济发展问题开辟了新的思路，为结构分析提供了基本框架。

刘易斯模型强调了现代部门与传统部门的结构差异，这种差异体现在两个部门的技术水平、生产的目的、收入水平和剩余人口的多少等诸多方面。但这一模型也引起了较多的争论，导致二元经济模型成为一个发展迅速、备受瞩目的经济学研究领域。

2）产业结构偏离模型

产业结构偏离度模型主要是构建就业产业结构偏离度，以此衡量劳动力产业间转移的协调程度。其理论依据是配第–克拉克定理，从中可知劳动力就业人口将随着经济发展由第一产业向第二产业转移，随着国民收入的进一步提高，劳动力又将由第二产业向第三产业转移。就业产业结构偏离度计算公式如下：

$$\phi_1=\frac{\mathrm{GDP}_i/\mathrm{GDP}}{Y_i/Y}-1,\phi_2=\left|\sum_{i=1}^{n}(\mathrm{GDP}_i/\mathrm{GDP}-Y_i/Y)\right|$$

其中，$\mathrm{GDP}_i/\mathrm{GDP}$ 为第 i 产业 GDP 产值所占比重；Y_i/Y 为第 i 产业就业人员所占比重。就业产业结构偏离度为正值表明产值比重大于就业比重，其绝对值越小产业结构和就业结构发展越平衡，为零时两者均衡；偏差系数越大，产业结构和就业结构差距越大。

（七）工业化、城镇化与经济发展模型

1）城市发展一般阶段模型

该模型是根据国外城市郊区化的主要发展历程总结而成的，但是各个国家的国情不同，走的城市发展道路也必然存在着差异，尤其是第 5 阶段——郊区化后期，是否中心城区必然出现停滞或负增长，是一个值得进一步探讨的问题。

2）钱纳里模型

钱纳里的研究既从横向的某一个时点上，也从纵向的时间序列上观察处于不同人均收入的发展中国家，最后得到了一个经济结构随经济发展的“正常变动模型”。这种变动包括包括从农业生产向工业生产的转变；消费者需求从重视食品和生活必需品的消费向要求多样化的制造业产品和劳务消费的方向的变化。

（八）对外贸易与经济发展模型

1）比较优势模型：李嘉图模型

比较优势理论认为，国际贸易的基础是生产技术的相对差别（而非绝对差别），以及由此产生的相对成本的差别。每个国家都应根据“两利相权取其重，两弊相权取其轻”的原则，集中生产并出口其具有“比较优势”的产品，进口其具有“比较劣势”的产品。比较优势贸易理论在更普遍的基础上解释了贸易产生的基础和贸易利得，大大发展了绝对优势贸易理论。

2）两缺口模型

两缺口模型是用以分析发展中国家投资大于储蓄和进口大于出口的一种经济模型，发展中国家要提高国民经济增长率，就必须处理好投资与储蓄、进口与出口的关系。如果储蓄小于投资，就会出现储蓄缺口；如果出现进口大于出口，就会出现外汇缺口。其解决办法就是引进外资以刺激出口，来提高储蓄水平，促进国民经济增长。

该模型在发展中国家利用外部资源，在发挥政府作用的同时，调整国内的经济结构以适应引进外部资源，故而说明发展中国家引进外部资源对缓和国内资源稀缺性与稳定经济增长具有重大意义。

二、发展经济模型发展展望

从发展经济学的发展历程及当前发展经济模型取得的成果来看，未来发展经济模型将朝着以下方向发展和演变：

（1）研究内容更注重异质性。发展经济学是由西方经济学家研究发展中国家的经济增长状况所构建的学科，整体框架建立于发展中国家发展过程中面临的普遍性问题。然而，由于各个发展中国家基本国情不一，特别是经济基础与经济政策大相径庭，因此，有必要针对性地分层研究各国发展状况，构建不同特色的理论体系，不断扩展发展经济学内容。

（2）建模方向更倾向于微观基础。目前的发展经济学主要是基于宏观层面建模研究一国经济发展情况，微观基础建模可以提供一种新思路，微观理论与实证研究相结合，可从动态均衡的角度研究一国经济发展状况。

（3）研究方法的更新与变革。随着信息科学、物理学、生物学等学科的发展，大量自然科学的研究方法也必将延伸到发展经济模型的研究中。近几年仿真软件得到广泛应用，根据某种经济理论方法形成模型算法模拟人的经济行为正逐步引起众多经济学家的重视，仿真模拟应用于经济研究亦是大势所趋。

总体上看，发展经济模型将朝着异质性、普适性、现实性的方向发展，它将为产业经济学乃至其他经济学科提供一种新的分析方法、思路和工具。

后　记

当前，我国是最大的发展中国家，发展经济学则是以发展中国家为主要研究对象的经济理论，探究发展经济学的理论与案例，对于我国适应经济增长新常态，实现经济持续、健康发展具有重要参考价值。发展经济学具有较为悠久的历史，体系完整且不断更新。发展经济学已列为经济类的主干课程，各大高校也开设了发展经济学的专业及课程，市面上关于发展经济学相关理论介绍的教材已有不少。然而，在目前的这些教材中，主要是对发展经济学理论的介绍，而关于发展经济学相关的模型的研究则存在不足。为了弥补这个缺点，本书首先对发展经济学的相关理论进行简单介绍，其次结合具体案例，对与发展经济学理论相关的模型进行详细分析，介绍其使用方法，使读者能够更加清晰明了地理解相关内容。最后，本书结合当前发展经济学理论的发展，阐述了发展经济学的发展方向与展望。

本书共分为十一章，并可概括为三篇。第一章、第二章为第一篇，主要对现有发展经济学的相关理论及最新的发展经济学理论进行简单介绍，让读者及时掌握发展经济学前沿方向的发展动态。从第三章到第十章为第二篇，是本书的主体部分，对常用的一些发展经济学模型进行详细的介绍，结合实际案例对模型进行分析，便于读者理解和掌握。第十一章为本书第三篇，主要介绍发展经济学模型的进展和展望。

本书由姚成胜（南昌大学，E-mail：yaochengsheng@163.com）和李政通（南昌大学，E-mail：pacing_lee@163.com）设计总体框架。李政通负责组织整本书的编写及排版工作。全书由姚成胜和李政通进行最后审核。各章的具体撰写分工如下：第一章、第二章和第十一章由纪应心（南昌大学，E-mail：1690651491@qq.com）负责；第三章到第六章由钱双双（南昌大学，E-mail：2114064681@qq.com）负责；第七章到第十章由潘细牙（南昌大学，E-mail：1732948507@163.com）负责。

在本书的编写过程中，我们广泛参考了很多同行专家和学者的研究成果，在此一并致以真诚的谢意！本书的出版得到了南昌大学经济管理学院应用经济学省级重点一级学科和南昌大学研究生教材出版基金的资助。

姚成胜

2017年6月7日